Übergangsgeschöpfe

Women in German Literature

Peter D. G. Brown
General Editor

Vol. 2

PETER LANG
New York • Washington, D.C./Baltimore • Boston
Bern • Frankfurt am Main • Berlin • Vienna • Paris

Ludmila Kaloyanova-Slavova

Übergangsgeschöpfe

Gabriele Reuter, Hedwig Dohm,
Helene Böhlau und
Franziska von Reventlow

PETER LANG
New York • Washington, D.C./Baltimore • Boston
Bern • Frankfurt am Main • Berlin • Vienna • Paris

Library of Congress Cataloging-in-Publication Data

Kaloyanova-Slavova, Ludmila.
Übergangsgeschöpfe: Gabriele Reuter, Hedwig Dohm, Helene Böhlau
und Franziska von Reventlow / Ludmila Kaloyanova-Slavova.
p. cm. — (Women in German literature; vol. 2)
Includes bibliographical references and index.
1. German fiction—19th century—History and criticism. 2. German fiction—20th
century—History and criticism. 3. German fiction—Women authors—History and
criticism. 4. Women in literature. 5. Sex in literature. 6. Feminism and literature—
Germany. I. Title. II. Series: Women in German literature; vol. 2.
PT771.S58   833'.8099287—dc21   97-52029
ISBN 0-8204-3962-2
ISSN 1094-6233

Die Deutsche Bibliothek-CIP-Einheitsaufnahme

Kaloyanova-Slavova, Ludmila:
Übergangsgeschöpfe: Gabriele Reuter, Hedwig Dohm, Helene Böhlau
und Franziska von Reventlow / Ludmila Kaloyanova-Slavova. –New York; Washington,
D.C./Baltimore; Boston; Bern; Frankfurt am Main; Berlin; Vienna; Paris: Lang.
(Women in German literature; Vol. 2)
ISBN 0-8204-3962-2

Cover design by Linda Gluck.

The paper in this book meets the guidelines for permanence and durability
of the Committee on Production Guidelines for Book Longevity
of the Council of Library Resources.

© 1998 Peter Lang Publishing, Inc., New York

All rights reserved.
Reprint or reproduction, even partially, in all forms such as microfilm,
xerography, microfiche, microcard, and offset strictly prohibited.

Printed in the United States of America.

Vorbemerkung

Hiermit danke ich Amy Colin für ihre Hinweise und Unterstützung während der Arbeit an diesem Buch. Meinem Mann, der mir die ganze Zeit mit Rat und Tat beigestanden hat, danke ich ganz herzlich. Besonderen Dank für seine Geduld und freundliche Hilfe schulde ich D. L. Ashliman, ohne den dieses Buch nur ein Projekt geblieben wäre. Bedanken möchte ich mich auch bei Frau Brigitte van Helt für ihre Freundlichkeit und Bereitschaft, mir beim Aussuchen und Bestellen der Bildvorlagen zu helfen.

Die Fotos von Gabriele Reuter, Hedwig Dohm, Helene Böhlau und Franziska von Reventlow werden mit der schriftlichen Einwilligung des Schiller-Nationalmuseums und Deutschen Literaturarchivs in Marbach a. N. veröffentlicht.

Inhalt

Einleitung   1

1. Weiblichkeit als kulturelles Konstrukt   9
2. Weiblichkeit um die Jahrhundertwende   21
3. Erziehung zur Sprachlosigkeit   39
4. Gabriele Reuter: *Aus guter Familie*   45
5. Hedwig Dohm: *Schicksale einer Seele*   63
6. Helene Böhlau: *Rangierbahnhof*   91
7. Franziska von Reventlow: *Ellen Olestjerne*   117
8. Das Männerphantom der Frau   143
9. Schlußbetrachtungen   155

Anmerkungen   161
Bibliographie   171
Register   187

Einleitung

Diese Untersuchung setzt sich mit der Problematik weiblicher Sprachlosigkeit und Kreativität in ausgewählten Frauenromanen der Jahrhundertwende auseinander: Gabriele Reuters *Aus guter Familie* (1895), Hedwig Dohms *Schicksale einer Seele* (1899), Helene Böhlaus *Rangierbahnhof* (1896) und Franziska von Reventlows *Ellen Olestjerne* (1903). Die Arbeit hat das Ziel, die ambivalente Haltung dieser Autorinnen zu ihrem Geschlecht und ihrer eigenen literarischen Tätigkeit zu untersuchen sowie die Frage, inwieweit ihre Werke von der Weiblichkeitsideologie und den herrschenden Diskurspraktiken der Zeit beeinflußt wurden.

Anliegen dieser Arbeit ist es, das Selbstverständnis der intellektuellen Frau im sozio-kulturellen Kontext zu untersuchen und einen Beitrag zur Erforschung der konfliktreichen Beziehung zwischen Frauen(erfahrung), Sprache und Kunst zu leisten.

Eine Untersuchung solcher Frauenwerke ist aus mehreren Gründen wünschenswert. Diese Texte sind eine besonders reiche Informationsquelle über das Leben und Wirken der Frauen um 1900. Sie werfen ein Licht auf weibliche Kreativität, Psychosexualität und Selbstrepräsentation um die Jahrhundertwende und geben Aufschluß über die Konstruktion von Weiblichkeit im Deutschland des späten 19. Jahrhunderts. Sie illustrieren die Affinitäten und Differenzen in der Identitätsfindung der damaligen und heutigen Frauen und weisen damit auf die Aktualität dieser Problematik hin. Schließlich decken diese Romane jene Mechanismen auf, die die Ausgrenzungsprozesse von Frauen(werken) in der Literaturgeschichte bedingen. Obwohl alle im Rahmen dieser Arbeit untersuchten Romane zur Zeit ihrer Veröffentlichung Erfolg hatten, wurden sowohl die Autorinnen als auch deren Werke marginalisiert und schließlich fast vergessen. Erst heute unternehmen feministische Literaturwissenschaftler Versuche, solche außerhalb des Kanons gebliebenen Texte zu untersuchen. Das Interesse an der literarischen Produktion schreibender Frauen hat wesentlich zugenommen, was Hand in Hand mit dem Bemühen geht, diese vernachlässigte Produktion näher zu beleuchten und die Problematik weiblicher Kunstproduktion in der Vergangenheit und heute zu verbinden.[1]

Die Literaturwissenschaft pflegte die Frauenfrage in Deutschland um die Jahrhundertwende nicht genügend zu berücksichtigen. Die neuesten Untersuchungen darüber (Elke Frederiksen, Ute Gerhard, Ilse Kokula) zeigen jedoch, daß die Frauenfrage um 1900 eines der akutesten Probleme der Zeit dargestellt hat. Sie begann durch die Industrialisierung und die damit verbundenen modernen Formen geschlechtsspezifischer Arbeitsteilung besonders aktuell zu werden und wurde in vielfältiger Weise behandelt und analysiert. Der Frauenfrage kam innerhalb der organisierten bürgerlichen Frauenbewegung entscheidende Bedeutung zu. Eine wichtige Rolle spielte dabei der *Bund Deutscher Frauenvereine* (BDF), der sich um 1900 in einer radikalen Phase seiner Entwicklung befand. Zu den Forderungen der Radikalen innerhalb der Frauenbewegung (Helene Stöcker, Minna Cauer, Anita Augspurg, Lida Gustava Heymann, Käthe Schirmacher, Lily Braun) gehörten außer den Beteiligungsrechten wie dem Stimmrecht und der Zulassung zum Studium, auch die Aufhebung der Geschlechtsrollenzwänge und die Änderung der Sexualmoral im allgemeinen.[2] Solche Frauen knüpften an den individualistischen Rigorismus Nietzsches und an seine neue Sicht des intensiven Lebensvollzugs an. Wie Richard Evans zeigt, wurden diese radikalen Zielsetzungen der Frauenbewegung bis zum Jahre 1908 durch Reformen oder Legalisierung weitgehend neutralisiert.[3] Der gemäßigte Flügel, der nach 1908 innerhalb der Frauenbewegung die Oberhand gewinnt, mißt Weiblichkeitsidealen und Mütterlichkeit besonderes Gewicht bei.[4]

Gegen Ausgang des 19. Jahrhunderts beginnen die Geschlechternormen eine immer größere Rolle zu spielen. Dabei setzt sich die verstärkte Kontrollierung sexueller Erscheinungsformen paradoxerweise auf dem Wege diskursiver Liberalisierung durch. Parallel zur Ausdifferenzierung der sozial-ökonomischen Situation der Frau um die Jahrhundertwende nehmen auch die diskursiven Interpretationen von Geschlechtlichkeit zu. Theorien der "Polarisierung der Geschlechtscharaktere", in denen die Rollen von Mann und Frau konfrontiert und hierarchisch aufeinander bezogen werden, machen sich besonders beliebt. In der Psychiatrie fabriziert man pseudo-wissenschaftliche Definitionen der Geschlechter, die "Weib-Sein" mit Körperlichkeit gleichsetzen und die Frau ausschließlich auf ihre reproduktive Funktion reduzieren.

Um 1900 gewinnt der Antifeminismus entscheidenden Einfluß auf alle diskursive Praktiken der Zeit. Der medizinische Diskurs, in dem sexuelle und intellektuelle Motivation als naturgemäßes Vorrecht des Mannes aufgefaßt werden, stempelt Frauen, die Ambitionen und Interessen außerhalb des Familienbereiches haben, als "männlich" ab. Führende Psychiater und Sexologen der Zeit wie Richard von Krafft-Ebing, August Forel, Magnus Hirschfeld u. a. besprechen eingehend das Problem weiblicher "Konträrsexualität".[5] Im Jahre 1900 erscheint einer der paradigmatischen Texte der Frauendiffamierung: Paul J. Möbius' Werk "Über den physiologischen Schwachsinn des Weibes". In dieser Schrift spricht der Autor den Frauen alle Fähigkeit zur Selbstbeherrschung ab. Er definiert sie als störende Elemente, die innerlich "über das Gesetz lachen" und immer bestrebt sind, es zu verletzen, wenn "die Furcht oder die Dressur das zulassen" (Zit. in Stein 226).

Das angesehene Wiener Verlagshaus Braumüller veröffentlicht 1903 Otto Weiningers Werk *Geschlecht und Charakter*, das durch den Selbstmord seines Verfassers zum Bestseller wird. In diesem Buch bezeichnet Weininger die Frau als Inbegriff der Sexualität überhaupt. "Das Weib" habe kein Ich und bilde den absoluten Gegenpol zum Genie-Typus, der die höchste Erscheinungsform von Männlichkeit darstelle. Zwei Jahre später veröffentlicht Freud sein "Bruchstück einer Hysterie-Analyse". In dieser Krankengeschichte, die als "Der Fall Dora" großes Aufsehen erregt, werden "sexuelle Beziehungen mit aller Freimütigkeit erörtert" und "die Organe und Funktionen des Geschlechtslebens bei ihren richtigen Namen genannt" (*G. W.* V, 165). Wie im zweiten Kapitel dieser Arbeit gezeigt wird, zeichnen sich Freuds Texte durch eine merkwürdige Zweideutigkeit aus: Sie verwerfen zwar zufällige oder unberechtigte Identifikationen von Aktivität mit Männlichkeit und Passivität mit Weiblichkeit, verlassen aber kaum den Rahmen traditioneller Geschlechtsideologien.

Solche Werke weisen deutliche Parallelen zu den um die Jahrhundertwende über Geschlecht und Weiblichkeit zirkulierenden Diskursen auf. Sie spiegeln die wachsende Diskursivierung von Sexualität wider, die eine raffinierte und erfolgreicher wirkende Kontrollierung von sexueller Differenz ermöglicht. Nach Michel Foucaults Ansicht sollte die im 19. Jahrhundert krebsartig wuchernde Produktion von Diskursen über Sexualität (sowie über "Weib" und "Weiblichkeit") im Kontext vielfältiger Machtbeziehungen betrachtet werden. In seinem Werk *Sexualität und Wahrheit* stellt Foucault die sogenannte Repressionstheorie in Frage, die besagt, die letzten drei Jahrhunderte hätten sich durch sexuelle Unterdrückung ausgezeichnet. Die von Foucault vertretene Meinung, daß sich Macht und Sexualität gegenseitig bedingen, unterminiert die Hypothese von Sexualität als unterdrückte und Widerstand leistende Kraft. Die westliche Kultur habe Sexualität nicht unterdrückt, sondern sie zielbewußt als Mittel gesellschaftlicher Kontrolle verwendet. Sie habe das nicht durch Verbot oder Versperrung, sondern eher durch eine diskursive Auflockerung der Repression erreicht.

Die Konsequenz dieser Auflockerung sieht Foucault in der Etablierung bestimmter "Wissensmuster", die als erfolgreiche

Regulierungsverfahren eingesetzt wurden. Dabei hebt Foucault, der die Diskurse (über Sexualität) als entscheidende Komponente der existierenden Machtverhältnisse betrachtet, die taktische Polyvalenz der diskursiven Strategien hervor. Diese produzierten Macht und unterminierten sie zugleich, indem sie auf diese Weise die Konstitution eines Gegen-Diskurses ermöglichten. Die Richtigkeit von Foucaults These wird u. a. durch die Tatsache bekräftigt, daß um 1900 die Homosexuellen ihre Stimme erheben und den medizinischen Diskurs, in dem sie angeschwärzt werden, zum eigenen Nutzen verwenden. Zur gleichen Zeit gewinnt die Psychoanalyse, die als Milderungsstrategie zur Straffälligkeit der sexuellen Ablenkungen herangezogen wird, eine besondere Bedeutung.

Nach Foucaults Ansicht wird die Sexualität im 19. Jahrhundert zum Thema ökonomischer Eingriffe und ideologischer Kampagnen.[6] Er weist ausdrücklich darauf hin, daß im 19. Jahrhundert der Frauenkörper durch eine verstärkte Medizinisierung weitgehend beherrscht und zur zentralen Zielscheibe verschiedener Machtstrategien und Diskurspraktiken wurde. Seine These, Sexualität sei keine "Naturgegebenheit", sondern vielmehr das Ergebnis bestimmter Machtbeziehungen, liefert auch den theoretischen Rahmen, in dem die vorliegende Studie die Konstruierung von Frauenidentität um 1900 als Folge kulturell determinierter Wissensmuster von "Weiblichkeit" und "weiblicher" Sexualität zu analysieren sucht.

Die ambivalente Haltung Frauen gegenüber, die die Zeit um 1900 kennzeichnet, läßt sich auch in den kultur-literarischen Interpretationen des Topos "Weib" verfolgen. In der Dichtung und Literatur der Jahrhundertwende wird die Frau einerseits als Vamp dämonisiert, andererseits als Muse idealisiert. Der philosophische Diskurs der Zeit betrachtet sie entweder als Verkörperung "intakter" Naturhaftigkeit oder als Sinnbild verklärter Künstlichkeit. Man schreibt das Weibliche als das Andere fest, das in Opposition zum herrschenden Gesetz von Sprache, Kultur und gesellschaftlicher Ordnung steht. In den Theorien der Philosophen Georg Simmel, Ludwig Klages, Max Scheler, Karl Scheffler wird der Mann weitgehend als ein zur Sozialisation fähiges Wesen begriffen, das im Prozeß der Arbeitsteilung seine ursprüngliche Einheitlichkeit eingebüßt hat. Die Frau, der die passiv-rezeptive Rolle zukommt, soll dagegen aufgrund ihrer psychosexuellen Struktur das notwendige Gegengewicht zum gespaltenen männlichen Individuum bilden. Intellektuellen oder erwerbstätigen Frauen droht man mit dem unausbleiblichen Verlust ihrer harmonischen "Ganzheitlichkeit".

Wie auch die neueren Untersuchungen der feministisch orientierten Forschungsliteratur (Silvia Bovenschen, Sigrid Weigel, Luce Irigaray) zeigen, wurden die imaginierten Bilder von "Weiblichkeit", die auch heutzutage auf unser Denken einwirken, gerade in der Kulturphilosophie, Literatur und Psychoanalyse festgeschrieben. Den Frauen, deren reale Existenz hinter den erstarrten Weiblichkeitsidealen unbemerkt blieb, wurden im kulturphilosophischen und literarischen Diskurs die vielfältigsten und widersprüchlichsten Eigenschaften zugeschrieben. Silvia Bovenschen hebt in ihrer Arbeit *Die imaginierte Weiblichkeit* die Spannung zwischen dem reichen Repertoire dieses "Kunstweiblichen" und der Wirklichkeit der einzelnen Frauen hervor. Sie weist darauf hin, daß der Fülle der philosophischen und literarischen Diskurse, den imaginierten Bildern über "Weib" und "Weiblichkeit", eine nur mangelhafte, ja fehlende Überlieferung der Geschichte der real-existierenden Frauen entspricht, da sie "in den Dokumentationen der politischen, kulturellen und wissenschaftlichen Entwicklungsprozesse keine Spuren" hinterlassen haben und in dem ihnen zugewiesenen privaten Bereich von Reproduktion und Häuslichkeit "stumm" geblieben sind (*Die imaginierte Weiblichkeit* 11).

> Die mythologisierte, zuweilen idealisierte, zuweilen dämonisierte Weiblichkeit materialisiert sich in den Beziehungen der Geschlechter und in dem aus diesem fremden Stoff gewonnenen Verhältnis der Frauen zu sich selbst. [...] Die Morphogenese der imaginierten Weiblichkeit schiebt sich im Rückblick an die Stelle der weiblichen Geschichte. [...] Der Reichtum der imaginierten Bilder kompensiert scheinbar die Stummheit der Frauen. (40–41)

Im Weiblichkeitsdiskurs der Jahrhundertwende fungiert die Frau weitgehend als Objekt. Sie wird zur Inkarnation der "Sexualität" schlechthin gemacht und dadurch ihrer eigenen (geschlechtlichen) Identität und Sprache beraubt. Innerhalb der misogynen Stereotypen der Zeit legt man die jahrhundertelange Benachteiligung der Frauen sowie ihre Geschichtslosigkeit in Literatur und Kunst als Beleg für kreative Sterilität aus. Wie deuten in diesem Kontext die in unserer Studie behandelten Schriftstellerinnen das Bild des "Weibes" und die Bedeutung von "Weiblichkeit"? Der Beruf der Schriftstellerin machte diese Autorinnen zur potentiellen Zielscheibe zahlreicher Vorurteile. Ihre schriftstellerische Betätigung stellte eine Verletzung der Normen herrschender Geschlechtsrollenverteilung dar und konnte als Versuch gedeutet werden, den Status des aktiven Subjekts in einer Sprache erreichen zu wollen, in der ihnen traditionsgemäß die Rolle des beschriebenen Objekts zugewiesen wurde.

Heute wird diese Positionierung der Frauen an den Rändern des Herrschaftsdiskurses als positive Möglichkeit begriffen, die die sozio-kulturellen Klischees und die gültigen Muster von Geschlechtsspezifik unterlaufen könnte. Man glaubt in der Utopie eines weiblichen Imaginären neue Ausdrucksformen entdecken zu können, die sich jenseits etablierter Denk-und Kulturmodelle bewegen. Solche Versuche verweisen jedoch auf die Schwierigkeiten, andere Redeweisen und Vorstellungen in bezug auf das Weibliche zustande zu bringen. Das bezieht sich vor allem auf das Bemühen von Frauen, die Voraussetzungen für einen eigenen Diskurs über sich zu bewirken.[7]

In diesem Sinne weisen Sigrid Weigel und Silvia Bovenschen darauf hin, daß die Frauen immer wieder als Schweigende und Ausgegrenzte, aber auch als Komplizen des Herrschaftsdiskurses fungiert haben. Nach Weigels Ansicht läßt sich der Ort, von dem aus Frauen sprechen und schreiben, immer als ein doppelter kennzeichnen. Indem diese an der herrschenden Sprache teilnehmen, um sich "Zugang zur zeitlichen Bühne" zu erobern, beteiligen sie sich an der bestehenden (sprachlichen) Ordnung. Sie benutzen eine Sprache, Normen und Werte, von denen sie zugleich als das "andere Geschlecht" ausgeschlossen sind. Als Teilhaberinnen dieser Kultur dennoch ausgegrenzt oder abwesend zu sein, macht nach Weigel den spezifischen Ort von Frauen im Bereich des Symbolischen aus. In dieser Hinsicht ist auch Foucaults These, welche die Begriffe von Macht und Widerstand aufeinanderbezieht, besonders aufschlußreich.

Diese Arbeit setzt sich als Ziel, die widersprüchliche Position der Frauen im öffentlichen Feld von Sprache und Kultur zu beleuchten und ihre einseitige Darstellung als unschuldig betroffene Objekte herrschender Machtmechanismen zu hinterfragen. Der erste Teil der Untersuchung fungiert als theoretischer Rahmen der Romaninterpretationen im zweiten Teil der Studie. Die sich anschließenden Kapitel verbinden theoretische Ausführungen mit textimmanenten Darstellungen und verweisen stets auf literarische und biographische Zusammenhänge, um die Relevanz der Thematik im Leben der Schriftstellerinnen selbst hervorzuheben.

Das erste Kapitel, das sich mit der Rolle der Sprache bei der Konstruktion von Subjektivität befaßt, geht von der Kategorie des Geschlechts als sozial-sprachlichem Konstrukt aus. Dieses Kapitel stützt sich auf Arbeiten von gegenwärtigen Theoretikern und Theoretikerinnen wie Michel Foucault, Judith Butler, Luce Irigaray, Julia Kristeva, Sigrid Weigel, Christina von Braun u. a., wodurch eine Verbindung zwischen den Problemen weiblicher Identität um 1900 und den neuesten Diskursen über den Ort des Weiblichen hergestellt wird. Zur Analyse herangezogen werden auch theoretische Texte von Frauen der Jahrhundertwende, die sich auf Weiblichkeit und weibliche

Ästhetik beziehen. Die Ausführungen von Theoretikerinnen wie Rosa Mayreder, Hedwig Dohm, Bertha von Suttner, Käthe Schirmacher u. a. versuchen, das um 1900 existierende Geschlechtsrollenstereotyp zu dekonstruieren und weisen interessante Ähnlichkeiten mit den heutigen Diskussionen über Geschlecht und sexuelle Differenz auf. Rosa Mayreder und Hedwig Dohm haben lange vor Simone de Beauvoir das Weibleche als das "Andere" definiert, dem gegenüber sich das Subjekt konstituiert.

Das zweite Kapitel untersucht den um 1900 dominierenden kulturhistorischen und philosophischen Diskurs über Weiblichkeit und weibliche Sexualität, weil er eng mit der Thematik weiblicher Identität und Sprachlosigkeit zusammenhängt. Gezeigt wird, wie Sprachschemata und sprachliche Repräsentation das Andere kolonisieren und es zum sprachlosen Objekt des Diskurses machen.

Das dritte Kapitel weist auf die Tatsache hin, daß die imaginierten Weiblichkeitsbilder und Sprachklischees von den Frauen selbst verinnerlicht und sehr oft von ihnen weiter reproduziert wurden.

Die Heldinnen der beiden im vierten und fünften Kapitel der Arbeit untersuchten Romane von Gabriele Reuter und Hedwig Dohm sind "sprachlos", weil sie gezwungen sind, sich mit ihrer zweitrangigen Position in der Gesellschaft abzufinden. Sie sind sprachlos auch, weil sie sich weigern, nach Mustern zu sprechen. Ihr eigener Diskurs, der manchmal des Sinnzusammenhangs entbehrt, durchbricht die monologistisch-hierarchische Eindeutigkeit einer Sprache, in der sie auf ihre weibliche Besonderheit und Subjektivität verzichten müssen.

Die Analyse der beiden Romane von Helene Böhlau und Franziska von Reventlow, die im sechsten und siebten Kapitel der Arbeit untersucht werden, befaßt sich mit dem Problem weiblicher Kreativität und erörtert die psycho-kulturellen Aspekte weiblichen Künstlertums. Die Betonung fällt auf solche Probleme wie die Minderwertigkeitskomplexe der Heldinnen sowie der Autorinnen, ihre künstlerischen Ambitionen und Kommunikationsprobleme, womit sich auch eine Verbindung zu den ersten zwei Romanen herstellen läßt. Dabei wird die Interpretation der literarischen Gestalt der Heldin als Mittel begriffen, das Künstlerbewußtsein der Autorin selbst der Analyse heranzuziehen und zu untersuchen, inwieweit es von den gängigen Ideologien der Zeit wie der Mutterschaftsideologie oder der Theorie von der künstlerischen Inferiorität der Frau beeinflußt wurde. Zu diesem Zwecke wird im achten Kapitel das Verhältnis zwischen den Autorinnen und den männlichen "Vaterfiguren" untersucht, die eine wichtige Rolle im persönlichen Leben dieser Frauen gespielt und als bekannte Künstler oder Philosophen der Zeit einen Einfluß auf deren künstlerische Entwicklung ausgeübt haben.

Das letzte Kapitel konzentriert sich auf das Selbstverständnis der Autorinnen sowie ihre ambivalente Einstellung zur eigenen künstlerischen Produktivität. Es weist auf die Schwierigkeiten dieser Schriftstellerinnen der Jahrhundertwende hin, sich von den standartisierten Weiblichkeitsbildern zu trennen und betont ihre doppelte Zwischenposition als schreibende Frauen, aber auch als Zeitgenössinnen einer merkwürdigen Übergangszeit.

1
Weiblichkeit als kulturelles Konstrukt

In der Forschungsliteratur ist man sich heute weitgehend darüber einig, daß Männlichkeit und Weiblichkeit als kulturelle Konstrukte zu betrachten sind, die durch das Zusammenwirken bestimmter sozialer, politischer und diskursiver Praktiken historisch geformt werden. Die Art und Weise, in der die Frau als Stütze der Familie konstruiert wird, und die Gegenüberstellung von privater und öffentlicher Sphäre, setzen den Ausschluß der Frau aus der Domäne des Öffentlich-Kulturellen voraus.

Sigrid Weigel, die sich in ihrem Buch *Topographien der Geschlechter* mit der Beschreibung dieses Prozesses befaßt, zeigt durch eine vergleichende Nebeneinanderstellung von "Wilden" und "Frauen", daß die Konstituierung des ICHs parallel mit der Ausgrenzung des Anderen einhergeht: "Beide, Wilde und Frauen, werden charakterisiert durch das, was ihnen mangelt im Vergleich zum 'Zivilisierten', zum Mann. Als (noch) nicht Zivilisierte werden sie betrachtet als Naturwesen—Wesen, die der Natur nahestehen und deren Bestimmung sich aus ihrer 'Natur' ableitet" (123). Aus der Perspektive des sich konstituierenden Subjekts werden Frau und Weiblichkeit als Objekt der Eroberung und als Territorium für die Auseinandersetzung zwischen Natur und Zivilisation funktionalisiert.

Nach Moira Gatens ist es notwendig, die Wege zu überprüfen, wie die beiden Sphären des Privaten und des Öffentlichen sexualisiert und gegenübergestellt worden sind. Das erfordere eine kritische Annäherung an die binären Oppositionen (Natur/Kultur, Körper/Geist, Gefühl/Intellekt, Weiblichkeit/Männlichkeit), die immer wieder das westliche konzeptuelle Denken geprägt hätten. Judith Butler kommt zur gleichen Schlußfolgerung: Ihrer Meinung nach muß man sich fragen, wie diese binären Oppositionen selbst konstruiert worden sind, und welche Beherrschungsmechanismen sie dadurch bedienen.

Butler geht davon aus, daß es keine prädiskursive "Realität" gibt, sondern daß sich alles innerhalb der normativen Strukturen von Sprache und Politik abspielt, die ein Machtfeld konstituieren. Es existieren keine Positionen außerhalb dieses Feldes, sondern nur die diskursiven Interpretationen dieser Positionen (5). In diesem Sinne stellt Butler die Gegenüberstellung von Sex[1] und Geschlecht infrage, die

Geschlechtlichkeit als die kulturelle Interpretation von "natürlichem" Sex definiert.[2] Wenn nichts außerhalb des diskursiven Feldes liegt, dann ist auch Sex schon geschlechtlich markiert. Butlers These ist, daß beides—Geschlecht und Sex—kulturell-diskursive Produkte sind. Geschlecht wird aber deshalb als die kulturelle Version von Sex interpretiert, damit die Idee eines "natürlichen", prädiskursiven Sexes initiiert wird. Es ist die "List" der Machtverhältnisse, die den Effekt vom prädiskursiven Sex generieren, um dieselbe Operation als diskursive Konstruktion zu verheimlichen: Der Sex wird eben durch die Gegenüberstellung zum Geschlecht als "natürlich" interpretiert. So wird der traditionell-binäre Rahmen der Geschlechterverhältnisse sichergestellt. "This production of sex as the prediscursive ought to be understood as the effect of the apparatus of cultural construction designated by gender" (7). In ihrer These lehnt sich Butler an Foucault an, der den Bergriff des Sexes als einen idealen Punkt definiert, der vom Sexualitätsdispositiv und seinem Funktionieren notwendig gemacht wird. "Der Sex ist das spekulativste, das idealste, das innerlichste Element in einem Sexualitätsdispositiv, das die Macht in ihren Zugriffen auf die Körper, ihre Materialität, ihre Kräfte, ihre Energien, ihre Empfindungen, ihre Lüste organisiert" (*Sexualität* 185).

Nach Foucault ist "der Sex" von der Sexualität historisch abhängig, die zu ihrem Funktionieren ein solches spekulatives Element braucht. Es ist das Sexualitätsdispositiv, das die Idee des Sexes installiert. Damit habe der Sex bestimmte Funktionen übernommen, die ihn unentbehrlich machen. Er habe es nämlich ermöglicht, anatomische Elemente, biologische Funktionen, Verhaltensweisen und Empfindungen in einer künstlichen Einheit zusammenzufassen und diese künstliche Einheit als ursächliches Prinzip (welches bei Butler als prädiskursiver, "natürlicher" Sex auftaucht) funktionieren zu lassen (184). Die Idee des Sexes—und das ist es, worauf sich auch Butler in ihrer Analyse stützt—habe es erlaubt, die Vorstellung von den Beziehungen zwischen Macht und Sexualität umzukehren. Infolgedessen wird die positive Beziehung der Sexualität zur Macht verheimlicht—Sexualität erscheint als in einer selbständigen und von der Macht bedrohten Instanz verankert.

Butler weist in ihrem Buch darauf hin, daß Sex innerhalb einer solchen Auffassung als kulturell und politisch undeterminiert interpretiert wird, als das "rohe Material", worauf Kultur gründet. Wie das aber auch bei Foucault deutlich zum Ausdruck kommt, ist die Idee des Sexes als das "natürliche" Instrument kultureller Signifikation bereits eine diskursive Erfindung, die als Basis für die Gegenüberstellung von Natur und Kultur, sowie für die verschiedenen Beherrschungsstrategien fungiert, die durch diese Gegenüberstellung unterstützt werden.

> The binary relation between culture and nature promotes a relationship of hierarchy in which culture freely 'imposes' meaning on nature, and, hence, renders it into an 'Other' to be appropriated to its own limitless uses, safeguarding the ideality of the signifier and the structure of signification on the model of domination. (37)

Die Konzeptualisierung der Frau als anderes Geschlecht geschieht vor allem im Diskurs über ihre Sexualität. Die Konstruktion von "Weiblichkeit" läuft parallel mit der Ausgrenzung der weiblichen Sexualität und dem Ausschluß der Frau als sprechendes Subjekt. Man definiert die Frau ausschließlich in bezug auf ihren Körper, so daß ihr die Transzendenz vom Körper zum Intellekt, von stummer Materie zum sprechenden Subjekt vorenthalten wird. Da sie im Rahmen dieser Konstruktion zur Verkörperung der Sexualität überhaupt wird, wird sie ihres eigenen Lustempfindens als Sexualwesen[3] beraubt.

Die "natürliche" Zuweisung der Frauen zum Bereich der Natur ist jedoch nur das Resultat einer asymmetrischen Verteilung konzeptueller Oppositionen auf beide Geschlechter. Sowohl die Assoziierung von Kultur und Männlichkeit als auch die Verbindung von Natur und Weiblichkeit sind tief in den linguistischen und konzeptuellen Strukturen der Kulturgeschichte eingeprägt; die sprachlichen Praktiken erschaffen immer wieder dichotomische "Geschlechter-Bilder", die durch Diskursfiguren reproduziert werden (Weigel, *Topographien* 116). Weiblichkeit und Männlichkeit sind deshalb nur innerhalb ihrer kulturell-diskursiven Determinierung zu denken. In diesem Sinne betont auch Butler, daß die Möglichkeiten der Geschlechterverhältnisse innerhalb der Kultur von den Grenzen der diskursiven Analyse darüber bestimmt werden:

> This is not to say that any and all gendered possibilities are open, but that the boundaries of analysis suggest the limits of a discursively conditioned experience. These limits are always set within the terms of a hegemonic cultural discourse predicated on binary structures that appear as the language of universal rationality. (9)

Catherine Belsey bezieht sich auf Jacques Lacans Theorie, wenn sie das Subjekt als in Sprache und Diskurs konstruiert betrachtet. Für Lacan sind wir von vornherein in der Sprache geschlechtlich markiert und müssen uns entweder vor die eine oder die andere "Tür" anreihen (maskulin/feminin). In Anlehnung an Lacan betrachtet Belsey das

Individuum als Funktion der Sprache: Man kann ein Bewußtsein von Ich-Identität nur als sprechendes Subjekt entwickeln. Andererseits aber kann man als sprechendes Subjekt nur innerhalb der Sprache und ihrer Regeln fungieren. Das Kind muß lernen, sich innerhalb einer ihm zur Verfügung stehenden symbolischen Kette von Subjekt-Positionen zu erkennen. "Subjectivity, then, is linguistically and discursively constructed and displaced across the range of discources in which the concrete individual participates" (Zit. in Newton/Rosenfelt 48).

Diese Rolle der Sprache in der Konstruktion des Subjekts bleibt jedoch verdeckt. Die Subjekte erkennen als natürlich (oder prädiskursiv, um mit Butler zu sprechen) die Interpretation, die ihnen von Sprache und Diskurs aufgestülpt werden. Das Subjekt kann also—wie Sex und Geschlecht—als diskursives Erzeugnis betrachtet werden, das von der Sprache als autonom dargestellt wird.

Die primäre Rolle der Sprache bei der Konstruktion der Identität hebt auch Butler hervor, wenn sie über Geschlecht und sexuelle Identität als über eine immer werdende (prozeßhafte) diskursive Praktik spricht. Es gibt kein Geschlecht außerhalb des Sprechens über Geschlecht, denn "that identity is performatively constituted by the very 'expressions' that are said to be its results" (25). Darin ist nach Butlers Ansicht die Bedeutung und die Funktion der Sprache zu suchen—die Geschlechtsmarkierung geschieht in der Sprache und nirgendwo anders: "Both masculine and feminine positions are thus instituted through prohibitive laws that produce culturally intelligible genders, but only through the production of an unconscious sexuality that reemerges in the domain of the imaginary" (28). Butler stützt sich wiederum auf Foucault, wenn sie betont, daß die normativen Machtsysteme selbst die Subjekte produzieren, die sie dann zu repräsentieren simulieren. "The juridical structures of language and politics constitute the contemporary field of power; hence there is no position outside this field, but only a critical genealogy of its own legitimating practices" (5). Einer kritischen Analyse unterzogen werden sollen innerhalb dieses konstitutiven Rahmens der Sprache und Macht alle Kategorien von Identität, die durch diese Strukturen als "offensichtlich" erzeugt und repräsentiert werden.

In diesen Kontext gehört auch Michel Foucaults Kritik der Humanwissenschaften und deren Ansprüche auf Authenzität. In seinem Buch *Die Ordnung der Dinge* zeigt Foucault, daß unser Wissen über das "Wesen des Menschen" als nur spekulativ zu betrachten ist, weil seine Entstehung mit der Enstehung des humanwissenschaftlichen Diskurses zusammenfällt, in dem der Mensch die eigentümliche Position von empirischem Gegenstand und wissendem Subjekt zugleich eingenommen hat.⁴ Innerhalb dieses Diskurses wurde der Mensch das, "von wo aus jede Erkenntnis in ihrer unmittelbaren und nicht problematisierten Evidenz gebildet werden konnte" (415). Der spekulative Charakter des humanwissenschaftlichen Wissens läßt sich nach Foucault in seiner Entstehungsgeschichte verfolgen: Die Humanwissenschaften bieten keine ideologiefreie Kenntnis von dem Menschen, denn sie entstehen gleichzeitig mit dem Auftauchen solcher neuen und globalen Problematiken wie "Leben","Arbeit" und "Sprache", die die großen diskursiven Ereignisse des 19. Jahrhunderts bedingen. "Die Humanwissenschaften wenden sich in der Tat insoweit an den Menschen, als er lebt, spricht und produziert" (421). Die humanwissenschaftliche Interpretation des Menschen beschreibt nicht "den Menschen" selbst, sondern vielmehr das Netz von Beziehungen, die zwischen ihm und seinen ökonomischen und sprachlichen Bedingungen bestehen.

> Man sieht, daß die Humanwissenschaften nicht die Analyse dessen sind, was der Mensch von Natur aus ist, sondern eher die Analyse dessen, was sich zwischen dem, was der Mensch in seiner Positivität ist (lebendiges, arbeitendes, sprechendes Wesen) und dem erstreckt, was demselben Wesen zu wissen (oder zu wissen zu versuchen) gestattet, was das Leben ist, worin das Wesen der Arbeit und ihre Gesetze bestehen und auf welche Weise es sprechen kann. (424)

Nach Foucault sollen deshalb alle Inhalte dieses Wissens von einem "authentischen" Wesen des Menschen als begrenzt und relativ verworfen werden.

Marianne Schuller entwickelt diese Idee Foucaults weiter. Sie stellt die Frage nach der Verläßlichkeit der Humanwissenschaften in Hinsicht auf die Konstituierung des weiblichen Identitätsbildes, um festzustellen, daß die Rolle der Wahrheits-Diskurse über "das Wesen des Menschen" im Falle der Frauen als fatal zu bestimmen ist. Innerhalb dieser Diskurse bestehe nämlich zwischen Weiblichkeit und dem (Trug)Bild des "wahren Subjekts" eine solche Relation, in der die Frau als das geschichtslose, bewußtlose "Wesen" entworfen und zum Chiffre des Verdrängten gemacht werde (in Dietze 42).

In diesem Sinne ist auch Luce Irigarays Kritik des herrschenden Diskurses, der kohärenten Systematizität der diskursiven Ökonomie zu verstehen, die es nach Irigaray durchzubrechen gilt. Einer genauen Interpretation sollen die "Architektonik ihres Theaters, ihre raumzeitliche Rahmung, ihre geometrische Ökonomie, ihre Kulissen, ihre Akteure, sowie deren Stellung zueinander" unterzogen werden *(Das Geschlecht* 77). Nach der französischen Theoretikerin ist die Möglichkeit einer anderen Sprache, eines anderen Signifikationssystems die einzige Chance, diese künstlich-synthetische Geschlechtsmarkierung zu vermeiden.

Christina von Braun, die in ihrer Untersuchung zur weiblichen Hysterie *Nicht ich* den Prozeß der allmählichen Durchsetzung der Sprache des Logos beschreibt, behauptet, daß innerhalb der Konsolidierung dieser Sprache die Unterscheidung zwischen den beiden Geschlechtern vertilgt worden ist. Diese Unterscheidung werde dann durch konstruierte Rollenzuweisungen an die Geschlechter ersetzt. Der Logos erfinde neue, künstliche Gesetze, in denen an die Stelle der beiden unvollständigen ichs (männlich/weiblich) ein künstliches ICH entstehe, das synthetische Sexualwesen des Logos (männlich/nichtmännlich).[5] "In dieser Synthese war kein Platz mehr für die Existenz von zwei Sexualwesen. Sie ließ auch keinen Geschlechtstrieb zu, denn zu welcher 'Vervollständigung' soll er das Subjekt treiben, wenn das andere 'Subjekt' nur ein Duplikat seiner selbst ist?" (183) Die Setzung des Einen als einziges Subjekt bedeute die Unterdrückung des Anderen als Objekt: Das Eine artikuliere sich auf Kosten der Sprachlosigkeit des Anderen. Die Folge sei eine Sexualität, in der kein Austausch zwischen den ichs zweier Geschlechtswesen stattfinde, sondern nur die imaginierte Vervollständigung des einen Geschlechts durch das andere.[6] Innerhalb dieses Prozesses vollzieht sich nach Braun auch die allmähliche Unterwerfung der Muttersprache, der mündlichen Sprache, die sich enger auf den Körper bezieht, unter die Vatersprache, die Sprache des abstrakten Denkens, des Logos. Zunächst leugne der Logos die Gemeinsamkeit zwischen Sprache und Sexualität und erkläre Geist und Körper für Gegensätze. Mit seiner allmählichen Materialisierung würden Sprache und Sexualität wieder eins. Diese Gemeinsamkeit bestehe nunmehr darin, daß der Frau weder die Sprache noch die Sexualität zugestanden werde: "Die Frau wird zur Verkörperung der Sprachlosigkeit. An die Stelle der Unterscheidung zwischen den beiden Sexualwesen tritt die künstliche Unterscheidung zwischen Sprache/Mann und Sprachlosigkeit/Frau" (162).

Nach Braun endet der Prozeß der Materialisierung des Logos mit der Jahrhundertwende und der Geburt der Psychoanalyse. Sie betrachtet als Beweis für diese Synthetisierung und Vereinheitlichung beider Geschlechter die "Wiederentdeckung" der weiblichen Sexualität um die Jahrhundertwende. "Hatte die Frau bis Ende des letzten Jahrhunderts kaum ihren Fuß unbekleidet zeigen dürfen (um als Sexualwesen nicht erkenntlich zu sein), so beginnt um 1900 ein Prozeß, in dessen Verlauf die entkleidete Frau [. . .] in die Sitten eingeht" (183). Nach Brauns Ansicht geht es jedoch um eine künstliche Sexualität, die das Endprodukt einer vom Logos gesteuerten weiblichen Sexualität darstellt: "Die Frau soll 'Sexualität', aber nicht Sexualwesen, nicht Subjekt ihrer eigenen geschlechtlichen Identität und Sprache sein" (186). Für Braun geht weibliche Sprachlosigkeit einher mit weiblicher Geschlechtslosigkeit.

Diskussionen über das Wesen der Weiblichkeit bilden am Ende des vorigen Jahrhunderts einen wesentlichen Teil der Diskurse über weibliche Geschlechtlichkeit und Bestimmung. Manche Frauen der Jahrhundertwende wenden sich besonders scharf gegen die damals als natürlich geltenden Geschlechtseigenschaften und entlarven sie als künstliche Phantasien der jeweiligen Gesellschaft.

In Rosa Mayreders Essay "Grundzüge" (1905) lesen wir folgende Definition von Geschlecht:

> Während man Männlichkeit und Weiblichkeit in ihrer gegenwärtigen Gestalt aus ursprünglichen und primitiven organischen Bedingungen zu erklären strebt, übersieht man, daß sie in vielen wesentlichen Stücken bloße Kulturprodukte sind, also nichts Feststehendes und Abgeschlossenes, noch auch etwas allgemein Zutreffendes. (*Zur Kritik* 41)

Mayreder wendet sich gegen die generalisierende Methode, die man benutze, wenn man über "das Weib" oder "den Mann" im allgemeinen spreche. Diese Methode ignoriere die individuellen Eigenschaften sowie die historischen Unterschiede: Solche Urteile sind ihrer Meinung nach aufgrund von Erfahrungen gefällt, die sich normalerweise nur auf eine bestimmte Gruppe von Individuen beziehen und in den meisten Fällen von der subjektiven Natur des Beobachters und seinen Vorurteilen gefärbt sind.

> Die Widersprüche, die solchergestalt über 'das Weib' in die Welt gesetzt worden sind—'der Mann' ist aus verschiedenen Gründen viel mehr von Pauschalbestimmungen verschont geblieben—wirken besonders deshalb so drastisch, weil alle diese Aussagen durch die generalisierende Formulierung Anspruch auf objektive Gültigkeit erheben. (36)

Mayreder kritisiert die Geschlechtspsychologie der Zeit, deren Problem es sei, "ein Naturprinzip bloßzulegen, das widerspruchslos als ein Gemeinsames in dem Wesen aller Weiber—sofern sie körperlich intakte Geschlechtswesen darstellen—zu allen Zeiten und bei allen Völkern nachzuweisen wäre" (41). Da jedoch bei den meisten wilden Völkern z. B. die Arbeitsteilung zwischen Mann und Weib ein durchaus anderes gewesen ist als bei den Kulturvölkern, so würde auch die physiologische Beobachtung dieser Frauen sicher zu ganz anderen Ergebnissen führen als die der "Kulturfrauen". Mayreder plädiert gegen die nach ihr zu vereinfachende Methode, die Persönlichkeit als bloße Spiegelung ihres Geschlechts zu betrachten, Mann und Weib als "Paraphrasen ihres Geschlechtsapparates" aufzufassen. Eigenschaften, die für sich betrachtet sowohl dem einen als auch dem anderen Geschlecht angehören können, machen nach Mayreder in einer besonderen Kombination die Eigenart der Persönlichkeit aus.

In ihrem Aufsatz "Die Tyrannei der Norm" (1905) wendet sich Mayreder gegen solche äußeren Regulative wie soziale Form, Sitte, Tradition und Normen der Geschlechtsdifferenzierung, durch die der einzelne mit seinen Bedürfnissen und Forderungen "majorisiert" und so einem abstrakten Durchschnittstypus unterworfen werde. Das sei besonders bei den Frauen der Fall: "Der normative Typus des Weibes [. . .] gestattet der Entfaltung des Individuellen viel geringeren Spielraum: er ist privativ in seinen Wirkungen, ein beengendes Mieder, das von der Individualität zersprengt werden muß, wenn sie nicht ersticken will" (*Zur Kritik* 62). Diese "Normenphilisterei" breite sich besonders in der Literatur über "das Weib" aus, wo die Darstellungen vor allem dem Zweck dienten, für die Frau generelle Bestimmungen aufzustellen und Normen der psychischen Geschlechtsdifferenzierung abzugrenzen. "Nicht eine Formel für die unendliche Mannigfaltigkeit der individuellen Entwicklung ist das Ziel, sondern ein allgemeines Kriterium, das die Lebensbedingungen des Individuums nach dem Geschlecht bestimmen und seine Stellung in der menschlichen Gesellschaft festlegen soll" (62).

Auf die Unzulänglichkeit der generalisierenden Methode deutet auch Hedwig Dohm in ihrer Schrift "Die Eigenschaften der Frau" (1876) hin. Die Frauen dürfen nicht nach einem Durchschnittstyp eingeschätzt werden, weil sie sich nach ihrer sozialen Stellung, ihrer Klasse und Erziehung unterscheiden. Dohm lehnt die "ehrwürdige Alterthümlichkeit der Anschauung von den weiblichen Eigenschaften" als Dogma ab, das "Weibliche"—als das "Werk abgestorbener Generationen". "Erworbene falsche Vorstellungen, Vorurtheile, wenn sie Jahrhunderte oder Jahrtausende überdauert haben, versteinern gleichsam und werden dann von den Menschen Gesetzen gleich geachtet. Glauben aber sollen wir nimmermehr an Dinge, [. . .] die zu einem Mittel der Unterdrückung werden können" (*Der Frauen Natur* 30).

Dohms Attacke richtet sich vor allem gegen die Auffassung, daß sich von der körperlichen Organisation der Frauen bestimmte Züge des Charakters ableiten lassen. All die Eigenschaften, die das Wesen der Frauen kennzeichnen, sind Dohm zufolge nicht "ursprüngliche, angeborene Geschlechtsattribute", sondern eine von ihrer Lebensweise und Stellung bedingte Eigenart. Diese Eigenschaften beruhen

WEIBLICHKEIT ALS KULTURELLES KONSTRUKT

auf der ökonomischen Abhängigkeit der Frauen und ihrer Anpassung an die herrschenden Normen und Vorstellungen über Weiblichkeit:

> Die Sitte zwängt die Frau in ein geistiges Modecostüm. Sie muß die einmal acceptirten Attribute ihres Geschlechts zur Schau stellen, ob die Natur sie damit ausgerüstet hat oder nicht. 'Scheine', ruft die Gesellschaft ihr zu, 'wie du bist, ist gleichgültig'. Und so krummt und verzerrt die Frau, dieser arme moralische Clown, ihre Seele nach Möglichkeit. (39–40)

Die Folge sei ein innerer Kampf der Frau zwischen ihren natürlichen Bedürfnissen und der äußeren "Convenienz", zwischen "Natur und Dressur", wo die Natur oft zugrunde gehen müsse.

Wie Mayreder weist auch Dohm darauf hin, daß den Frauen die widersprüchlichsten Attribute angeheftet worden sind: "Sie sind Sphynxe, Undinen, Märchen, Räthsel, Mysterien. Sie sind schüchtern, sanft, zart. Sie sind dreist, geschwätzig, klatschsüchtig. Sie sind harmlos, einfach, sinnig, naiv" (11). Das Weibliche sei ein "Potpourri der allerentgegengesetztesten Eigenschaften" gewesen: "Der Grundstoff dieser weiblichen Seelen scheint nach dem Dafürhalten der kritisirenden Menge ein chaotischer Nebel, aus dem willkürlich der Schöpfermund des Mannes jeder von ihm beliebten Eigenschaft sein 'Werde' zuruft" (28). Gleichzeitig sei das Weibliche "das Andere", das als Folie männlicher Wunschprojektionen diene.

Diese Überlegungen stellen Dohms Thesen in den Mittelpunkt der gegenwärtigen Diskussionen über Weiblichkeit: Solche Benennungspraktiken assoziiert man heute in der feministischen Forschungsliteratur mit der Unterordnung des zweiten Geschlechts. Nach Sigrid Weigel z. B. haben bereits Adorno und Horkheimer (*Dialektik der Aufklärung*) sowie zahlreiche andere Autoren darauf hingewiesen, daß sich die Überwindung der äußeren und inneren Natur, der sich die Geburt des Subjekts verdankt, an den Bildern der Weiblichkeit, der anderen "Rasse", vollzogen hat. Für Weigel geht deshalb die Territorialisierung des Anderen mit dem Prozeß seiner ständigen sprachlichen Benennung einher:

> Aus der Perspektive des Einen, der das Andere territorialisiert, im Begriff benennt und festlegt oder es im Bild festhält, sind dasjenige und diejenigen, welche für ihn das Andere verkörpern, tendentiell austauschbar und ohne Eigensinn—obwohl sie ihm zugleich notwendig sind; denn das Eine restituiert sich stets aus dem Anderen... (*Topographien* 260)

In ihrem Aufsatz "Die Frauen" (1889) bespricht Bertha von Suttner die Situation der Frauen ihrer Zeit aus einem in der Zukunft liegenden und so sich distanzierenden Blickwinkel. Auch sie kritisiert die Berufung auf die Natur bei der Bestimmung der weiblichen Eigenschaften.

> Vorausgesetzt, daß die von den damaligen Frauenkennern erkannten Charaktere in erdrückender Überzahl bei dem 'schönen Geschlecht' hervortraten, so waren diese Charaktere dennoch keine wesentlichen, im Organismus wurzelnden Unterscheidungsmerkmale, sondern mußten sich auf äußere Umstände und Einflüsse zurückführen lassen [. . .]; wenn diese oder jene Eigenschaften und Fehler unter ihnen vorherrschten, konnte dies nicht seine Erklärung in den Einflüssen der Erziehung und der Lebensstellung finden? (Zit. in Brinker-Gabler, *Zur Psychologie* 50–51)

Von Suttner dekonstruiert das Ideal der Weiblichkeit als ein nur äußerliches, das dem eigentlichen Wesen der Frauen fern bleibt und weitgehend durch "Sitte, Gesetz und Erziehung" bedingt ist: "Weiblichkeit ist nicht das jenige, was die Frauen zu dem macht, was sie sind, sondern das, was sie sind, giebt das Bild zu der sogenannten Weiblichkeit ab" (51). Die Frau sei immer wieder in bezug auf den Mann definiert worden, nie aber als "Mensch an sich". Diese Enteignung des Weiblichen, seine ständige Benennung verhelfe den anderen, sich selbst in Gegenüberstellung zum Weiblichen zu definieren: "Die Frau ist—die Frau hat—die Frau kann, oder sie ist und hat und kann nicht: solche Sätze hätten doch nur wissenschaftliche Berechtigung, wenn diejenige Ordnung der Geschöpfe, von welchen 'die Frau' durch die angeführten Merkmale sich unterscheiden soll, diese Merkmale nicht besäße" (50).

Zur wesentlichsten Eigenschaft der Frau ist nach Suttners Meinung deren körperliche Schönheit und Jugend erhoben. Das "Gefallenwollen" ist den Frauen zur Pflicht geworden; ihre Putzsucht und vermeintliche Oberflächlichkeit werden aber zugleich als Hindernis zu einer öffentlichen Betätigung angeführt. Was diesem Widerspruch zugrundeliegt, ist nach Suttner die allgemein verbreitete Auffassung, die die Individuen als das Produkt ihrer natürlichen Anlagen betrachtet. "Nur die *eine* Möglichkeit: daß das Merkmal ein anerzogenes, durch die Lage der Frauen künstlich geschaffen sei, an die wurde gar nicht gedacht" (58).

Von Suttner setzt sich für eine "Vollmenschlichkeit" der Frau ein, bei der die geschlechtliche Determinierung ihrer Eigenschaften sowie die Aufteilung in spezifisch männliche und spezifisch weibliche Merkmale überwunden wird. Die Behauptung der "Verteidiger bestehender Einrichtungen", die wachsende Selbständigkeit der Frauen würde zum Verlust ihres spezifisch-weiblichen Reizes führen, weist sie als unberechtigt zurück. Von Suttner bezeichnet das "Ewig-Weibliche" als ein "lügnerisches Dichterwort"; die Weiblichkeitsideale sind nach ihrer Ansicht nichts als"Beharrungssinnbilder", deren unideale Abstammung erkannt werden soll.

Irma von Troll-Borostyani widerlegt in ihrem Buch *Die Gleichstellung der Geschlechter und die Reform der Jugenderziehung* (1888) die Aussagen von einer "sittlicheren Naturanlage" der Frauen als Vorurteil. Solche Aussagen stehen nach ihr "in diametralem Widerspruch zu den Gesetzen, welche sie dem Mann unterordnen, und zu der Befürchtung, daß die Emancipazion der Frauen den allgemeinen sittlichen Zuständen nachteilig werden könnte" (55).

Die größere Schamhaftigkeit der Frau ist nicht in ihrer sittlichen Naturanlage zu suchen—sie ist vielmehr als "eine Frucht der Erziehung und der obwaltenden gesellschaftlichen Sitten" zu betrachten. Das könne durch verschiedene Beispiele aus der "Sittengeschichte" bewiesen werden. Die weibliche "Sittenstrenge" basiere nämlich auf drei künstlichen "Stützen". Die erste Stütze liege in der Erziehung, die beim Mädchen im allgemeinen nach viel strengeren Grundsätzen erfolge. Die zweite Stütze sei die größere Bedeutung, die man der Mädchenunschuld beimesse, obwohl das gleiche für Mädchen, die als Dienstboten oder Fabrikarbeiterinnen gezwungen seien, außerhalb der Familie ihren Lebensunterhalt zu verdienen, gar nicht zutreffe. Die dritte Stütze ist nach Troll-Borostyanis Ansicht in der Tatsache begründet, daß die Folgen sittlicher "Verirrungen" die Frau viel härter treffen als den Mann. Die "höhere Moralität" der Frau sieht sie deshalb als eine notwendige Folge ihrer sozialen Stellung.

Solche Auffassungen richteten sich gegen das Weiblichkeitsideal einer Zeit, in der die meisten bürgerlichen Frauen zu nichts anderem als zur Ehe erzogen wurden und in ihrem weiblichen "Lebensberuf" ihre einzige und naturgemäße Bestimmung sahen. Ansichten wie diese dekonstruierten die um die Jahrhundertwende herrschenden Vorstellungen von der weiblichen Natur und führten notwendig ins Zentrum der damaligen Diskussionen über "Weib" und "Weiblichkeit".

2

Weiblichkeit um die Jahrhundertwende

Um die Gedankengänge und Reaktionen der in dieser Studie behandelten Autorinnen zu begreifen, soll auf den Sinnzusammenhang der Begriffe "Weib" und "Weiblichkeit" im dominierenden Diskurs der beschriebenen Epoche Bezug genommen werden. Die oft provokativen Thesen dieser Schriftstellerinnen lassen sich erst im Kontext der heftigen Diskussionen um das Weibliche im Wilhelminischen Deutschland der Jahrhundertwende verständlich machen.

Die vielfältigen Diskurse über Weib und Weiblichkeit um 1900 zeugen vom Zusammenhang zwischen den diskursiven Praktiken der Zeit und dem Krisenbewußtsein, das die damalige bürgerliche Gesellschaft prägt. Die wirtschaftlich-politische Hochkonjunktur der Gründerjahre ist inzwischen von anhaltender Depression und Skepsis ersetzt worden. Die Erkenntnis, daß der Mensch nicht unbedingt als das "Maß der Dinge" zu betrachten ist, läßt das Verhältnis des Subjekts zur Umwelt und zum eigenen Ich problematisch werden. Sigmund Freud beschreibt in seiner Theorie das Unbewußte als eine von den Bedingungen der modernen Kulturgemeinschaft bedingte Verdrängung und erklärt die Annahme, daß dem Ich die unumschränkte Herrschaft über das Es zustehe, für illusionär. Im Lichte einer den gewohnten Wertgefühlen Widerstand leistenden Philosophie betont Nietzsche die Möglichkeit einer Scheinexistenz des Einzel-Subjekts, das nicht mehr Bedingung, sondern bedingt sei: eine "Synthese, welche durch das Denken selbst gemacht wird" (*Jenseits*, 66).

In dieser Zeit allgemeiner Desillusionierung sucht man dem entfremdeten Subjekt den Begriff des Weiblichen und dessen intakte "Naturhaftigkeit" entgegenzusetzen. Die Auffassung von dem natürlichen Dualismus der Geschlechter führt in diesem Kontext zur Verbreitung von Weiblichkeitstheorien, in denen dem Weiblichen eine doppeldeutige Rolle zugesprochen wird. Im Weiblichkeitsbild der Neu-Romantik, die sich die Frau als unschuldige Kindfrau oder als Verkörperung diabolischer Sinnlichkeit vorstellt, überschneiden sich Hoffnung und Verklärung mit Todes- und Kastrationsängsten.[1]

Die Idee der rätselhaften "Andersartigkeit" der Frau wird im philosophischen Denken der Jahrhundertwende besonders zugespitzt formuliert. Obwohl die philosophischen Diskurse über Weiblichkeit gewisse Unterschiede aufweisen, liegt ihnen die Annahme zugrunde, die Frau sei das "ewig Zweite" (Weininger 387). Die Auffassung vom Weiblichen, das man als die Kehrseite des Männlichen oder als dessen notwendige Ergänzung definiert, entwickelt sich durch und in der Gegenüberstellung zum Mann: Dieser wird als der "eigentliche Mensch" betrachtet, während die Frau das der Vernunft Entgegengesetzte symbolisiert.

Im Juni 1903 erscheint im Wiener Verlagshaus Braumüller Otto Weiningers philosophisches Werk *Geschlecht und Charakter*. Als der Autor einige Monate später Selbstmord begeht, erregt die Nachricht großes Aufsehen und macht das Buch zum Bestseller. Oktober 1903 wird in der Krausschen "Fackel" August Strindbergs Nachruf auf Otto Weininger unter dem Titel "Idolatrie, Gynolatrie" veröffentlicht, in dem der Verfasser die Frau als "rudimentäre(n) Mann" bezeichnet. Die weibliche Natur zeige sich in ihrem negativen, passiven Wesen, das sich von der positiven und aktiven Natur des Mannes unterscheide. Strindberg spricht Otto Weininger das Wagnis zu, dieses "bekannte Geheimnis" offen ausgesprochen zu haben. "Es war diese Entdeckung des Wesens und der Natur des Weibes, die er in seinem männlichen Buche über 'Geschlecht und Charakter' mitteilte, und die ihm das Leben kostete" (Zit. in Le Rider 52).

Indem Weininger im XII. Kapitel seines Buches über "Das Wesen des Weibes und sein(en) Sinn im Universum" reflektiert, hebt er die "denkbar polarste Gegensätzlichkeit" zwischen den Geschlechtern hervor. Seiner Meinung nach kann der Sinn von Männlichkeit und Weiblichkeit nicht isoliert, sondern nur in deren Beziehung zueinander erkannt werden. Das Verhältnis zwischen Mann und Frau sei das des Subjekts zum Objekt und bedeute gleichzeitig eine Polarisierung nach Form und Materie. Während der Mann die Form vertrete, seien die Frauen Wesen ohne Grenzen, ohne Form und folglich ohne jede Individualität. Auf dieses "Bloß-Materie-Sein" der Frau und ihren Mangel an ursprünglicher Form führt Weininger auch ihre absolute Suggestibilität und "völlige Umschaffung durch den Mann" zurück. Sie habe keine eigene Entwicklung; nur der Mann könne ihr das ermöglichen: "Das tiefste Begehren der Frau ist, vom Manne geformt und dadurch erst geschaffen zu werden" (391).

Nach Weininger beruht Männlichkeit in der Tatsache der Individuation und dem Streben nach Grenzen; Weiblichkeit erschöpfe sich dagegen im unartikulierten "Veschmolzensein", der Vermischung und der (Koitus)-Gemeinschaft. Die Koitus-Idee nehme eine zentrale Stellung im Denken der Frau ein: "Der Koitus ist der höchste Wert der Frau, ihn sucht sie immer und überall zu verwirklichen. Ihre eigene Sexualität bildet von diesem unbegrenzten Wollen nur einen begrenzten Teil" (345). In der Kuppelei, die er als allgemeine, nicht nur auf die eigene Person der Frau beschränkte "Tätigkeit im Dienste der Idee des Koitus überhaupt" definiert, liegt nach ihm die "Wesenheit des Weibes". Da für Weininger Kuppelei universale Sexualität bedeutet, stellt die Frau seines Erachtens nichts als Sexualität dar. Sie sei ausschließlich sexuell, wisse aber nichts von ihrer Sexualität und stehe dieser nur unbewußt gegenüber, weil "sie nichts ist als Sexualität, weil sie die Sexualität selbst ist" (110).

Die uneingeschränkte Geschlechtlichkeit der Frau determiniere total ihr Wesen. Die weibliche Sexualität könne weder durch zeitliche Begrenzung noch durch ein anatomisches Organ, in dem sie äußerlich sichtbar zu lokalisieren wäre, von der Sphäre des Asexuellen differenziert werden. Die Sexualität des Mannes sei örtlich und auch zeitlich gegen Asexuelles deutlich abhebbar. Sie stelle wegen der größeren Differenziertheit des Mannes nur einen Appendix seines Wesens dar, was ihm psychologische Abhebung sowie das Bewußtwerden der Geschlechtlichkeit ermögliche. "Grob ausgedrückt: der Mann hat den Penis, aber die Vagina hat die Frau" (111).

In Weiningers System stellt die Frau "die andere Möglichkeit im Menschen", die dunkle Seite des Mannes dar, seine "Fleisch gewordene Schuld". Als solche repräsentiere sie den Willen zum Nichts, das Antimoralische, das unaufhörlich Form zu zerstören und in formlose Materie zu verwandeln suche. Weiningers These spricht der Frau ihre Existenz ab, um sie zur Objektivation der männlichen Sexualität zu machen: "Daß das Weib da ist, heißt also nichts anderes, als daß vom Manne die Geschlechtlichkeit bejaht wurde. Das Weib ist nur das Resultat dieser Bejahung, es ist die Sexualität selber" (396). So wird diese ausschließliche Sexualität der Frau Weininger zur Voraussetzung der Nicht-Existenz ihres Ichs: "Das absolute Weib hat kein Ich" (232). Die Qualitäten der Frau hingen von ihrer Sinn-und Wesenlosigkeit ab: "Der reine Mann ist das Ebenbild Gottes, das absolute **Etwas**, das Weib, auch das Weib im Manne, ist das Symbol des **Nichts**: das ist die Bedeutung des Weibes im Universum, und so ergänzen und bedingen sich Mann und Weib" (393).

Weininger definiert die Hysterie als "innere Maskierung" der Frau vor sich selbst. Die hysterische Frau habe die männliche Sittlichkeitsforderung sich zu eigen gemacht, die ihr von Natur aus fremd sei und nur eine scheinbare Bändigung ihres unbewußt-sinnlichen Wesens darstelle. Sittliche Frauen seien deshalb immer Hysterikerinnen.

Nach Jacques Le Rider, der sich ausführlich mit Weiningers Werk auseinandersetzt, läßt sich der metaphysische Dualismus in Weiningers Philosophie (Mann/Weib, Form/Stoff) mit dem dualistischen Denken des Philosophen Ludwig Klages vergleichen. Im Klagesschen System, in dem das Universum nach sich gegenseitig ausschließenden Oppositionspaaren (Leib/Seele, Sexus/Eros, männlich/weiblich) geteilt ist, bilden Männlichkeit und Weiblichkeit zwei aufeinanderbezogene Pole, wobei Weiblichkeit als Präsentationsform von Körperlichkeit und Allmütterlichkeit auftritt. In einem seiner grundlegenden Werke *Vom kosmogonischen Eros* (1921) faßt Klages seine Auffassung über das Geschlechterverhältnis folgendermaßen zusammen: "Das Weibliche ist Körper und Mutter der Seele, das Männliche offenbarter und offenbarender Sinn des Schoßes der Mutter" (61).[2]

Weiningers puritanistische Auflehnung gegen die Gefahren einer "Verweiblichung" der Kultur verbinden ihn auch mit Nietzsche und dessen Kritik der humanitären "Verweichlichung" seiner Epoche. In *Jenseits von Gut und Böse* (1886) begegnet Nietzsche mit Sarkasmus und beißender Ironie dem Bemühen der zeitgenössischen Frau um Emanzipation und Selbständigkeit. Dieses Phänomen verrate eine Korruption der Instinkte und gehöre zu den schlimmsten Fortschritten der "allgemeinen Verhäßlichung Europas". Er spricht der Frau jedes Vermögen zur Intellektualität oder Selbstaufklärung ab: Diese seien bisher glücklicherweise nur "Männer-Gabe" gewesen.

> Wenn ein Weib damit nicht einen neuen Putz für sich sucht—ich denke doch, das Sich-Putzen gehört zum Ewig-Weiblichen?—nun, so will es vor sich Furcht erregen:—es will damit vielleicht Herrschaft. Aber es will nicht Wahrheit: was liegt dem Weibe an Wahrheit! Nichts ist von Anbeginn an dem Weibe fremder, widriger, feindlicher als Wahrheit,—seine große Kunst ist die Lüge, seine höchste Angelegenheit ist der Schein und die Schönheit. (161)

Nietzsche zufolge ist die zu große Achtung vor den Frauen jene schlimme Krankheit, an der die "europäische Mannhaftigkeit" leidet. Seines Erachtens solle der echte Mann "orientalisch" über die Frau denken: "er muß das Weib als Besitz, als verschließbares Eigentum, als etwas zur Dienstbarkeit Vorbestimmtes und in sich Vollendetes fassen" (165). Das, was am "Weib" besonders anziehend wirke, sei seine Natur, die "natürlicher ist als die des Mannes, seine echte, raubtierhafte, listige Geschmeidigkeit, seine Tigerkralle unter dem Handschuh, seine Naivität im Egoismus, seine Unerziehbarkeit und innerliche Wildheit; das Unfaßliche, Weite, Schweifende seiner Begierden und Tugenden" (168). In der "Emanzipation des Weibes" sieht Nietzsche nur ein Symptom der zunehmenden Schwächung und Abstumpfung der allerweiblichsten Instinkte der Frau. Mit dieser Ent-Weiblichung verliere sie jene schöne Rätselhaftigkeit, worin bisher ihr Zauber bestanden habe. Um die Frauen vor weiterer Kompromittierung zu retten, empfiehlt er ihnen als "rechter Weiberfreund" über Weiblichkeit zu schweigen: "mulier taceat de muliere!"(162)

Die Emanzipationsbestrebungen der modernen Frau geben auch Arthur Schopenhauer Anlaß zu Entrüstung. In seiner Schrift "Über die Weiber" definiert er die Frauen als eine Art Mittelstufe "zwischen dem Kinde und dem Manne". Sie seien das "in *jedem* Betracht zurückstehende zweite Geschlecht", das zur Häuslichkeit und Unterwürfigkeit erzogen werden solle. Der sich emanzipierenden Frau müsse man ihre "naturgemäße Stelle" zuweisen, die in der Propagation des Geschlechts bestehe. Der Mangel an Vernünftigkeit und die Unfähigkeit zum abstrakten Denken bilden nach Schopenhauer die typischsten Eigenschaften der Frau.

> Die Vernunft nämlich ist es, vermöge derer der Mensch nicht, wie das Thier, bloß in der Gegenwart lebt, sondern Vergangenheit und Zukunft übersieht und bedenkt; woraus dann seine Vorsicht, seine Sorge und häufige Beklommenheit entspringt. Der Vortheile, wie der Nachtheile, die Dies bringt, ist das Weib, in Folge seiner schwächern Vernunft, weniger theilhaft: vielmehr ist dasselbe ein geistiger Myops, indem sein intuitiver Verstand in der Nähe scharf sieht, hingegen einen engen Gesichtskreis hat, in welchem das entfernte nicht fällt. (Sämtl. Werke 670)

Schopenhauer spricht dem "sexus sequior" jede künstlerische Befähigung ab. Seines Erachtens gehen die Frauen ausschließlich im Bereich des Subjektiven auf und ermangeln "aller Objektivität des Geistes". Das "unästhetische" Geschlecht weise keinen Sinn oder Begabung für Kunst auf und sei kaum einer großen oder originellen Leistung fähig.

Georg Simmel, dessen Definition der Frau sich von der seiner Kollegen abzuheben scheint, geht in seinem Essay "Zur Philosophie der Kultur" (1909) von einer in sich vollendeten Einheitlichkeit des weiblichen Wesens aus, die man falsch mit Begriffen wie Undiffenziertheit, Mangel an Objektivität usw. definiere. Im Unterschied zu den Antifeministen, die von einer Unterentwickeltheit der Frau sprechen, und den Feministen, die darin eine bloße Unentwickeltheit von latenten Möglichkeiten sehen, betrachtet Simmel die Wesensart der Frau als etwas durchaus Positives. "Vielmehr, ein jedes Entwicklungsstadium hat in sich, als dieses bestimmte, seine Norm, an der sich der Grad seiner Vollendung mißt, und rangiert diese Norm nicht ihrerseits wieder unter ein anderes Stadium, bloß weil dieses ein späteres und irgendwie verändertes ist" (*Philosophische Kultur* 261).

Das Weibliche vertritt bei Simmel die substantielle Geschlossenheit des menschlichen Wesens vor der Trennung in Subjekt und Objekt. Der Mann stelle zwar das produktive Verhältnis zwischen Mensch und

Welt her, leide aber an einer tragischen Gespaltenheit, die die Frau in ihrer organischen Einheitlichkeit nicht kenne. In Übereinstimmung mit Weininger vertritt Simmel in dem Essay "Zur Philosophie der Geschlechter" die Meinung, daß der Geschlechtsunterschied eine viel wichtigere Bedeutung für die Frau als für den Mann habe. Bei der Frau sei Geschlechtlichkeit ein Absolutes und "Für-sich-Seiendes", bei dem Mann dagegen nur eine Teilfunktion seines gesamten Wesens. Wegen seiner extensiven Natur wirke der Mann nach außen, ins Objektive hinein, während die Frau in ihrer vollendeten Geschlossenheit verbleibe. Da alle Art von Produktion und schöpferischer Gestaltung das "Über-sich-selbst-Hinausgreifen" des Individuums, die Spaltung von subjektiv-formender Energie und objektiver Form fordern, bleibt die Frau infolge ihrer inneren Konstitution diesen Bereichen fern.

> Das Verhältnis zu den Dingen [...] gewinnt die Frau, sozusagen ohne das Sein, in dem sie ruht, zu verlassen—durch eine unmittelbare, instinktivere, gewissermaßen naivere Berührung, ja Identität. Ihre Existenzform geht nicht auf jene besondere Trennung von Subjekt und Objekt, die erst in den besonderen Formen von Erkennen und Schaffen wieder ihre Synthese erfährt. (69)

In dem gleichen Essay vertritt Simmel die prinzipiell richtige Auffassung, daß sich die Geschlechterverhältnisse auf Subordination gründen und durch die auf subjektiver Übergewalt beruhende männliche Machtstellung aufrechterhalten werden. Er gibt zu, daß die Begriffe und Normen, an denen man allgemeinmenschliche Werte mißt, nicht neutral, sondern "in ihrer tatsächlichen historischen Gestaltung durchaus männlich" seien. Wertschätzungen, die männlichen Wesens sind, werden für sachlich gehalten, weil die männlichen Normierungen als das allgemein Gültige gelten. Das männliche Prinzip beherrscht wegen der sozialen Stellung des Mannes die ganze Beziehung männnlich—weiblich, von der es selbst nur ein Glied ist. Dieses Herrschaftsverhältnis zwischen Männern und Frauen verschafft nach Simmels Ansicht eine Doppelheit der Maßstäbe, in der die männlichen als übergeschlechtlich Objektives auftreten und als solche den Frauen aufgezwungen werden, ohne dabei den spezifisch weiblichen Aspekt zu berücksichtigen.

> Denn der Mann fordert von der Frau doch auch, was ihm [...] in seiner polaren Beziehung zu ihr wünschenswert ist, das im traditionellen Sinne Weibliche, das aber nicht eine selbstgenügsame, in sich zentrierende Eigenschaft bedeutet, sondern das auf den Mann Orientierte, das ihm gefallen, ihm dienen, ihn ergänzen soll. (61)

Angesichts dieser Doppelheit der Maßstäbe solle die spöttisch kritische Einstellung gegenüber den Frauen als "banal und billig" abgelehnt werden. Die Frau besitze nämlich ihre eigene Besonderheit. Für Simmel besteht jedoch diese Besonderheit in der Funktion der Frau, dem Mann als seine korrelative Ergänzung zu dienen. Dieser sei das einzige zur Arbeitsteilung und durch Arbeitsteilung bestimmte Wesen. Der besondere Inhalt des männlichen Lebens führe zu einer Vereinseitigung des Mannes, der in der einheitlicheren Natur der Frau die notwendige Ergänzung seiner einseitigen Qualitäten suchen muß. Die Frau ist "das einheitliche, womöglich zu gar keinem besonders betonten Inhalt zugespitzte, in dem undifferenzierten Naturgrunde wurzelnde Wesen" (62).

Simmel akzeptiert in seinem System alle klischeehaften Mängel, deren die Frauen bezichtigt werden: naturhafte Unmittelbarkeit und Tiefe des Erlebens, Mangel an Logik, Passivität, Sittlichkeit, Treue, Fremdheit gegenüber Kultur. Das "Neue" bei ihm ist, daß er diese nicht als "Ausfallserscheinungen" bezeichnet, sondern sie als positive Charakteristika einer spezifisch weiblichen "Seinsqualität" und ursprünglich-genialen Einheitlichkeit deutet, die jenseits des männlichen Bedürfnisses nach dem Transzendenten stehe. Trotz der Geschlossenheit ihres inneren Gebildes (oder gerade deshalb) trete die Frau in sozialer und physiologischer Hinsicht als Mittel auf: für den Mann, das Kind und das Haus. Ihre innere Vollkommenheit realisiere sich auf Kosten einer äußeren Passivität, die auch ihre gesellschaftliche Unterordnung erkläre: "die innere Unabhängigkeit der weiblichen Werte vom männlichen Prinzip und die gleichzeitige äußere Abhängigkeit von ihm" (88). So führt bei Simmel die Anerkennung der weiblichen Spezifität paradoxerweise zu einer Bestätigung der gesellschaftlichen Abhängigkeit und Unterordnung der Frau. Diese "Anerkennung" macht Simmels These gefährlicher als die offenen Attacken eines Weininger, weil er trotz der größeren Differenziertheit und der prinzipiellen Richtigkeit seiner Gedanken traditionelle Charakteristika, die nach der populären Interpretation der damaligen Zeit das "Wesen" der Frau ausmachen sollen, als den Ausdruck einer positiv-vollkommenen Weiblichkeit anführt.

> Indem das Haus [. . .] in seiner ruhigen Geschlossenheit [. . .] alle Linien des kulturellen Kosmos irgendwie in sich zusammenzuführen und das Tun und Schaffen in ihm doch in einer anschaulich-beharrenden, inneren Einheit ablaufen zu lassen, eignet ihm jene reale und symbolische Beziehung zum Wesen der Frau, durch die es deren große Kulturtat werden konnte. (288)

Wie Simmels scheint auch Max Schelers Analyse von Weiblichkeit zunächst einen positiven Ansatz zum Problem des Weiblichen vorzuschlagen. In seiner Abhandlung "Zum Sinn der Frauenbewegung" (1915) stimmt Scheler mit Simmels Auffassung überein, daß die Grundbegriffe der Philosophie wie Persönlichkeit, Vernunft und Wahrheit, die sich als allgemein menschlich ausgeben, praktisch nur spezifisch männliche Werte verkörpern, so daß die Frau, die "allgemein menschlich sein will, eo ipso hierdurch männlicher wird" (*Vom Umsturz der Werte* 2, 223). In der zunehmenden Politisierung der Frauenbewegung, die Scheler mit Vermännlichung gleichsetzt, sieht er deshalb eine notwendige, doch vergängliche "Mimikry" der Frau, die mit der Durchsetzung der Bewegung verschwinden und einer "echten" Weiblichkeit Platz machen werde.

> Daß so lange als die öffentlich rechtliche Personalität der Frau und ihre selbständige Mitwirksamkeit an der Bestimmung der Kulturziele nicht anerkannt ist, und eben darum die Werte, Aufgaben und Ziele, die unsere Kultur beherrschen, ausschließlich männliche [...] sind, auch die sich in einem solchen System aufkämpfende Frau zunächst männliche Züge annehmen muß. (221)

Der Eintritt der Frauen in das Wirtschaftsleben deutet Scheler als eine negative Erscheinung, die ihre erotischen und mütterlichen Qualitäten in Frage stelle. Die Erwerbstätigkeit der Frauen führe zu steigender Unweiblichkeit, weil das Kultur-und Arbeitssystem, das auf spezifisch männlichen Werten und Idealen beruhe, männliche Forderungen an die Frau stelle und so den "virilen" Frauentyp begünstige. Der rein weibliche Gattungstyp erscheine angesichts dieser Forderungen und wegen seiner weiblicheren Eigenschaften im Vergleich zum virilen als untüchtig, was seine Selbstauflösung fördere.

Diese prinzipielle Einsetzung für die Anerkennung weiblicher Spezifität unterscheidet Schelers Auffassung der Frau im Grunde nicht von den traditionellen Weiblichkeitsvorstellungen. Für Scheler ist der Denk-und Leistungsunterschied der Geschlechter ein jenseits aller historischer Veränderbarkeit liegender "Seins-Unterschied" zwischen Mann und Frau. Der echte Frauentyp zeichne sich durch "leiblich-seelische Plastizität" und eine "fast ans Wunderbare grenzende Ruhe und Konstanz" aus. Infolgedessen stehe die Frau mit der "Gelassenheit eines Baumes" der "ruhelosen Dramatik der Männergeschichte" gegenüber.

> Keine in den Grenzen geschichtlicher Variabilität liegende Veränderung des weiblichen Typus kann es ja jemals aufheben, daß die Frau als das erdenmäßigere, pflanzlichere, in allem Erleben einheitlichere und durch Instinkt, Gefühl und Liebe weit stärker als der Mann geleitete Wesen, auch das von Hause aus konservative Wesen ist, die Hüterin der Tradition, der Sitte aller

älteren Denk-und Willensformen, und die ewige Bremskraft eines nach den Zielen bloßer Rationalität und bloßen 'Fortschritts' dahinstürzenden Zivilisations-und Kulturwagens. (220)

In seinem Buch *Die Frau und die Kunst* (1908) kritisiert Karl Scheffler den Wunsch seiner Zeitgenossen nach "materieller Gleichberechtigung" der Geschlechter, weil dieser ihren "von der Natur selbst zur Erhaltung geschaffenen Dualismus" aufzuheben versuche. Die Frau büße wertvolle Züge ihrer Weiblichkeit ein, indem sie ihr Glück in der außerhäuslichen Erwerbstätigkeit suche. Wie Scheler hebt auch Scheffler hervor, daß diese negativen Zustände im Vergleich zur ewigen "Natur der Frauenseele" nur vergänglich seien. "Wer sich bemüht, die Frau in die Schranken ihrer Eigenart zurückzuweisen oder sie wenigstens vom Irrtum vollkommener Emanzipation zurückzuhalten, wird ganz gewiß dem Manne einen Dienst leisten; einen größeren Dienst aber noch leistet er der Frau. Denn Glück ist nur in der Übereinstimmung mit der Natur" (12).

Wie die übrigen Philosophen der Zeit ist auch Scheffler bemüht, das Herrschaftsverhältnis der Geschlechter durch ihre "naturgemäße" Veranlagung zu erklären. Seines Erachtens habe sich das Verhältnis des Mannes zur Frau seit jeher zwischen zwei Extremen, der Geringschätzung und der Verehrung, bewegt, wofür natürliche Gründe vorhanden seien. Die Frau sei dem Mann entweder "Dienerin" oder "Heilige" gewesen. Er habe sie einerseits unterdrückt, andererseits erhoben. Dieses Doppelverhältnis, das in der Natur beider Geschlechter verwurzelt sei, wäre nicht möglich gewesen, "wenn es der Frau im Grunde nicht zusagte, wenn es ihr nicht ebenfalls ermöglichte, ihrer Naturbestimmung entsprechend zu leben und sich zu entwickeln" (16).

Schefflers Theorie deckt sich mit Georg Simmels These von der tragisch-bewußten Gespaltenheit des männlichen und der glücklich-unbewußten Einheit des weiblichen Wesens. Die schöpferische Spaltung, die der Mann brauche, um sich der Umwelt gegenüber zu behaupten, bedeute notwendigerweise den Verlust seiner ursprünglichen Harmonie und die Entwicklung von nur einseitigen Tätigkeiten. Der "geschlossene Organismus" der Frau sei dagegen darauf gerichtet, einen "seelischen Universalismus" im harmonischen Gleichklang aller Kräfte zu erhalten. Sie schrecke in ihrer instinktiven Passivität davor, sich isolierten, außerhalb ihres inneren Zentrums liegenden Tendenzen hinzugeben.

Sie möchte wachsen nach allen Seiten zugleich und sich entwickeln wie die Frucht: schwellend im Raum; möchte auf jedem Punkte der Entwicklung eine Harmonie bleiben. Das Schicksal des Mannes dagegen ist es, die ursprüngliche, unbewußte Einheit aufzuopfern, um sich dem titanischen Versuch hinzugeben, sie als ein Bewußtes wieder herzustellen. Seine Naturbestimmung besteht darin, die im menschlichen Mikrokosmos unter starker Spannung der Befreiung harrenden Einzelkräfte aus ihrer harmonischen Gebundenheit zu befreien und, sie partikularisierend, zu Fähigkeiten, zu Talenten auszubilden. (17)

Wie Simmel spricht auch Scheffler von zentrifugalen und zentripetalen Kräften, wenn er das Wesen von Mann und Frau zu erklären sucht. Dabei schreibt er der Frau passive Unbeweglichkeit und Willenlosigkeit, dem Mann dagegen zielgerichtete Aktivität zu. Ihre "lebendigste Totalität" und Mutternatur verbieten der Frau die männliche Problematik. Sie könne kaum als Persönlichkeit bezeichnet werden, weil sie von Natur aus einer Individualität beraubt sei und ihr Schicksal nur als Gattungswesen erlebe. "Die ganz wirkliche weibliche Harmonie muß auf einseitig starkes Streben verzichten; und für den Mann ist die Harmonie überhaupt nur symbolisch vorhanden, nur als Idee. Die passive Harmonie der Frau heißt Natur, die bewußte und gewollte des Mannes heißt Kultur" (20).

Nach Schefflers Ansicht zeichnet sich der Mann durch ein spontanes, die Frau dagegen durch ein mehr rezeptives Wesen aus. Sie lebe mehr in Instinkten und Gefühlen als in Gedanken und repräsentiere die verlorene Harmonie eines Paradieses, das der Mann bereits als Kind habe verlassen müssen. Wegen seines Erkenntnistriebes sei er gezwungen, gewaltsam und "unnatürlich" zu werden, verehre aber in der Frau gerade ihre "klare, lautere Natur".

> Während der Mann mit seiner einseitigen Erkenntnisarbeit beschäftigt ist, bedarf er von Zeit zu Zeit eines Blickes auf eine Harmonie, damit er nicht die Zuversicht verliere, seine Arbeit zwecke in irgend einem Bezug zu einem Ganzen. Er braucht Gleichnisse, woran er sich aufrichten, in deren Anblick er seine Isolierung vergessen kann. Zu solchen Symbolen werden ihm das Kunstwerk und die Frau. Das Kunstwerk ist ihm symbolisch für die ideale, bewußt erstrebte Harmonie, weil darin die jeweiligen Ergebnisse der Kulturarbeit anschaulich niedergelegt sind, und weil es am besten die allgemeine Mannessehnsucht nach bewußter Vollkommenheit darstellt; die Frau wird dem Manne symbolisch, weil sie ihm die Natureinheit verkörpert. (22–23)

Scheffler betrachtet sowohl die Frau als auch das Kunstwerk als "Notgebilde" des männlichen Partikularismus und Strebens nach Idealisierungen, als "imaginäre Muster für eine ihm stets fern bleibende Vollkommenheit". Die Kunst sei von dem Mann für den Mann geschaffen: "sie konnte nur entstehen, weil die männliche Einseitigkeit ihrer als Medium zur Harmonie bedarf" (29). Der Frau dagegen sei die Kunst nicht notwendig: ihr fehle das Bedürfnis, analytisch zur Synthese zu gelangen, weil sie in der "prästabilierten Harmonie" ihres Wesens die notwendige Selbstbefriedigung finde. Mit diesen "angeborenen" Eigenschaften erklärt Scheffler den Ausschluß der Frau aus den Bereichen künstlerischer Produktivität. Seiner Meinung nach ist die Weltgeschichte das Ergebnis der umschaffenden Einzelleistungen des bewußten und aktiven männlichen Individuums.

> Der schöpferischen Kraft, im Schaffen wie im Genuß der Kunst, ist die Frau durchaus unfähig, weil ihr die Triebfeder dazu fehlt: der fanatisch vorwärts drängende Wille. Die Entstehung und die Entwicklung aller Kunst ist nur möglich auf Grund des Erkenntnistriebes; denn sie ist das mächtigste Mittel des Geistes, die Welt [. . .] sich zum Bewußtsein zu bringen. Und natürlich kann dieses Mittel von Denen nur angewandt werden, die das eingeborene Bedürfnis haben, Bewußtsein zu erringen; von den Männern. (29–30)

Auch der Erbauungsschriftsteller Christian W. Spieker, dessen Schriften zu den populärsten Lektüren der Zeit gehören, findet eine "natürliche" Erklärung für den "milden Glanz reiner Weiblichkeit". Seiner Meinung nach habe die Natur alles getan, um das weibliche Geschlecht für ein "stilles, friedliches Walten" und ein "liebevolles Hangen" im häuslichen Kreise zu erziehen. Im Einklang mit den üblichen Klischeevorstellungen betrachtet Spieker die Frauenexistenz als eine pflanzlich-dekorative: "Die Frauen wachsen und blühen wie die Pflanzen, still und unbemerkbar, nach immer gleichem Gesetze, schmücken Gärten, Wiesen und Wälder, erfüllen die Luft mit lieblichem Duft, und fesseln Auge und Herz durch ihre Schönheit und Anmuth" (Zit. in Häntzschel 58). Damit die kindliche Natur der Frau beibehalten werden könne, müsse sie "durch keine wissenschaftliche Ausbildung, durch keine Betrübniß des Lebens, durch keine Anfechtung der Eitelkeit [. . .] getrübt oder verscheucht werden" (55).

Silvia Bovenschen, die in ihrem Buch *Die imaginierte Weiblichkeit* die kulturell-philosophischen Erscheinungsweisen des Weiblichen der Analyse heranzieht, weist darauf hin, daß sich in diesen Weiblichkeits-Imagines der Jahrhundertwende konkrete sozio-politische und kulturelle Interessen widerspiegelten. Sie betont, daß die vielbeschworene These von der Totalität des weiblichen "Wesens" gerade in der Zeit in den Vordergrund tritt, in der sich die Frauen in verstärktem Maße in das differenzierte Berufs-und Funktionssystem der bürgerlichen Gesellschaft einzugliedern beginnen.

> Diese Botschaft läuft in einer industrialisiert arbeitsteiligen Gesellschaft notwendig auf die Forderung nach dem Verzicht der Frauen auf alle ökonomischen und politischen Ansprüche, auf die Brachlegung ihrer kreativen

Fähigkeiten, auf ein fremdgesteuertes passives Dasein hinaus. Nur so kann sich der Mann beim Anblick der Frau in dem Bild spiegeln, das er vom Weiblichen hat. (34)

Nach Bovenschens Meinung versetzen die Weiblichkeitstheorien die Frau auf den Stand naiven Bewußtseins zurück; gerade dadurch lenkten sie aber auch die Aufmerksamkeit auf die kulturgeschichtliche Absenz der Frauen sowie die ambivalenten Entwicklungsstrukturen des weiblichen Kulturcharakters.

Freuds psychoanalytisches System bietet das vielleicht deutlichste Beispiel für die Ambivalenz der Meinungen, die zu Beginn unseres Jahrhunderts den Ton der Diskussionen um das Weibliche angeben. Seine Theorie der Sexualität unterminiert einerseits die Diskurse über Sexualität, indem sie die sexuelle Indifferenz aufdeckt, auf die sich diese Diskurse innerhalb der Ökonomie der Geschlechterverhältnisse stützen. Andererseits definiert Freud das Weibliche als notwendiges Komplement oder Negativ der männlichen Sexualität. So bleibt seine Beschreibung weiblicher Sexualität im Rahmen der gleichen Indifferenz gefangen, zu deren "Entlarvung" sie beiträgt.

Foucault stellt im ersten Band von *Sexualität und Wahrheit* die These auf, daß die Psychoanalyse als Differenzierungselement in der allgemeinen Technologie des Sexes zu betrachten ist. Nach seiner Ansicht hat die Psychoanalyse innerhalb dieser Technologie zwei sich gegenseitig ausschließende Rollen zugleich gespielt. Zum einen bindet sie die Sexualität an das Gesetz, indem sie zu der Ausschließung oder Verschiebung der Inzestpraktiken beiträgt; zum anderen arbeitet sie daran, den Inzest als Begehren an den Tag zu bringen. Für Foucault ist die Psychoanalyse eine Theorie der Zusammengehörigkeit von Gesetz und Begehren, aber auch eine Technik zur "Milderung" der Gesetzesstrenge, die die Allgemeingültigkeit des Inzestverbotes unterminiert, indem sie es gestattet, das Begehren diskursiv zu artikulieren (155).

In seiner Abhandlung "Über die weibliche Sexualität" weist Freud darauf hin, daß die entscheidende Wendung in der weiblichen Sexualentwicklung mit dem Übergang von klitoraler zu vaginaler Sexualität eintrete. Dabei müsse die aktive Klitorissexualität, die Freud als "männlich" bezeichnet, aufgegeben, und durch die passive der Vagina, die er dagegen als "weiblich" definiert, ersetzt werden (*G.W.* XIV, 522). Der Wechsel der leitenden erogenen Zone in der Zeit der Pubertät kennzeichne das erfolgreiche "Weibwerden" des kleinen Mädchens.

In den "Drei Abhandlungen zur Sexualtheorie" bezeichnet er die "dem männlichen Glied analoge" Klitoris als "Penisersatz" (*G.W.* V,

96). Das Mädchen müsse nicht nur seine erste erogene Zone wechseln, sondern auch sein ursprüngliches Liebesobjekt (Mutter—Vater) tauschen, während im Falle des Knaben Zone und Liebesobjekt beibehalten würden. In dieser komplizierteren Entwicklung des Mädchens sieht Freud auch die Hauptursache für die besondere Disposition der Frau zur Neurose und Hysterie.

Dem genitalen Geschlechtsunterschied und seiner Entdeckung durch das Kind mißt Freud eine entscheidende Rolle bei und stellt fest, die Frau sei nur begrenzt zur Sublimierung fähig. Nach seiner Ansicht ist die Wirkung des Kastrationskomplexes auf den Knaben und auf das "penislose Geschöpf" eine durchaus unterschiedliche. "Das Weib anerkennt die Tatsache seiner Kastration und damit auch die Überlegenheit des Mannes und seine eigene Minderwertigkeit, aber es sträubt sich auch gegen diesen unliebsamen Sachverhalt" *(G.W.* XIV, 522). Beim männlichen Kind ermögliche die Entdeckung der Kastrationsmöglichkeit die Überwindung des Ödipuskomplexes und die Schaffung des Über-Ichs, die auch die Einreihung des Einzelwesens in die Kulturgemeinschaft bedeute. Dem sich als kastriert erkannten Mädchen fehle dagegen die Motivation zur Umbildung des Ödipuskomplexes, daher werde dieser von der Frau, wenn überhaupt, nur mühsam und langsam überwunden. Freud wird diese Spezifität des Ödipuskomplexes bei der Frau zum Beweis für deren gesellschaftlich-kulturelle Belanglosigkeit. "Darum sind auch die kulturellen Ergebnisse seines Zerfalls geringfügiger und weniger belangreich. Man geht wahrscheinlich nicht fehl, wenn man aussagt, daß dieser Unterschied in der gegenseitigen Beziehung von Ödipus-und Kastrationskomplex den Charakter des Weibes als soziales Wesen prägt" (523).

In der Vorlesung "Die Weiblichkeit" gibt Freud zu, daß es unzureichend sei, das männliche Benehmen durch Aktivität, das weibliche durch Passivität zu erklären, und weist darauf hin, daß der Einfluß der sozialen Ordnung, die das Weib ebenfalls in passive Situationen drängen könnte, nicht zu unterschätzen sei. Am Ende der Vorlesung behauptet Freud zuerst, daß die Libido kein Geschlecht habe. Er bezeichne sie als männlich, weil er von "der konventionellen Gleichstellung von Aktivität und Männlichkeit" ausgehe. Dabei scheint er im nächsten Satz die Anwendung dieser Gleichstellung entschuldigen zu wollen: "Immerhin, die Zusammenstellung 'weibliche Libido' läßt jede Rechtfertigung vermissen" *(G.W.* XV, 141).

In der gleichen Vorlesung vertritt Freud die Meinung, daß beide Geschlechter die frühen Phasen der Libidoentwicklung in gleicher Weise durchmachen. Er betont, daß das Mädchen ursprünglich intelligenter und lebhafter als der gleichaltrige Knabe sei und daß die "aggressiven Impulse der kleinen Mädchen an Reichlichkeit und Heftigkeit nichts zu wünschen übrig lassen" (125). Mit dem Ende der phallischen Phase, als die Passivität auf Kosten der aktiven Sexualität die Oberhand gewinne, werde auch die präödipale Mutterbindung des kleinen Mädchens aufgegeben und gehe in Feindseligkeit, ja Mutterhaß über, um der Vaterbindung den Platz zu räumen. Die Erklärung findet sich nach Freud im Kastrationskomplex und der Tatsache, daß "das Mädchen die Mutter für seinen Penismangel verantwortlich macht und ihr diese Benachteiligung nicht verzeiht" (133). Die Entdeckung der Kastration sei entscheidend in der Entwicklung des Mädchens, das den Unterschied sofort merke und dem Penisneid verfalle. Die Auswirkungen des Penismangels seien langwierig und bestimmten die gesammte weitere Sexualentwicklung des Mädchens. Die intellektuelle Betätigung der Frauen lasse sich oft als Kompensationsversuch ihrer "Kastration" erklären.

> Der Wunsch, den ersehnten Penis endlich doch zu bekommen, kann noch seinen Beitrag zu den Motiven leisten, die das gereifte Weib in die Analyse drängen, und was sie verständigerweise von der Analyse erwarten kann, etwa die Fähigkeit, einen intellektuellen Beruf auszuüben, läßt sich oft als eine sublimierte Abwandlung dieses verdrängten Wunsches erkennen. (134)

Die Ambivalenz in Freuds Aussagen wird auch in seinem Aufsatz "Zur Einführung des Narzißmus" deutlich.[3] Dort erschließt er ein unterschiedliches Bild von Weiblichkeit, die nichts von Penisneid oder Hysterie weiß und sich teilweise mit den bereits besprochenen Auffassungen von Georg Simmel und Karl Scheffler über die Selbstgenügsamkeit weiblicher Sexualität berührt. Freud stellt hier die These auf, daß sich im Verhältnis der Geschlechter zum Typus der Objektwahl fundamentale Unterschiede zeigen. Die volle Objektliebe, die zu einer Verarmung des Ichs an Libido zugunsten des Sexualobjekts führe, sei eigentlich für den Mann charakteristisch. Beim reinsten und echtesten Typus des Weibes verhindere eine Steigerung des ursprünglichen Narzißmus die Gestaltung der mit Sexualüberschätzung ausgestatteten Objektliebe. Infolgedessen stelle sich eine sexuelle Selbstgenügsamkeit her, die die Frau für ihre sozial verkümmerte Freiheit der Objektwahl entschädige. "Solche Frauen lieben, streng genommen, nur sich selbst mit ähnlicher Intensität, wie der Mann sie liebt. Ihr Bedürfnis geht auch nicht dahin zu lieben, sondern geliebt zu werden, und sie lassen sich den Mann gefallen, welcher diese Bedingung erfüllt" (*G.W.* X, 155). Diese narzißtische Selbstgenügsamkeit der Frau sei es, die sie enigmatisch für den Mann mache.

Ein anderes Symptom des Freudschen Diskurses liegt in der Tatsache, daß in ihm die Beziehungen zwischen Frauen in Begriffen männlicher Sexualität analysiert werden. In einem seiner früheren Aufsätze, dem "Bruchstück einer Hysterie-Analyse", beschreibt Freud die Behandlungsgeschichte einer Patientin, deren Erkrankung die typischen Symptome der hysterischen Erkrankung zeige: Aphonie, Verstimmung, Husten. Freud berichtet weiter, daß Doras Familie in intimer Freundschaft mit dem Ehepaar K. gelebt habe. Frau K. habe Doras Vater während einer sehr schweren Krankheit gepflegt und sei ihm dadurch unentbehrlich geworden. Zu Doras Mutter, die nach der Erkrankung sich vor allem auf die Hauswirtschaft konzentrierte, empfinde der Vater keine Gefühle mehr. Dora sei besonders stark an den Vater gebunden, während die Beziehung zwischen ihr und der Mutter sehr unfreundlich sei. Die Tochter habe ihre Mutter ständig übersehen und sich ihrem Einfluß völlig entzogen. Herr K., der seinerseits besonders liebenswürdig gegen Dora gewesen sei, habe ihr auch kleine Geschenke gemacht, bis ein Liebesantrag seinerseits Doras Verkehr mit Familie K. plötzlich eingestellt habe.

Nach einer umständlichen Beschreibung der hysterischen Symptome seiner Patientin kommt Freud zur Schlußfolgerung, daß Doras Krankheitssymptome, und besonders ihre Eifersucht auf den Vater und dessen Verhältnis zu Frau K., die Bestimmung haben, nicht nur Doras bewußte Liebe zu Herrn K., sondern auch ihre unbewußte Liebe zu Frau K. zu verdecken. Trotz dieser Anerkennung der homosexuellen Gefühle seiner Patientin bleibt Freuds Analyse im Ansatz stecken. Freud vermag nicht, Doras homosexuelle Neigung zu Frau K. anders als "männlich" zu bezeichnen. Das Verhalten seiner Patientin vergleicht er deshalb mit dem eines Mannes, der eine Frau begehrt: "Die eifersüchtige Regung des Weibes war im Unbewußten an eine wie von einem Mann empfundene Eifersucht gekoppelt. Diese männlichen oder, wie man besser sagt, gynäkophilen Gefühlsströmungen sind für das unbewußte Liebesleben der hysterischen Mädchen als typisch zu betrachten" (*G.W.* V, 224).

Auch in seiner Abhandlung "Über die Psychogenese eines Falles von weiblicher Homosexualität" behauptet Freud, daß die homosexuelle Patientin "in ihrem Verhalten zu ihrem Liebesobjekt durchaus den männlichen Typus angenommen" hatte (*G.W.* XII, 280). Ihr homosexueller Wunsch sei nur "sekundärer" Natur. Die intensive homoerotische Bindung seiner Patientin, die "durch die schlanke Erscheinung, die strenge Schönheit und das rauhe Wesen der Dame an ihren eigenen, etwas älteren Bruder ermahnt wurde", wird schließlich als Ersatz für deren heterosexuelle Libido erklärt (283).

Angesichts dieser Widesprüchlichkeiten in Freuds Auffassung der Sexualität ist auch Luce Irigarays Kritik des Freudschen Diskurses zu verstehen, nach der Freuds Theorie, so sehr sie auch dazu beiträgt, die tradierten Vorstellungsbilder von Weiblichkeit zu unterlaufen, diesen dennoch unterworfen bleibt.

> So stellt Freud, indem er den Akzent auf das Nachträgliche, die Überdeterminierung, den Wiederholungszwang, den Todestrieb usw. setzt, oder indem er in seiner Theorie oder Praxis auf den Einschlag der unbewußt genannten Mechanismen in die Sprache des "Subjekts" hinweist, eine gewisse Konzeption des Gegenwärtigen, der Präsenz in Frage. Gleichwohl definiert er, darin selbst Gefangener einer gewissen Ökonomie des Logos, die sexuelle Differenz gemäß dem Apriori des Gleichen; denn um seine Beweisführung abzustützen, rekurriert er auf die überkommenen Verfahren der Analogie, des Vergleichs, der Symmetrie, der dichotomischen Oppositionen. (*Waren* 28)

Die psychoanalytische Theorie habe zum Objekt ihres Diskurses die Sexualität gewählt, weigere sich aber gleichzeitig, ihre eigenen geschlechtsspezifischen Vorurteile und Gebundenheit zu interpretieren. In der Tatsache, daß Freud keine Analyse der Voraussetzungen des psychoanalytischen Diskurses selbst geleistet hat, liegt nach Irigaray auch die Schwäche seiner Theorie der Sexualität.[4]

> Mit anderen Worten: die Fragen, die die Praxis und Theorie Freuds an den Schauplatz der Repräsentation stellen, führen nicht bis zu derjenigen nach einer geschlechtsspezifischen Determination [. . .] dieses Schauplatzes. Indem er diese Artikulation verfehlt, bleibt der Beitrag Freuds zum Teil— gerade da, wo er die Differenz der Geschlechter betrifft—im metaphysischen Apriori befangen. (29)

Die in diesem Kapitel untersuchten kulturphilosophischen Texte zeugen von einer "Ursprungs-und Identitätssehnsucht" (Irigaray, *Waren* 29), in der Weiblichkeit auf bestimmte Bedürfnisse hin funktionalisiert wird. Die Frau repräsentiert einerseits eine dem Geist entgegengesetzte harmonische Naturhaftigkeit und Ganzheit, zu der der im Sozialisationsprozeß befangene Mann immer wieder zurückkehren möchte; andererseits wird sie mit dem Unbewußt-Sinnlichen und Körperlichen identifiziert, von dem er sich abgrenzen muß, um im Bereich von Kultur und Gesellschaft zu einer bewußt-positiven Identität gelangen zu können. Die Idealisierung der weiblichen "Natur" zeugt von dem Glauben des entfremdeten Subjekts an "ein im Weibe verhülltes grundverschiedenes Ideal, an irgendein Ewig-und Notwendig-Weibliches" (Nietzsche, *Jenseits* 166). Die Definition der Frau als "Gattungswesen" im Gegensatz zum Mann als dem durch Sozialisation und Arbeitsteilung differenzierten gesellschaftlichen Individuum läßt zugleich den Wunsch zur Geltung kommen, das innerhalb der Bereiche von Macht und Sprache als das Andere fungierende Weibliche auszugrenzen und es als Fremdes oder Grundverschiedenes festzuschreiben.

Der dominierende philosophisch-kulturelle Diskurs der Zeit um 1900 vereinigt Texte, die die gesellschaftliche Situation der Frau aus ihrer "ewigweiblichen" Natur erklären. Innerhalb dieser "wahren" Diskurse, in denen sich existierende Machtverhältnisse widerspiegeln, werden Männlichkeit und Weiblichkeit weitgehend mit "Kultur" respektiv "Natur" identifiziert. Angesichts solcher Deutungen ist es nicht verwunderlich, daß sich die Frauen der Jahrhundertwende einerseits dagegen wehrten, andererseits aber Vorurteile der Gesellschaft unbewußt internalisierten und eine ambivalente Haltung zum eigenen Geschlecht entwickelten.

3

Erziehung zur Sprachlosigkeit

Im Verlauf des 19. Jahrhunderts wird die Arbeit innerhalb des Familienbetriebs allmählich durch die industrielle Großproduktion ersetzt. Infolge der raschen Industrialisierung und der dadurch verursachten ökonomischen und gesellschaftlichen Veränderungen müssen immer mehr Frauen aus den Proletarierschichten durch außerhäusliche Erwerbstätigkeit ihren Lebensunterhalt verdienen. Die bürgerlichen Frauen, isoliert im Elfenbeinturm ihrer eigenen privaten Welt, stehen der zunehmenden Modernisierung des Lebens zunächst nur passiv gegenüber. Für sie bleibt die häusliche Sphäre auch weiterhin ihr einziges Betätigungsfeld, da Ausbildung oder Erwerbsmöglichkeiten außerhalb des familiären Kreises als nicht standesgemäß gelten.[1] Solchen Frauen wird die Ehe zur notwendigen Versorgungsinstanz, die sie in die Position totaler ökonomischer Abhängigkeit versetzt.[2]

Mit dieser Rolle der Ehe als Versorgungsinstitution und der Lage der unverheirateten Frauen setzt sich im *Neuen Frauen-Brevier* (1876) die Schriftstellerin Amely Bölte auseinander. Ihrer Meinung nach ist die Stellung der unverheirateten Frauen zu einer "sozialen Frage der Menschheit" geworden. Sie verlangt deshalb wenigstens für die "Unvermählte" einen Beruf, der sie mit ihrem "Geschick" versöhnen könne. Dabei ist Bölte die Berufsausbildung keine Notwendigkeit an und für sich, sondern eine Rettungsmaßnahme für Frauen, die unverheiratet bleiben:

> man muß, um sicher zu gehen und die Existenz der Tochter nicht in Frage zu stellen, sie das erlernen lassen, womit sie sich ernähren kann wenn sie unvermählt bleibt, d. h. ihr die Mittel in die Hand geben, in irgend einem Zweige des Wissens, einer Specialität der Frauenarbeit diejenige Vollkommenheit erringen zu können, welche die Bezahlung für ihre Leistung außer Frage stellt. (Zit. in Häntzschel 108)

Indem die Autorin über das traurige Bild "verkümmerter Existenzen" reflektiert, fragt sie: "Und diese Hoffnungen, worin bestehen sie? Doch nur in der guten Partie, in dem Versorgen einer Tochter? Heißt es von Seiten der Familie, der Eltern nicht, sich einer an sich werthlosen Waare entäußern wollen?" (110)

Hedwig Dohm kritisiert im letzten Kapitel ihres Buches *Die Antifeministen* (1902), betitelt "Von der alten und der neuen Ehe", die damals übliche Auffassung, daß Berufstätigkeit und Ehe sich gegenseitig ausschließen, und setzt sich für die Notwendigkeit einer Berufsausbildung der Frau ein. Für sie steht die moralische Unzuläßigkeit der Ehe als Lebensversorgung außer Frage. Die ökonomische Abhängigkeit vom Manne falle erst bei einer erwerbenden Frau fort, da sie nicht mehr auf dessen Versorgungspflicht angewiesen sei: "Sie braucht nicht um der Versorgung willen zu heiraten, da sie sich selbst versorgen kann, sie braucht sich nicht mit fremden Federn—mit der sozialen Stellung ihres Gatten—zu schmücken, da sie imstande ist, aus eigener Kraft eine Stellung zu erringen" (142).

Juliane Jacobi-Dittrich, die in ihrer Untersuchung zur Sozialisationsgeschichte der Frau im 19. Jahrhundert verschiedene Autobiographien von Frauen jener Zeit untersucht hat, kommt zur Schlußfolgerung, daß eine direkte Beziehung zwischen den Heiratsaussichten dieser Frauen und ihren Ausbildungschancen bestand. Nach der Autorin bereiteten sich Frauen wie Gertrud Bäumer und Franziska Tiburtius, die wegen der unbefriedigten finanziellen Situation ihrer Familien nicht mit einer Ehe rechnen konnten, von vornherein für ihre Lehrerinnenkarrieren vor. Frauen wie Marianne Weber, Mathilde Franziska Anneke, Hedwig Dohm, Fanny Lewald und Lily Braun dagegen, die infolge der guten finanziellen Lage ihrer Familien auf eine Heirat hoffen konnten, mußten um ihre Ausbildung und Selbständigkeit kämpfen (in Fout 197–217).

Parallel zu der sich verschärfenden Spannung zwischen privater und öffenlicher Sphäre werden immer neue Diskurse über die Rollenverteilung zwischen den Geschlechtern eingesetzt. In der zweiten Hälfte des 19. Jahrhunderts erfreut sich die Theorie von der Polarisierung der "Geschlechtscharaktere" besonderer Popularität. Der "Geschlechtscharakter", der als Wesensmerkmal des Individuums galt, wurde als Kombination von Biologie und Rollenbestimmung definiert. Nach Karin Hausen führt dieses Rollenkonzept, das im letzten Drittel des 18. Jahrhunderts erfunden und im Verlauf des 19. Jahrhunderts durch Medizin, Anthropologie und Psychoanalyse "wissenschaftlich" fundiert wurde, eine spezifisch neue Qualität der herkömmlichen Kontrastierung zwischen Mann und Frau ein. Während sich die traditionelle Differenzierung zwischen den Geschlechtern vor allem auf soziale Positionen und die diesen Positionen entsprechenden Rechte und Pflichten bezieht, deutet der "Geschlechtscharakter" zum erstenmal auf Wesensmerkmale und Charaktereigenschaften hin (in Conze, 369).

In der Einleitung zu seiner umfangreichen Quellendokumentation aus Anstandsbüchern für Mädchen und Frauen des 19. Jahrhunderts deutet Günter Häntzschel darauf hin, daß die als natürlich geltende Dichotomie zwischen den Geschlechtern von den Frauen selbst internalisiert wurde. Die Mehrheit der bürgerlichen Frauen paßte sich dem Ideal "echt weiblicher" Tugenden an, weil diese mit ihrer ökonomischen Abhängigkeit zusammenfielen. Viele Frauenbeiträge in Häntzschels Band verteidigen den engen Kreis der Häuslichkeit als weibliche Bestimmung und beschreiben die Welt des Öffentlichen als Sphäre der Versuchung, Eitelkeit und Koketterie, die sich negativ auf das weibliche Wesen auswirke und deshalb von der tugendhaften Frau vermieden werden solle.

Solche Schriften wurden weitgehend von den herrschenden Dichotomieklischees der Zeit und der Produktion von "Wahrheit" beeinflußt. Indem sie diese reproduzierten, trugen sie ihrerseits zur weiteren Ausschließung der Frauen aus der öffentlichen Sphäre bei. In den nach 1850 veröffentlichten Texten von Julie Burow, Henriette Davidis und Anny Wothe, die Fragen der "weiblichen Bestimmung" besprechen, werden Häuslichkeit und sittlich einwandfreie Haltung am höchsten gepriesen. Alle drei Autorinnen weisen der Frau den Platz einer "fürsorgenden Verwalterin" häuslicher Idylle zu.

Nach Julie Burow hat die Natur selbst durch "wesentlich andere Gefühls-und Organisations-Anlagen die verschiedene Stellung der Geschlechter in der bürgerlichen Gesellschaft" bedingt. Die Frau müsse diesen ihr von der Natur angewiesenen Standpunkt schätzen und vollkommen ausfüllen lernen: "Das Weib also, obwohl ausgeschlossen von aller öffentlichen Wirksamkeit, legt den Grund zum Glücke der Menschheit und sie kann diesen Lebensberuf nicht für zu klein halten, sobald sie sich desselben klar bewußt wird" (Zit. in Häntzschel 95).

Henriette Davidis betrachtet die Sittsamkeit als die "wertvollste weibliche" Eigenschaft: "Was könnte denn für die Jungfrau wichtiger sein, als die Reinheit ihres Herzens und ihren sittlich guten Ruf als das größte Heiligtum zu bewahren, ohne welches keine weibliche Tugend gesichert ist?" (in Häntzschel 74) Besondere Aufmerksamkeit schenkt Davidis der "unpassenden" Lektüre, die den stärksten Einfluß auf den Geschmack auszuüben vermöge: "Und dahin gehört ganz besonders das Lesen seichter Romane, die nur geeignet sind, die Phantasie zu erhitzen und ihr eine falsche Richtung zu geben. . ."

Nach Anny Wothe findet die echte Frau nur im selbstlosen Schaffen für den geliebten Mann und für ihre Kinder das Glück. Und sie wendet sich an die Mädchen, die sie am liebsten als "Feldblümchen", still "in unbemerktem Frieden" stehend, sieht: "Werdet einfacher in

42 ÜBERGANGSGESCHÖPFE

Euren Neigungen, sucht das Glück nicht in äußerem Verkehr, wo Ihr glänzen und bewundert werden könnt, sondern in der eng begrenzten Häuslichkeit" (in Häntzschel 112).

Die Einübung in die minderwertige Position des zweiten Geschlechts beginnt mit der frühesten Erziehung der Mädchen und wird später durch die unterschiedliche Art und Weise der Schulbildung für Mädchen und Jungen zusätzlich vertieft. Käthe Schirmacher (1858–1930), eine der aktivsten Frauenrechtlerinnen der Jahrhundertwende, setzt sich in ihrer Schrift *Das Rätsel Weib* (1911) mit den geschlechtsspezifischen Unterschieden in der Erziehung auseinander. Sie vergleicht die Mädchen mit "Seiltänzerkindern", deren Natur solange "verrenkt und gebrochen" wird, bis sie lernen, erfolgreich "auf dem Seil der Weiblichkeit" zu tanzen.

> Schon bei der Geburt tritt das Mädchen in eine andere Umwelt als der Knabe, umgeben von der Kälte der Enttäuschung—selbst seiner Mutter. Es lernt von Anfang an in zweiter Reihe stehen: die Brüder sind ein höheres Geschlecht. Des Mädchens natürliche Gaben, natürliche Begehrungen kommen sogleich in den Schnürleib der Weiblichkeit. [. . .] Persönlichkeit, Charakter, eigene Meinung? Die Mädchenerziehung rottet sie aus mit Stumpf und Stiel. (74)

Nach Hausen hat die Polarisierung der Geschlechtscharaktere im Laufe des 19. Jahrhunderts eine immer größere Verbreitung im Bürgertum gefunden, weil neben der immer schärfer werdenden Diskrepanz zwischen häuslicher und außerhäuslicher Arbeitssphäre auch die Bildungspolitik darauf hinwirkt, die Unterschiede zwischen den Geschlechtern zu vertiefen.

> Die Definition der Geschlechtscharaktere ist zugleich die Formulierung eines Bildungsprogrammes. Als man daran ging, auch den Mädchen eine planvolle Ausbildung zukommen zu lassen, stand das Urteil über das 'Wesen' der Frau bereits fest. Ausbildung zielte einzig und allein darauf ab, dieses Wesen eindeutiger herauszubilden und so die Frau besser ihrer Bestimmung zuzuführen. (in Conze 388)

Die Ausbildung in den höheren Töchterschulen, die für Mädchen aus bürgerlichen Kreisen bestimmt sind, setzt sich nicht zum Ziel, die Schülerinnen auf ein Studium oder einen Beruf vorzubereiten. Der Unterricht hält "schöngeistige Bildung" für den Schwerpunkt und führt nicht zu systematischen Kenntnissen. Dazu nimmt Amely Bölte Stellung, die die ungenügende Schulbildung und die niedrige Qualität des Unterrichts für Frauen kritisiert. Dieser beeinträchtige das Denkvermögen der Mädchen, statt es zu fördern, weil ihm jegliche Tiefe fehle. Infolgedessen verließen die Mädchen realitätsfremd und ohne jeden Orientierungssinn für das wirkliche Leben die Schule oder das entsprechende Pensionat, wo ihnen vor allem Etikette, Konversationskunst oder Musikkenntnisse beigebracht würden: "Das Wirkliche ist ihnen fremd. Auch die Geschichte wird ihnen selten zur Lehrmeisterin; denn sie bringen sie in keine Verbindung mit dem, was ist, kennen oftmals die Zeit nicht, in der sie leben, werden in vielen Schulen weit mehr mit der alten Welt vertraut gemacht, als mit Ereignissen der Gegenwart" (Zit. in Häntzschel 119).

Kritische Ansichten wie diese konnten sich kaum durchsetzen, weil sie in der Öffentlichkeit und oft bei den Frauen selbst auf Widerstand stießen. Marie von Lindemann, eine andere Repräsentantin unter den "rathenden Freundinnen", äußert z. B. tiefe Bedenken gegen das Frauenstudium und sieht in dieser "tief umgreifenden Umwälzung" eine drohende Gefahr für die "edelste Krone der Frauen, die reine sittige Weiblichkeit". Die Frauen sollten die Frage nach ihrer Berufsausbildung den Eltern und Lehrern überlassen: "Und füget euch willig ihrem Rate, wenn er auch nicht eurem Willen entspricht" (Zit. in Häntzschel 78).

Die im Rahmen dieses Kapitels zitierten Meinungen von Frauen der untersuchten Epoche zeigen, daß die Mehrheit der Frauen die Weiblichkeitsideologie der Zeit teilte. Dabei erfolgte die Sozialisation der Mädchen unterschiedlicher als die ihrer Brüder. Während man individuelle Äußerung und selbständiges Handeln bei den Jungen toleriert, unterdrückt man sie bei den Mädchen. Diese müssen sich in ihre "weibliche" Rolle fügen und sich von vornherein mit der passiven Minderwertigkeitsposition abfinden, die die Gesellschaft für sie festlegt.

Die Analyse der in den nächsten zwei Kapiteln zu behandelnden Romane von Gabriele Reuter (1859–1941) und Hedwig Dohm (1831–1919) setzt sich zum Ziel, sich mit dem Problem weiblicher (Erziehung zur) Sprachlosigkeit auseinanderzusetzen. Beide Texte gewähren wichtige Einblicke in das Frauenleben aus der zweiten Hälfte des vorigen Jahrhunderts. Sie greifen ins Zentrum der zeitgenössischen Diskussionen über das Weibliche ein und enthüllen ein problematisches Verhältnis zwischen Frau und Sprache.

Gabriele Reuter

4

Gabriele Reuter: *Aus guter Familie*

Gabriele Reuters Roman *Aus guter Familie. Leidensgeschichte eines Mädchens* (1895) wird gleich nach seinem Erscheinen ein Bestseller und erreicht bis 1908 14 Auflagen. Man liest den Roman auch in den 30er Jahren des zwanzigsten Jahrhunderts, als die Autorin bereits weitgehend vergessen ist.[1]

Reuters Buch stellt eine weibliche Parodie des traditionellen Bildungsromans dar. Der ursprüngliche Bildungsbegriff, der die allseitige Formierung des Individuums nach einem vorhandenen Ziel voraussetzt, wird hier ad absurdum gebracht: Die Entwicklung der Protagonistin versinnbildlicht keineswegs die Entfaltung von deren Fähigkeiten, sondern stellt eine fortschreitende geistige und körperliche Verstümmelung dar. Der Roman, der mit der Konfirmation der Heldin beginnt, endet mit ihrer Internierung in einer Nervenklinik, wo sich die kaum dreißigjährige Agathe Heidling wegen Hysterie und Geistersstörung ärztlicher Behandlung unterziehen muß.[2]

Die Heldin wächst in der "gutbürgerlichen" Familie eines Regierungsrates auf und erblickt in der Rolle einer künftigen Ehefrau und Mutter ihre einzige Bestimmung. Da sie aber unverheiratet bleibt, kann sie ihrer weiblichen "Berufung" nicht gerecht werden. Von Anfang an "zur Ehe prädestiniert", hat sie kaum eine ernste Ausbildung bekommen und ist unfähig, eine andere Betätigung für sich zu finden. So muß sie ironischerweise am Konflikt zwischen der internalisierten Geschlechterrolle, die ihr von außen zudiktiert wird, und ihrem individuellen Selbstbewußtsein scheitern. "Es war nur ein fortwährender Streit zwischen ihrer individuellen Natur und dem Wesen, zu dem sie sich in liebendem Eifer nach einem jahrhundertealten Ideal gemodelt hatte" (271). Eine immer stärker werdende Selbstentfremdung läßt die Heldin ihre Identität verlieren und verkrüppelt ihre Individualität. Der Roman weist somit auf die destruktiven Folgen einer Erziehung hin, die der Frau immer wieder ein bestimmtes Rollenverhalten aufzwingt und sie auf diese Weise jeglicher Persönlichkeitsentfaltung beraubt.

Reuter bedient sich der "objektivierenden" Erzählhaltung und schildert Agathe Heidlings Geschichte von außen, aus der Distanz: Im Roman dominiert der neutrale Erzählerbericht. Dieses sachliche

Berichten der Distanzierung erlaubt der Autorin, eine Identifikation mit der Heldin zu vermeiden. An gewissen Stellen geht jedoch die auktoriale Erzählperspektive in eine personale Erzählsituation über. Als Folge dieses Perspektivenwechsels werden die Geschehnisse aus dem Blickwinkel der Hauptfigur gesehen, welches den neutral-sachlichen Charakter des Erzählerberichts relativiert und der Hauptfigur eine größere psychologische Selbständigkeit und Motivation verleiht.

Von früher Kindheit an wird Agathe die Minderwertigkeitsposition des zweiten Geschlechts anerzogen. Mit der Zeit verinnerlicht sie Phrasen und überlieferte Denkgewohnheiten und wird zwischen diesen künstlich einstudierten Mustern und ihren eigentlichen Bedürfnissen gefangen. Da sie sich aber daran gewöhnt hat, passives Objekt zu sein, ist es ihr kaum möglich, ihre eigene Erfahrung zu artikulieren.

Der Roman beginnt mit der Beschreibung von Agathes Konfirmation und einem sich anschließenden Familienfest. Eines der Bücher, das sie am Konfirmationstag als Geschenk bekommt, trägt den Titel *Des Weibes Leben und Wirken als Jungfrau, Gattin und Mutter*, und beschreibt damit die drei Hauptrollen, die ihr als Frau zugeschrieben werden. Der Pastor macht ihr ihre Pflichten als "Himmelsbürgerin" verständlich: Ihr Tätigkeitsbereich als Mädchen und künftige Ehefrau solle sich auf Familien-und Freundeskreis beschränken, sich im Verkehr mit Altersgenossinnen und in anderen für sie passenden "Glückseligkeiten" erschöpfen. Dabei solle alles "dem guten Maß" nach erfolgen und in Grenzen gehalten werden. Diese Aufforderung zur Einschränkung steht im krassen Gegensatz zu Agathes Empfindungen. Die Worte des Pastors "Alles ist Euer, Ihr aber seid Christi" versetzen sie in Angst. Es scheint ihr unmöglich, die vielen Forderungen und Unterweisungen mit ihren eigenen Vorstellungen in Einklang zu bringen: "Alles ist Euer! Aber wie soll dieses 'Alles' benutzt werden? Besitzet, als besäßet Ihr nicht—genießet, als genösset Ihr nicht!" (20)

Die Rede des Pastors regt Agathes Phantasie an, gibt ihr aber zugleich zu verstehen, daß sie ihre sexuellen Wünsche zügeln muß. Auf diesen Zusammenhang zwischen Anreizung und gleichzeitiger Kontrollierung von Sexualität hat Michel Foucault hingewiesen. In einem Gespräch mit Bernard-Henry Lévy bezeichnet Foucault diese zweckmäßige Regulierung des Lustempfindens (der Kinder) als geeignetes Mittel zur Intervention des Subjekts (*Dispositive der Macht* 180–81).[3] Er vertritt die Auffassung, daß im Christentum die Sexualität immer wieder als der Knotenpunkt betrachtet worden ist, an dem sich die "Wahrheit" über das Subjekt verknüpfen sollte.[4] Im ersten Band von *Sexualität und Wahrheit* weist Foucault auf die kontrollierende Rolle dieser ständig hervorgerufenen, aber zugleich tabuisierten

Sexualität hin. Seiner Meinung nach soll die Repressionshypothese vielmehr in einer allgemeinen Ökonomie der Diskurse über den Sex angesiedelt werden, die seit dem 17. Jahrhundert die modernen Gesellschaften beherrschen. Dabei kommt es nach Foucault nicht so sehr auf das Verbot, sondern auf die globale Diskursivierung der Sexualität an, die nun als listigere und diskretere Form der Macht auftaucht.[5]

Reuters Buch bestätigt Foucaults These; es zeigt, wie sich die ersten sexuellen Wünsche der heranwachsenden Agathe mit ihren religiösen Gefühlen überschneiden. Die Rede des Pastors verspricht der Konfirmandin einen "Zustand erhabener Schmerzen und beklemmender Wonnen" und ruft in ihr ein starkes Verlangen hervor, das sich mit Schuld-und Angstgefühlen verflicht. Diese verschwinden jedoch, als Agathe ihren sexuellen Wunsch auf den "himmlischen Bräutigam" überträgt:

> über das Mädchen kam eine frohe Zuversicht. Vor ihr inneres Auge trat Jesus von Nasareth [. . .] ihn hatte sie lieb. . . Ein schmachtendes Begehren nach der geheimnisvollen Vereinigung mit ihm durchzitterte die Nerven des jungen Weibes. Der starke Wein rann feurig durch ihren erschöpften Körper— ein sanftes, zärtliches und doch entsagungsvolles Glück durchbebte ihr Innerstes. (11–12)

Agathes Vater, Regierungsrat Heidling, stellt Forderungen an sie, die seiner Vorstellung einer idealen Frau und "Staatsbürgerin" entsprechen. Als künftige Mutter und "Gründerin" der Familie werde sie ein wichtiges Glied der Gesellschaft sein. Dazu sei es jedoch notwendig, daß sie "sich ihrer Stellung als unscheinbare(r), verborgene(r) Wurzel recht bewußt bleibt". Agathes Zukunft soll der Existenz einer stummen Wurzel gleichen, die "kein eigenes Leben zu haben scheint und doch den Baum der Menschheit trägt" (22). Ein solcher Vergleich assoziiert die Frau mit dem Bereich der Natur bzw. der (leblosen) Materie. Auf diese paradoxale Lage der Frauen, die einerseits die Infrastruktur von Gesellschaft und Kultur bilden sollen, andererseits von wichtigen gesellschaftlichen Funktionen ausgeschlossen bleiben, weist heute Luce Irigaray hin. Nach der französischen Theoretikerin erschafft das weibliche Geschlecht die eigentliche, allerdings verkannte Grundlage des sozio-kulturellen Lebens: "Der Gebrauch, der Konsum, die Zirkulation ihrer geschlechtsspezifischen Körper sichert die Organisation und die Reproduktion der Gesellschaftsordnung, ohne daß sie an dieser jemals als 'Subjekte' teilhätten" (*Das Geschlecht* 86).

Reuters Roman evoziert ähnliche Vorstellungen. Bereits am Konfirmationstag muß Agathe ihre Bereitschaft zur "Sanftmut und Bescheidenheit" beweisen. Als sie Herweghs Gedichte als Geschenk von ihrem Vetter Martin Greffinger bekommt, nimmt man ihr das Buch weg. Zuerst versucht Agathe, ihr Recht auf das gewünschte Buch zu verteidigen. "Nein—ich dachte, man sollte für seine Überzeugung kämpfen und sterben!" Der Pastor erklärt ihr jedoch, daß es viel schönere Lieder gebe, die für junge Mädchen geeigneter seien. Agathe muß ständig ihre Gedanken und Gefühle bekämpfen, um sie in Einklang mit der Rolle zu bringen, die man ihr aufdrängt. Allmählich internalisiert sie all die Forderungen, die an sie gestellt werden, denn "sie hatte ja Gehorsam und demütige Unterwerfung gelobt für das ganze Leben" (26).

Der Roman beschreibt die Diskrepanz zwischen den Formeln, die die Heldin durch ihre Erziehung verinnerlicht hat, und dem, was in ihrem realen Leben geschieht. In der Pension für "höhere Töchter", wo Agathe eine gewisse Zeit vor ihrer Konfirmation verbringt, fühlt sie sich von den anderen Mädchen ausgeschlossen. Während sie immer noch unter dem Zauber der "großen klassischen Leidenschaften" der Literatur steht, hat ihre Freundin Eugenie schon "gelebt und geliebt". In einem Gespräch zwischen den beiden äußert Agathe ihre Mißbilligung über Eugenies Liebeserfahrungen, wird aber von dieser als "Tugendheuchlerin" verspottet. Die anderen, denen Agathe als zu fromm gilt, meiden sie ebenfalls.

Auch nach der Pensionszeit ist es Agathe kaum möglich, ihre Vorstellungen mit der Lebensphilosophie ihrer Freundinnen in Einklang zu bringen. Diese spielen mit Leichtigkeit ihre "weibliche" Rolle und täuschen Scheu und Demut vor. Am Geburtstag Agathes sind die Gedanken aller Mädchen ganz bei dem kommenden großen Ereignis des ersten Balls. Untereinander besprechen sie ohne Verlegenheit ihre Interessen an den Männern, die am Ball teilnehmen werden. Als Agathes Mutter ins Zimmer eintritt, wechseln sie das Gesprächsthema, um wiederum die Rolle der wohlerzogenen Töchter zu übernehmen.

> Andere Stimmen—andere Bewegungen—lächelnde, beruhigte Gesichter— wenn sie auch von dem heftigen Durcheinanderschreien noch in lebhaftem Rosenrot glühten—das stand ihnen gut zu den friedlich auf die Handarbeit gesenkten Augen. Man sprach von Holzmalerei, von dem letzten Buch einer beliebten Jugendschriftstellerin. (78)

Die Autorin nimmt hier den Gesichtspunkt ihrer Protagonistin ein und beschreibt diesen Wechsel im Verhalten und Gespräch der Mädchen als reine Heuchelei. Während Reuter Agathes Freundinnen als vollkommene Simulantinnen präsentiert, schildert sie Agathe als Personifizierung des gleichen Ideals "echter Weiblichkeit", wogegen sich die Anklage ihres Buches richtet. Trotz dieser Inkonsequenz seitens der Autorin kritisiert der Roman im Grunde die Gesellschaft selbst, die die Maskerade als notwendigen Teil der bestehenden Geschlechterverhältnisse fordert und aufrechterhält. In der feministischen Forschungsliteratur hebt man heutzutage die Relevanz solcher Zusammenhänge hervor. In ihrem Buch *Das Geschlecht, das nicht eins ist* vertritt Luce Irigaray die Auffassung, die Frau befände sich notwendigerweise in der Situation einer Maskerade. Obwohl dies für die Frauen die Aufgabe ihrer eigenen Identität und Sexualität bedeute, müßten sie sich daran beteiligen, wenn sie sich im Rahmen der existierenden Geschlechterökonomie realisieren wollten: Irigaray zufolge unterwerfen sich diese in der Maskerade von Weiblichkeit der herrschenden Ökonomie des Begehrens, um zu versuchen, trotzdem ihre Position auf dem "Markt" zu behalten (139).

Dieselben Mädchen, die am Geburtstag Agathes die kühnsten Gespräche führten, sind auf ihrem ersten Ball die Keuschheit selbst. Agathe dagegen, für die die Maskerade von Weiblichkeit die Einführung in einen völlig neuen Zustand bedeutet, ist verlegen und unbeholfen. "Sie wurde unsicher, wußte nicht, wie sie stehen, wie sie die Hände halten, wohin sie blicken sollte" (87). Die Maskerade fordert von ihr, daß sie ihr Wesen verstellt und sich in die Position einer zu verkaufenden Ware versetzt.

> Eugenie sagte alles mit gezierten kleinen Spitzen und absichtlichen Bewegungen und Blicken, deren Sinn Agathe noch nicht verstand. Dabei fühlte sie jedoch, daß auch sie sich mehr und mehr in ein ganz unnatürliches Wesen verlor. . . Das Gebaren der Menschen um sie her kam ihr nicht mehr drollig, sondern sinnlos und unbegreiflich vor. (92–93)

Die Rolle des zur Schau gestellten Sexualobjekts, in der sich die Heldin plötzlich sieht, steht im Gegensatz zu dem, was sie von ihrem ersten Ball erwartet hatte. Dieser entpuppt sich als "Heiratsmarkt"[6] und als Schlachtfeld zugleich. In seiner Untersuchung über Reuters Roman beschreibt Richard L. Johnson Agathes ersten Ball als militärische Schlacht, in der die Geschlechtszugehörigkeit Kleidung, Gesten und Verhalten der Teilnehmenden bestimmt.

> On the one side, the phalanx of men in black, especially the more aggressive, jeering, military 'comrades' among them; on the other, the multicolored flowerbed, waiting to be vanquished. The outcome of the attack, symbolic of the unequal power differential between the sexes, is decided long before the ball takes place. (Zit. in Burkhard, *Gestaltet und Gestaltend* 243)

Nach ihrer Pensionszeit und der Erziehung bei Pastor Kadler, die mit dem Konfirmationsfest endet, ist Agathe endgültig zur "frommen Seele" geworden, besonders da sie "nur das Gute wollte und den schönsten Idealen nachstrebte" (67). Von nun an beginnt für sie die "Wartezeit" zwischen Konfirmation und Heirat, eine Periode, in der sie in die "heiligen Geheimnisse des Lebens" eingeführt wird.[7] Die Erfüllung häuslicher Pflichten, denen sie nun ihre Zeit widmet, hat das Ziel, sie in "den gottgewollten und zugleich so süßen, entzückenden Beruf einer deutschen Hausfrau" einzuführen, und ihr ihre Position eines Objekts, das sich dem männlichen Subjekt passiv hinzugeben hat, bewußtzumachen. Sie hat die Eigenschaften, die von ihr als künftige Gattin und Mutter erwartet werden, mit jugendlicher Naivität internalisiert und berauscht sich an ihrer Opferungsbereitschaft. Diese läßt sie ihre eigenen Wünsche vergessen, denn "das wäre doch Selbstsucht gewesen! Und es war ja so schön, so süß, süß für andere zu leben" (71).

Bereits in früher Kindheit beginnt die Erziehung der Heldin zur Sprachlosigkeit. Dabei wird die Sprache selbst zum Hauptmittel dieser Erziehung, indem sie Agathe auf ihre weibliche Objektposition verweist. Überlieferte Vorstellungen von Weiblichkeit und ständige Unterweisungen von seiten ihrer Erzieher formen unwillkürlich Agathes Denk-und Handlungsweisen.

> Für den deutschen Mann die Pflicht—für die deutsche Frau der Glaube und die Treue. (18)
> Wenn ein Mädchen geduldig Knoten lösen kann, so bekommt es einen guten Mann. (15)
> —Auch der Tanz—auch das Theater sind erlaubt, aber der Tanz geschehe in Ehren, das Vergnügen an der Kunst beschränke sich auf die reine, gottgeweihte Kunst. Bildung ist nicht zu verachten—doch hüte Dich, mein Kind, vor der modernen Wissenschaft, die zu Zweifeln, zum Unglauben führt. Du darfst nach Glück verlangen—Du darfst auch glücklich sein—aber in berechtigter Weise... (20)
> Halt dich gerade, Agathe, wirst du denn nie ein ordentliches Mädchen werden? (44)

Daß solche in der Sprache etablierten Redeweisen auf die Existenz der Frauen zurückwirken und ihre Eigenschaften in Abhängigkeit von den existierenden Weiblichkeitsmustern formen, ist in der feministischen Literatur mehrmals diskutiert worden.[8]

Auch Agathes Mutter hat sich völlig an das von der Gesellschaft und ihrem Gatten geforderte Bild einer verheirateten Frau aus der "guten Gesellschaft" angepaßt. Total in ihren Haus-und Mutterpflichten aufgehend, hat sie sich dem Weiblichkeitsideal gemäß als Sinnbild der "in feine Form gekleidete(n) geistige(n) Bescheidenheit" entwickelt. Ihre Rolle und Bestimmung faßt sie folgendermaßen auf: "und liebt man einen Mann, so sucht man doch unwillkürlich genau so zu werden, wie er es gern hat. Ja—und die vielen Wochenbetten und der Tod von kleinen Kindern—das macht den Kopf einer Frau recht müde. Aber dafür hat man seine Pflicht im Leben erfüllt" (45). Eine Gefangene ihres "weiblichen Berufs", ist die Mutter selbst zur "stummen Wurzel" geworden. Sie ist eine kränkliche, neurotische Frau, die ihre Gefühle nicht aussprechen kann. Da auch sie über keine (sprachliche) Identität verfügt, existiert keine echte Kommunikation zwischen ihr und Agathe. Frau Heidling funktioniert als bloße Vermittlungsinstanz fremder Inhalte, die sie an ihre Tochter weitergibt, weil sie zur Stütze der gleichen Autorität geworden ist, der sie selbst unterworfen ist. Postulate und äußere Anleitungen helfen ihr, eine Beziehung mit der Tochter herzustellen: "Das Kind durfte sich nicht so sehr über alle Autorität hinwegsetzen" (41). Das, was von der Mutter geblieben ist, ist ein stummes, "halb verlegene(s), halb beschwichtigende(s) Lächeln auf dem blaßen, kränklichen Gesicht".

Die Internalisierung der herkömmlichen Weiblichkeitsvorstellung, die Agathe auf ihre passive Rolle in der Gesellschaft vorbereiten soll, mindert ihr Selbstgefühl und beraubt sie der Fähigkeit, ihre Meinung zu äußern. Die schweigsame Fügung der Heldin in ein fremdes Identitätsbild nimmt die Verstümmelung ihrer Persönlichkeit vorweg, die sich in einer fortwährenden Sprachkrise äußert.[9] Die Spannung zwischen der Notwendigkeit, die eigene Erfahrung auszusprechen, und der minderwertigen Position eines sprachlosen Objekts, in der sie sich befindet, markiert die wichtigsten Ereignisse in Agathes Leben.

Als sie vom Hausmädchen Wiesing erfährt, daß ihr Bruder Walter das Hausmädchen sexuell belästigt, ist sie schockiert und entschließt sich, ein ernstes Gespräch mit Walter zu führen. Es fällt ihr aber schwer, die Rolle des aktiven Subjekts zu übernehmen. "Wie sollte sie Walter anreden? Er kam ihr vor wie ein Verworfener, zu dessen Gefühlen sie keine Brücke mehr hat. Auch wenn sie Wiesing ansah, empfand sie eine heftige Abneigung gegen das Mädchen, durch welches sie ihren Bruder verloren hatte" (112). Nicht nur Stolz und Standesbewußtsein hindern sie daran, sich für das Hausmädchen einzusetzen, sondern auch die Unfähigkeit, aus ihrer schweigsam-passiven Rolle auszubrechen. Als sie trotzdem versucht, Wiesing zu verteidigen, wird sie in ihre zweitrangige Position zurückgewiesen. Ihr Bruder erklärt ihr nämlich, daß sie als Frau nichts davon verstehe und deshalb kein Recht habe, Urteile zu fällen. "Du beträgst dich nicht wie eine Dame, sondern wie ein exaltiertes Frauenzimmer. Es ist unpassend von dir, an solche Dinge zu rühren!"(114) Das Ereignis erschüttert Agathe, weil es ihr einen Einblick in die Scheinmoral ihres Gesellschaftskreises gewährt. Sie verheimlicht das Geschehene, das von nun an "auf ihr ruhte, wie ein Unrecht, an dem sie durch ihr Verschweigen mitschuldig geworden war" (117).

Agathes Opposition gegen das Wertsystem ihrer Umgebung ist nur passiver Natur und wird nicht nach außen artikuliert: "Die Anschauung war Agathe nun einmal in Fleisch und Blut übergangen" (127). Das kommt auch in ihrem Gespräch mit Martin Greffinger zum Ausdruck. Von der Polizei wegen seiner sozial-demokratischen Anschauungen verfolgt, muß Martin in die Schweiz fliehen. Agathe gewährt ihm die Bitte, einige seiner Bücher zu verstecken, distanziert sich aber von ihm: "Ich finde es unrecht, sich gegen die gesetzliche Ordnung zu empören" (179). Gleich nach dem Gespräch mit Martin beginnt sie jedoch, die verbotenen Bücher heimlich zu lesen.

Agathes Unfähigkeit zum Sprechen kommt in ihrem Liebesverhältnis zum Maler Adrian Lutz besonders deutlich zutage. "Das Märchenprinzenprofil" ist es, das ihr an Adrian am meisten gefällt. Agathe wagt nicht, den Maler anzusprechen und verbirgt die ganze "stumme Qual" ihrer Liebe zu ihm. Sie ist nicht imstande, ihrem sexuell-erotischen Wunsch Ausdruck zu geben, weil sie sich völlig mit ihrer passiv-abwartenden Rolle identifiziert. Als es endlich zu einem Gespräch mit Lutz kommt, kann Agathe ihre Stummheit nicht überwinden. Die Symptome ihrer Sprachkrise werden so stark, daß sie während des Zusammentreffens kaum zusammenhängende Sätze bilden, sondern nur kindische, halblaute Töne als Antwort hervorbringen kann.

Eine unerwartete Begegnung mit der Schauspielerin Daniel, der Frau, zu der Adrian eine uneheliche Beziehung pflegt, bringt den künstlichen Stoizismus von Agathes "damenhafter" Haltung ins Wanken, indem sie die heimlichen Hoffnungen der Heldin zunichte macht und sie an ihre eigene Unfähigkeit erinnert, ihrem sexuellen Begehren nachzugehen.

Nach einer Periode heftiger Depression scheint Agathe keine Wünsche oder Hoffnungen mehr zu haben. Ihr einziger Anspruch ist nun, dem Leben "stille, kleine Siege" abzugewinnen. Auch das Reden hat sie sich inzwischen abgewöhnt, so daß allein die Vorstellung davon ihr weh tut: "Nicht reden, nicht erklären zu brauchen" (200). Ein äußeres Zeichen dieser Verstümm(el)ung ist der Verlust ihrer einst starken und schönen Stimme: "Ihre Stimme klang dünn und zitterig" (236).

Agathes strenger Puritanismus, in den sie sich in ihrer Verzweiflung stürzt, entfremdet die anderen. Der Regierungsrat ist von dem Eintreten seiner Tochter für eine Gruppe sektiererischer "Jesusbrüder", deren Versammlungen sie heimlich besucht, peinlich berührt. Als Agathe den Vater um die Erlaubnis bittet, keine Bälle mehr zu besuchen, lehnt er entschieden ab, weil er um sein gesellschaftliches Ansehen und seine Karriere besorgt ist. Ihr Benehmen habe seiner gesellschaftlichen Stellung zu entsprechen.[10] "Du hast nicht nur Verpflichtungen gegen Dich selbst, sondern auch gegen die Gesellschaft, vor allem aber gegen die Stellung Deines Vaters. . . Als Vertreter der Regierung habe ich mich in der Öffentlichkeit und bei meinen Vorgesetzten zu zeigen. Was sollen die Leute denken, wenn ich meine Tochter zu Hause lasse?" (231) Herr Heidling versucht dann eine Erklärung für Agathes seltsames Verhalten zu finden; da er sie im Grunde nicht ernst nimmt, folgert er, seine Tochter sei schließlich "ein kleines Ding, das immer Einfälle hat" (233).[11]

Gabriele Reuter schildert die Verhaltensweise der Protagonistin und deren wachsende Unselbständigkeit als Folge der sie umgebenden Erziehungsmächte. Selbst als Erwachsene wird die Heldin von ihrem Vater wie ein unmündiges Kind behandelt. So vereitelt er jeden Versuch seiner Tochter, selbst über ihr eigenes Leben zu entscheiden. Häckels *Natürliche Schöpfungsgeschichte* weckt Agathe aus ihrem geistigen Halbschlaf. Als sie sich vom Vater drei weitere Bücher mit naturwissenschaftlichem Inhalt wünscht, fährt er sie gleich an: "Was willst Du Dir denn für unverständliches Zeug in Dein kleines Köpfchen packen?" (305) Zu Weihnachten bekommt sie statt der bestellten Bücher ein Band mit bunten Bildern, *Die Flora von Mitteldeutschland, zum Gebrauch für unsere Töchter.*

> Agathe sah stumm vor sich nieder. Sie mußte an den Herwegh denken, den man ihr einst gegen die fromme Minne eingetauscht. . . Wiederholte sich denn jedes Ereignis immer aufs neue in ihrem Leben? . . . . Entwickelten sich denn alle Wesen in dieser Welt zu höheren Daseinsformen und nur sie und ihresgleichen blieben davon ausgeschlossen? Sie war 'das junge Mädchen'—und mußte es bleiben, bis man sie welk und vertrocknet, mit grauen Haaren und eingeschrumpftem Hirn in den Sarg legte ? (307)[12]

Während Agathe über den Ort der Frauen in Geschichte und Kultur nachdenkt, sieht sie ein, daß eine asymmetrische Verteilung der Rechte zwischen den Geschlechtern existiert. Dennoch betrachtet die Heldin diese Asymmetrie als etwas Natürliches. Ausbildung und Beruf mit Arbeit und Familie zu verknüpfen, ist für sie undenkbar. Sie ist anders als die unverheirateten Lehrerinnen aus dem Umkreis Frau Krieblers, die ihre Befriedigung im Beruf finden. Die glücklose Heiterkeit einer "alten Jungfer" deprimiert und erschreckt sie: "Es schauderte ihr davor, wie vor beginnender Verwesung" (242).

An die Heirat mit dem viel älteren Reikendorf klammert sie sich deshalb wie an einen Rettungsanker. Sie liebt den Landrat nicht, ist aber trotzdem bereit, ihn zu heiraten, denn sie erblickt in der Ehe ihre einzige Chance, glücklich zu werden. Inzwischen hat sie ihre ursprünglichen Ideale aufgegeben und erlaubt sich nur, von einem "verständigen" Glück zu träumen: "Die Mädchen müssen nehmen, was ihnen geboten wird" (257). Sie ist Reikendorf so dankbar, daß sie ihr ganzes Leben seine Dienerin bleiben will: "Nicht genug konnte sie sich darin tun, ihn als ihren Herrn zu erhöhen und sich zu erniedrigen" (262). Mutterschaftsträume erfüllen die Heldin mit einer schüchternen Hoffnung. Daß sie etwas Selbständiges auf irgendeinem anderen Gebiet als auf dem der Ehe unternehmen könnte, fällt Agathe kaum ein. Sie ist gewohnt, passiv auf den männlichen "Erlöser" zu warten. Ihr Blick bleibt immer auf die männliche Figur fixiert, ob Adrian Lutz, Reikendorf oder Martin Greffinger. Ihres Ichs beraubt, kann sie sich nur in der Position des sprachlosen Objekts wahrnehmen, das auf das Subjekt hin orientiert bleiben muß.

Die Heirat mit Reikendorf ist jedoch zum Scheitern verurteilt. Agathes Mitgift, welche die notwendige Voraussetzung zur Eheschließung darstellte, ist von dem Vater für die Bezahlung der Spielschulden ihres Bruders verbraucht worden. Während der Unterredung zwischen dem Regierungsrat und Reikendorf wird Agathe wiederum "das Wort abgeschnitten". Schweigend beobachtet sie, wie beide "hinter verschlossenen Türen" über ihr Schicksal verhandeln: "man erlaubte ihr nicht, mitzusprechen, zu fragen, das Für und Wider zu hören. Geduldig mußte sie sitzen, die Hände im Schoß, und warten, was über sie beschlossen wurde" (264).

Reuters Roman legt hier wie an zahlreichen anderen Stellen den Gedanken nahe, die Frau sei zur Ware degradiert. Die Protagonistin besitzt Wert nur, insofern sie als Austauschobjekt dienen kann. Auf diesen Status der Frauen als Ware deutet Irigaray hin, wenn sie von einer Aufteilung des gesellschaftlichen Körpers in "Produzenten-Subjekte" und "Warenobjekte" spricht. Die ersten funktionieren nicht mehr als Ware, weil sie den anderen als Maß dienen: "Ihr Preis hängt in der Tat nicht mehr von ihrer Naturalform, ihrem Körper, ihrer Sprache ab, sondern von dem, was sie an Bedürfnis-Begehren nach Tausch unter Männern spiegeln" (*Das Geschlecht* 188). In diesem Sinne spricht auch Christina von Braun von der Eigenschaft der Frau, bloße "Nachricht" zu sein, Inhalt der "Botschaft", welche die Subjekte untereinander austauschen (162–63).

Agathe möchte, daß man sie so liebt, wie sie ist, sieht aber ein, daß nur die Erfolg haben, die als "Talmi" eines Selbst handeln, das nicht das ihrige ist. "Talmi" ist das, was die anderen sehen wollen—ihre eigene Vorstellung von "Frau", nicht die Frau selbst. "Sich selbst einem Manne geben, der nur Talmi verlangte? Und der sie, Agathe Heidling, dann sein Leben lang für Talmi halten durfte?" (271) Trotz dieser Erkenntnis versucht Agathe, die von ihr einst verachteten, in der Gesellschaft aber so populären Mittel der Koketterie und der Verführungskunst anzuwenden und ihren immer älter werdenden Körper auf dem Heiratsmarkt abzusetzen.

> Zwei Winter hatte Agathe mit erlahmenden Kräften gekämpft [. . .] um jede neue Männererscheinung—um einen Blick—um ein Lächeln. Und die heimlichen Niederlagen, von denen nur sie selbst wußte! Die Reue—die Scham—die Langeweile—zuletzt mehr und mehr ein Gefühl, als habe sie sich selbst verloren und schwankte—eine welkende Form ohne Inhalt, ohne Seele—durch der Erscheinungen Flucht. (272)

Nachdem Wiesing, die wegen außerehelicher Schwangerschaft aus dem Dienst bei Familie Heidling entlassen wird, in einem Armenhaus stirbt, denkt Agathe über deren Situation nach. Der Kampf zwischen ihrem Selbst und den internalisierten Vorurteilen, zwischen Erziehung und sexuellen Bedürfnissen, wird in ihren Reflexionen anläßlich des Todes von Wiesing deutlich:

> Sie hatte es ja auch so gut im Vergleich zu dem armen Geschöpf. Und nun sah sie, wohin es führte, wenn man den Liebes-Gedanken Raum gab und sich nicht dagegen wehrte. . . Freilich, kein Mann würde es wagen, sie, Agathe Heidling, Tochter des Regierungsrats Heidling, in Versuchung zu führen. . . Ja—aber—zeigte das nicht erschreckende sittliche Verderbtheit, daß sie oft wahrhaftig beinahe wünschte. . . So weit war sie schon gekommen. (293)

Mit den psychischen Gefahren, die sich aus der Diskrepanz zwischen der asexuellen Erziehung der Mädchen und der gleichzeitigen extremen Überschätzung der Jungfräulichkeit bzw. der Sexualität ergeben, setzt sich Sigrid Schmidt-Bortenschlager in ihrer Studie über einen anderen Bestseller der Zeit auseinander, der sieben Jahre später als Reuters Roman erscheint und bereits im gleichen Jahre (1902) 10 Auflagen erlebt. Es ist das Buch *Eine für viele. Aus dem Tagebuch eines Mädchens* von Betty Chris, das unter dem Pseudonym Vera im Leipziger Seemann Verlag erscheint und zum größten Literaturskandal des Jahres wird. Nach Schmidt-Bortenschlager steht der Vera-Text im Zusammenhang mit der Vielschichtigkeit der Diskursebenen, die die scheinbare Repression der Sexualität im 19. Jahrhundert begleiten: Das Sprechen über Sexualität, Versorgungsehe und Prostitution steht im Mittelpunkt der Vera-Diskussion. Die letzte veranschaulicht nach Schmidt-Bortenschlager den von Foucault für die Jahrhundertwende konstatierten Übergang vom eugenischen zum psychoanalytischen Sexualdiskurs, indem das Interesse nun auf die psychischen Auswirkungen der asexuellen Erziehung gerichtet wird.

Sieben Jahre vor dem Erscheinen des Vera-Buches zeigt Reuters Roman die psychische Destruktion der Protagonistin infolge der in überspitzter Form internalisierten Unschuldsforderung.[13] Agathe kann ihren "Durst nach Liebe" nicht aufkommen lassen. Sie hat die Klischeevorstellung verinnerlicht, die Frau habe keine Sexualität, und erlebt ihre sexuelllen Bedürfnisse als etwas Fremdes und nicht zu ihr Gehörendes. Die erotischen Phantasien der Heldin, die nur Selbstverachtung in ihr hervorrufen, setzen sie in ihren eigenen Augen herab: "Alle ihre Träume und Phantasien waren von dem Gift der Sünde befleckt. Wie schlecht, wie durch und durch verdorben sie war!" (293) Das Nicht-Ausgesprochene und Unterdrückte zerstört Agathes Psyche. Es ist ihr aber unmöglich, ihre wahren Empfindungen in Worten zu fassen. Was ihr bleibt, ist das Schweigen. "Sie durfte ja doch kein Wort von dem sprechen, was sie dachte. Sie hatte beständig ein böses Gewissen. Wenn jemand geahnt hätte, was das feine, ernste, gesetzte Fräulein Heidling für Stunden durchmachte! Einmal sich aussprechen—ja, das mußte eine Erleichterung sein" (299–300).

Als sich Agathe zum letzten Mal in die Bodenkammer des Elternhauses begibt, um die von der Mutter aufbewahrten Kindersachen ihrer verstorbenen kleinen Geschwister zu holen und sie Verwandten zu schenken, nimmt sie endgültigen Abschied von ihren Hoffnungen auf Eheglück und Mutterschaft. Während Agathe die Treppe hinaufsteigt, beginnt sie dasselbe physische Leiden zu fühlen, an dem ihre Mutter gestorben ist. Die psychische Deformation hat den Körpern von Tochter und Mutter den gleichen Stempel aufgedrückt. Frau Heidling hat ihr Leiden schweigsam, "als die Dornenkrone des Weibes" getragen und nie an der Selbstverständlichkeit ihres weiblichen Schicksals gezweifelt. Die gleichen Krankheitssymptome lassen sich deshalb als die einzige Verwirklichung der sonst unmöglichen Kommunikation zwischen Mutter und Tochter betrachten.

Nach Christina von Brauns Meinung sind in der abendländischen Kultur Mutter und Tochter immer näher gerückt, ihre Grenzen immer undefinierbarer geworden, "weil das Mittel der Grenzdefinition—die Sprache, der Name—der Frau entzogen wurde" (58). Wie auch immer das weibliche *ich* spricht, bedient es sich der Sprache *des Anderen*. Die Sprache des Logos erlaubt der Tochter nicht, sich gegenüber der Mutter abzugrenzen. Im Rahmen dieser Sprache verschwinden deshalb die Grenzen zwischen den beiden. Die Frau gelange nicht zur Entwicklung einer selbständigen Identität, weil sie innerhalb der Sprache immer wieder in bezug auf ihre mütterliche Funktion definiert werde.

Agathes Krankheitssymptome können als Auflehnung gegen diese Unmöglichkeit der Abgrenzung oder als stumme Identifizierung mit der Mutter verstanden werden. Die körperlich-symptomatische Sprache, die Mutter und Tochter teilen, stellt für sie ein eigenartiges Mittel dar, ihre Kommunikationslosigkeit zu überwinden. Gleichzeitig ist diese Sprache ein Zeichen dafür, daß beide in die gleiche Kette der "Stummen" gehören.

In der Schweiz, wo die Heldin kurze Zeit mit ihrem Vater verbringt, um ihre erschöpften Nerven und Gesundheit nach dem Tod der Mutter wiederherzustellen, begegnet sie Martin Greffinger. Dieses Treffen scheint eine letzte Möglichkeit für sie zu sein, sich aus dem allmählichen Hinsterben zu retten. Martin, der inzwischen ein berühmter Schriftsteller geworden ist, behandelt Agathe als alte Freundin und rät ihr, das Sorgen um den Vater und ihre bisherige Lebensweise aufzugeben, um ein neues selbständiges Leben zu beginnen. Er verspricht Agathe, ihr beim Aufsuchen einer Arbeit in Zürich zu helfen. Zum ersten Mal in ihrem Leben spricht sich Agathe aus und versucht, der stummen Erfahrung ihrer "zerfaserten Existenz" Ausdruck zu geben. Martin findet interessant, was Agathe ihm erzählt: Sie solle über ihre Erfahrung schreiben, sie den anderen mitteilen. Martins Worte regen Agathe an. Auch der unwillkürliche Vergleich ihrer verkümmerten Entwicklung mit der von Martin läßt sie einsehen, wie viel sie in ihrem Leben nachzuholen hat. "Schweigend versenkte sie sich in dieses Neue, das ihrer Zukunft etwas Werdendes versprach. . . Etwas Werdendes. . . Ein Kind—oder ein Werk—meinetwegen ein Wahn, jedenfalls etwas, das Erwartungen erregt und Freude verspricht, mit dem man der Zukunft etwas zu schenken hofft" (355). Während Agathe Martin über ihr Leben erzählt, sieht sie jedoch, wie er mit der Kellnerin flirtet. Da sie Martins Interesse an ihrer Person für Liebe genommen hat, kann Agathe ihre Eifersucht nicht zurückhalten. Als ihr Martin während einer peinlichen Unterredung erklärt, daß er sie nicht liebt und nur ihr Freund sein möchte, bricht sie zusammen und gibt auch den Gedanken an eine selbständige Existenz in Zürich auf.

> Liebe, Liebe, Liebe sollte ihr ganzes Leben sein—nichts als Liebe ihres Daseins Zweck und Ziel. Ja—aber erhebt ein Mädchen nur die Hand, will sie nur einmal trinken aus dem Becher, den man ihr von Kindheit an fortwährend lockend an die Lippen hält—zeigt sie auch nur, daß sie durstig ist. . . Schmach und Schande! (374)

Das, wogegen sich Agathe auflehnt, ist die unmögliche Perspektive des Entweder-Oder, die den Frauen nicht erlaube, "die reine Luft der Höhen" mit Liebe und Familie zu vereinigen. Für die Frauen gelte es, entweder zu Hause zu bleiben oder aber auf den Berggipfeln ohne Liebe zu ersticken.

> Freilich die Männer. . . . die nahmen sich auf die Höhen mit hinauf, was sie mochten, was ihnen angenehm schien—nur sie—sie sollte da in Eis und Schnee erstarren. Im Grunde war es also gleichgültig, ob sie unten saß oder mit Gefahr ihres Lebens an den Felsenhängen der Wahrheit und der Freiheit hinauszuklimmen versuchte—für die Mädchen blieb die Sache ziemlich gleich—Entsagung überall. (373)

In einem Frauenbad, wo sich die Heldin einer Kur unterziehen muß, greift sie in einem hysterischen Anfall die sie begleitende Freundin und Schwägerin Eugenie an. Agathe sieht in Eugenie die Heuchlerin, die dank vorgetäuschter Anständigkeit Erfolg und Ansehen in der Gesellschaft erreicht hat, während sie selbst trotz ihrer strengen Tugendhaftigkeit die Hoffnung auf Liebe und Familie aufgeben muß. Agathes schmerzhaften Erfahrungen verschlagen ihr schließlich die Sprache; ihr Anfall, das Sprechen mit dem Körper, gehen Hand in Hand mit ihrer Sprachlosigkeit: "Agathe hatte ihre Schwägerin zu Boden geworfen, kniete auf ihr und suchte sie zu würgen. Sie lachte, sie schrie und stieß irre Worte aus. Mit brutaler Gewalt mußte die Tobende gehalten—der zarte Mädchenkörper gebändigt und gefesselt werden" (377).

Irigarays These, daß die hysterischen Symptome auf das im Schweigen erstarrte Begehren der Frau zurückzuführen sind, ist für die Schilderung von Reuters Protagonistin besonders aufschlußreich. Irigaray betrachtet das Hysterisch-Sprechen als privilegierten Ort, wo das, was von den primären Wünschen der Frau totgeschwiegen wird, "leidend" aufbewahrt wird (*Das Geschlecht* 142). Nach ihr spricht die Hysterie in der Weise eines unmöglichen Sprechens die Symptome von etwas, das sich weder aussprechen noch aussagen läßt.[14] Für Irigaray besteht deshalb das Drama der Hysterie in der Aufspaltung zwischen dem unausgesprochenen Begehren, das im Körper der Frau eingeschlossen sei, und einer Sprache, die mit den Bewegungen dieses Begehrens in keinem Zusammenhang stehe.

In ihrem Roman ist Reuter darum bemüht, das herkömmliche Rollenstereotyp als destruktiv für die weibliche Existenz darzustellen und so die Gültigkeit traditioneller weiblicher Geschlechtsdefinitionen zu unterminieren. Trotz dieser emanzipatorischen Absicht können bestimmte Widersprüchlichkeiten im Roman nicht übersehen werden. Reuter macht Agathe Heidling zur Verkörperung eines Wunsches, der Teil derselben Machtverhältnisse ist, die der Roman zu kritisieren bestrebt ist. Sie schildert Agathe als Opfer, nur weil dieser die Verwirklichung ihrer Sehnsucht nach Familie und Kindern vorenthalten wird. Die Autorin identifiziert sich auf diese Weise mehr oder weniger mit der tradierten Auffassung, die Frau sei zur Mutter und "Hüterin des Hauses" geboren, was in der Argumentationsstruktur des Textes als fragwürdig erscheint, da sich der Roman eben gegen die Klischeevorstellungen weiblicher Lebenserfüllung richtet. Auch die Frauenfiguren wie Agathes Cousine Mimi Bär und der Lehrerinnen um Frau Kriebler, die auf persönliches Glück verzichten, um sich beruflich zu entwickeln, werden widersprüchlich ausgelegt. Die Autorin präsentiert diese mehr oder weniger als "Mangel-Figuren". So ist Mimi Bär, die sich als Krankenschwester betätigt, kein Vorbild für Reuters Protagonistin, weil sie ihren beruflichen Aufstieg auf Kosten des persönlichen Glücks realisiert hat.

Agathe Heidling fehlt der Wille, die Verwirklichung ihrer Person irgendwo anders als im ihr zuerteilten Kreis zu suchen. Sie hat sich mit dem ihr auferlegten Identitätsbild völlig identifiziert. Auch während der Begegnung mit Martin Greffinger sieht sie sich vor allem als "Frau" und nicht als selbständige Persönlichkeit. Die Heldin fungiert deshalb nicht als Opfer, sondern vielmehr als Mitschuldige. Ihr Lebensweg stellt eine fortdauernde (Selbst)kastrierung dar und führt schließlich zu ihrer psychischen Erkrankung. Der Roman wird somit das Beispiel eines totalen—sprachlichen und sexuellen—Identitätsverlusts.

In ihrer Autobiographie *Vom Kinde zum Menschen* (1921) erinnert sich Gabriele Reuter an ihren ersten Erfolgsroman und faßt ihre Autorintention folgendermaßen zusammen:

> zu künden, was Mädchen und Frauen schweigend litten. [. . .] die stumme Tragik des Alltags wollte ich künden—sie, an der Tausende von blühenden Geschöpfen zugrunde gingen, ohne noch von irgendeinem Poeten verherrlicht worden zu sein. Die Tragik in dem Los des Weibes: geboren zu sein, erzogen zu werden für eine Berufung, die sie gelehrt ist, als ihr einziges Glück zu betrachten. . . (432)

Reuter gibt in der Autobiographie zu, daß sie sich mit dem Roman vorgenommen hatte, das Leben eines Mädchens aus bürgerlichen Kreisen zu schildern, weil sie selbst den gleichen Kreisen entstammte. "Hier war ich zu Haus—hier kannte ich alle Gründe und Untergründe des Milieus und der Herzen. Hier konnte ich die eigne Sehnsucht, eigne Bitterkeit strömen lassen" (432). Gleichzeitig beschreibt sie ihr Leben, das "doch das Werden der Künstlerin blieb, trotz aller Hemmungen", als viel reicher im Vergleich zu dem der typischen bürgerlichen Tochter. Die entscheidende Rolle haben ihrer Meinung nach ihr Künstlerbewußtsein und ihre schriftstellerische Tätigkeit gespielt, durch die es ihr gelungen war, sich von den Zwängen ihres Gesellschaftskreises zu befreien. Erst das Schreiben ermöglicht es ihr, sich über die Vorurteile ihrer Umgebung und damit auch über ihre eigene Position einer "Tochter aus guter Familie" hinwegzusetzen. "Ich spürte in mir selbst genug von der Konvention, die ich darstellend überwinden wollte" (433).

Es lassen sich dabei einige interessante Parallelen zwischen der Protagonistin von Reuters Roman und der Schriftstellerin selbst feststellen. In ihrer Autobiographie schreibt Gabriele Reuter, daß sie ein "höchst wohlerzogenes, sanftes kleines" Mädchen gewesen ist: "Ich war aber kein modernes Kind und ganz autoritätsgläubig" (35). Folgsam und gefügig in ihrer Kindheit, erinnert sie an ihre eigene Heldin. "Durch ein Bedürfnis nach Verträglichkeit geleitet, war ich mehr die Aufnehmende oder Duldende gewesen", schreibt die Schriftstellerin (95). Die passive Objekthaltung, die Gabriele als Mädchen ihrer Umgebung gegenüber einnimmt, wird in den folgenden Passagen aus Reuters Autobiographie deutlich: "Die Konvention des feinen deutschen Bürgertums, von dem die Mädchen weit enger umschlossen sind, als die Knaben, war zu stark, als daß ich widerstanden hätte. Denn ich war durchaus keine Kampfnatur" (93).

Phantasieren und eine träumerische Distanzierung von der Wirklichkeit kennzeichnen die junge Gabriele. Nach dem Tod ihres Vaters 1872 und dem folgenden finanziellen Zusammenbruch seines erfolgreichen Import-und Exporthandels in Alexandrien muß sich die Lebensweise der Familie total ändern. 1873 zieht Gabrieles Mutter mit den Kindern nach Neuhaldensleben, einem kleinen Städchen in der Nähe von Magdeburg um, wo die Familie ein in materieller Hinsicht ungesichertes Leben führen muß. Gabriele versucht die Wirklichkeit durch eskapistische Flucht ins Phantastische zu ignorieren. Sie umgibt die ereignislose und für sie peinliche Existenz in Neuhaldensleben mit einem dichten "Silbergespinst", in dem "das Alltägliche sich demütig und nichtssagend vor dem Wunderbaren zu verstecken hatte und die Wirklichkeit nichts, das Erleben der Seele in den Schauern des Traumes alles war" (237).[15]

Der Verlust des Vaters und die veränderte Situation der Familie stürzen Gabriele in eine Identitätskrise, die sich als Sprachkrise äußert. Sie empfindet die Atmosphäre in dem provinziellen Städchen als unter ihrer Würde stehend, und erlebt die veränderte Einstellung ihrer reichen Verwandten mütterlicherseits als besonders erniedrigend. Als Abwehrreaktion zieht sie sich hochmütig zurück und wird zu einem stummen "Eiszapfen". Gabrieles hartnäckige Verschlossenheit wächst allmählich ins Krankhafte. Gleichzeitig wird sie vom Gefühl ihrer eigenen Nichtfähigkeit zur Kommunikation mit der Umgebung gequält: "Verzweiflung über meine Unfähigkeit, heiter und witzig zu sein, über mein leidenschaftliches Fühlen und meine Talentlosigkeit, es hinreichend zu äußern, hatten mein Selbstbewußtsein mit Ruten gegeißelt" (262).

GABRIELE REUTER: AUS GUTER FAMILIE

Die passive Minderwertigkeitsposition, in die sie sich als junges Mädchen einfügt, und die sie peinigende Sprachkrise bestimmen auch ihr Verhältnis zu Herrn von S., einem Weimarer Maler und Bohemien. Die junge Reuter trifft den Maler in Weimar, wohin die Familie 1879 umzieht. In Herrn von S. liebt sie nicht so sehr den Menschen, als den Künstler. Der Künstler ist es, der das schüchterne Mädchen fasziniert, weil er für sie eine andere Welt repräsentiert, die sich gegenüber ihrer kleinstädtischen Umgebung deutlich abhebt. Da Gabriele das herrschende Rollenstereotyp völlig akzeptiert hat, verhält sie sich äußerst passiv und abwartend und macht keine Versuche, sich dem Geliebten zu nähern, der ihr völlig unerreichbar erscheint. Sie bringt ihre Liebe nicht zum Ausdruck und zieht vor, sie stattdessen in ihre phantastischen Träumereien zu integrieren.

> Daß man sich einem Manne nähern könne [...] wäre mir im Traume nicht bewußt geworden. Ich war im Grunde meines Herzens mit einundzwanzig Jahren noch ein Kind, das sich Märchen erzählt. [...] Ich hätte keinen Schritt einem Manne entgegen zu tun vermocht—aber ich konnte für ihn und an der Sehnsucht sterben. (319)

Die reale Begegnung mit Herrn von S. scheitert an Gabrieles Schüchternheit und Unmöglichkeit zum Sprechen. Sie reißt sie aus ihrer Phantasiewelt heraus und konfrontiert sie mit der Wirklichkeit, an der sie dann—genau wie ihre Heldin—schwer erkrankt.

Hedwig Dohm

5

Hedwig Dohm: *Schicksale einer Seele*

Hedwig Dohms Roman *Schicksale einer Seele* (1899) ist Teil einer Trilogie, in der die Autorin den Lebensweg dreier Generationen von bürgerlichen Frauen, "die Lebensbilder von Großmutter, Tochter und Enkelin" porträtiert (Zit. in Rahm 147). Obwohl 1899 veröffentlicht, ist der Roman chronologisch der erste Teil in der Trilogie, weil er den Lebensweg der ersten Generation vergegenwärtigt. Es folgen *Sibilla Dalmar* (1896) und *Christa Ruland* (1902). In der Ankündigung des Werkes, die 1899 in der Zeitschrift "Die Zukunft" veröffentlicht wurde, hat Dohm den Inhalt des Romans zusammengefaßt:

> Er erzählt das Leben einer Frau, die heute in den sechziger Jahren stehen würde. Er will ihr anfangs noch dunkles Ringen um ihrer Seele Sein oder Nichtsein veranschaulichen. Sehnsüchtiges, leidenschaftliches Suchen nach sich selbst ist das Wesen dieser Frau, ein Drang aus dem vegetativen Dasein, aus den kalten Schatten der flachen Ebene hinaufzugelangen. (in Rahm 145–46)

Dohms Roman ist als Lebensbeschreibung einer Frau konzipiert, die der Generation der Autorin selbst angehört. Die Erzählung hat epistolaren Charakter (die Heldin wendet sich an einen Freund, dem sie die Geschichte ihres Lebens schildern möchte) und beginnt mit dem Versprechen der Schreibenden, die sich zur Zeit der Arbeit an ihrer Autobiographie in Rom befindet, ihre ganze Lebensgeschichte "auf Papier zu bringen". Ihr Aufenthalt in Rom bzw. die Erzählzeit des Romans dauert einige Monate; die erzählte Zeit umfaßt dagegen die Jahre von 1833 bis 1866—sie beginnt mit der frühesten Kindheit der Heldin und endet in Rom, wo beide Erzählperspektiven zusammenfallen. Die zwei Erzählebenen erlauben der Protagonistin, Erinnerung und gleichzeitige Neueinschätzung der Ereignisse miteinander zu verflechten: An einem Wendepunkt in ihrem Leben angelangt, greift Marlene Bucher zur Feder, um die verschwiegene Wahrheit über sich ans Licht zu bringen.

Im Prozeß der Arbeit an der eigenen Lebensgeschichte soll Marlene in ihre Vergangenheit zurückschauen und die Bilanz ihres bisherigen Lebens ziehen. Diese Intention der Erzählerin läßt sich mit

64 ÜBERGANGSGESCHÖPFE

Agathe Heidlings Wunsch vergleichen, in einem Buch zu erzählen, wie ihr Leben und das Leben ihrer Mitschwestern in "Wahrheit beschaffen ist" (*Aus guter Familie* 354). Während Agathe dieses Projekt nie realisiert, nimmt sich die Heldin in Dohms Roman vor, ihre Erfahrung schriftlich mitzuteilen. Marlene geht es genauso wie Agathe um die Wahl zwischen ihrer weiblichen Bestimmung und einem den eigenen Bedürfnissen gewidmeten selbständigen Leben. Im Unterschied zu Agathe findet Dohms Protagonistin die Kraft dazu, sich von ihrer Familie und damit von ihrer Vergangenheit zu trennen.

Von der Erzählerin erfahren wir, daß sie 1833 in Berlin in einer wohlhabenden und "nüchternen" Bürgerfamilie geboren wurde. Die Beschreibung ihrer Kindheit erinnert an die von Agathe Heidling: Feig und geduckt ist auch sie in ihrer Jugend gewesen. In ihrem retrospektiven Blick beschreibt sich Marlene als eine "Schnecke mit Flügeln". Interessanterweise ist die früheste Erinnerung der Heldin ihre Angst vor der Mutter: "Solange ich zurückdenken kann, lag diese Furcht wie ein Alpdruck auf meiner Brust" (9). Daß der Roman autobiographische Züge trägt, wird aus den 1912 veröffentlichten "Kindheitserinnerungen" der Schriftstellerin ersichtlich, die sich an gewissen Stellen fast wörtlich mit Passagen aus dem Roman decken. Mit ihrer Kindheit verbinden sich für Dohm wie für die Erzählerin keine glücklichen Erinnerungen:

> Ich war ein leidenschaftlich unglückliches Kind, ein verkanntes, ein Kind ohne Mutterliebe. Einsam unter siebzehn Geschwistern. . . Zehn von ihren achtzehn Kindern nährte die Mutter selbst. Ich war das erste ihrer Ammenkinder. Darum mochte sie mich nicht. Ich weiß es von ihr selbst. Daß ich—ein Säugling—immer nur nach der Amme, nicht nach ihr verlangte—hielt sie für frühzeitige Charaktertücke. Dazu kam, wie sich bald zeigte, der denkbar schroffe Gegensatz unsrer Naturen. Meine Mutter, rasch, resolut, aufbrausend, herrschsüchtig. Eine robuste Frau mit wunderschönen weißen Händen. . . Ich, still, versonnen, furchtsam, schüchtern. Ich fürchtete mich vor meiner Mutter, vor ihren Gewaltsamkeiten. (*Als unsere großen Dichterinnen* 42)

In Marlenes Familie herrschen derbe Verhältnisse. Der Vater, ein stiller, furchtsamer Mann, ist total von der Mutter abhängig, die uneingeschränkt ihre Lust am Regieren befriedigt. Marlene scheint die künstlerischen Anlagen ihres Vaters geerbt zu haben, der in seinen jungen Jahren Porträts zu zeichnen und Knittelverse zu dichten pflegte. Die Mutter ist dagegen von "derbbürgerlicher Art", was mit ihrem ausgesprochenen Sinn für Toilette und "originelle Eleganz" in sonderbarem Kontrast steht.[1] Das möchte Marlene auf ihren Großvater mütterlicherseits zurückführen, der ein Franzose und vielleicht auch adliger Herkunft gewesen ist.[2]

Wie in Reuters Roman besteht auch hier keine echte Verbindung zwischen Kindern und Eltern. Die letzten führen ein fast vegetatives Dasein, das durch die Situation totaler politischer Stagnation gefördert wird. Aus ihrem neuen Blickwinkel, der mit der Erzählzeit in Rom zusammenfällt, reflektiert die Erzählerin über die Zeit, in der sie aufgewachsen ist, und fällt ihr Urteil darüber:

> Ein goldenes Zeitalter für Philister und Spießbürger. Charakteristisch waren die gute Stube, das Weißbier, die langjährigen Verlobungen, [. . .] die nüchterne, dürftige Tracht des weiblichen Geschlechts: lange Schleppentaillen, enge Ärmel, kurz und glatt weggezogene Scheitel. Die Haustöchter nähten emsig in Wolle und Perlen, mit Vorliebe Tragbänder in Perlenstickerei für Papa, Bruder oder Bräutigam. (21–22)

Im Rückblick kritisiert die Heldin die spießbürgerliche Enge ihrer Eltern: "Genau in den Geleisen, die ihnen die Verhältnisse und die herrschenden Anschauungen vorzeichneten, bewegten sie sich" (22). Mutter und Vater tragen keine Verantwortung für die geistige Entwicklung ihrer Kinder, von deren innerem Leben sie nicht die leiseste Ahnung haben. Durch ihre rekonstruierende Erinnerung wird die Erzählerin auch den Mythos von der bedingungslosen Mutterliebe relativieren: "Man spricht soviel von dem großen Glück des Kindes, das die Mutterliebe ihm gibt, man spricht von dem trauervollen Geschick der Kinder, die früh die Mutter verloren. Aber man spricht nicht von dem viel größeren Unglück des Kindes, das eine Mutter hat, die keine Mutter ist" (29). Marlenes Geschwister werden ihrem Geschlecht gemäß erzogen. Ihre Brüder genießen eine unterschiedliche Erziehung im Vergleich zu den Mädchen, die noch in frühem Alter in ihre weiblichen Pflichten hineingezwungen werden :

> Warum meine Brüder nichts lernten, weiß ich nicht. Sie besuchten gute Gymnasien oder Realschulen. . . Warum wir Mädchen nichts lernten, weiß ich. Es wurde eben in den damaligen Mädchenschulen kaum etwas gelehrt, was über die Elementarkenntnisse hinausging. Wir Mädchen turnten nicht, wir schwammen nicht und ruderten nicht. Wir durften uns nicht mit Schneebällen werfen, ja nicht einmal schlittern. [. . .] Die beneidenswerten Jungen, die brauchten auch bei der großen Wäsche nicht die Strümpfe umzukehren, nicht auf die kleinen Geschwister aufzupassen, nicht nähen zu lernen. Nichts brauchten sie, sie taten immer, wozu sie Lust hatten. (24)

Bereits in ihrer Kindheit und innerhalb der Familie gewöhnt sich Marlene an die zweitrangige Position ihres Geschlechts. Wegen ihrer

Verträumtheit und Sensibilität—sie selbst bezeichnet sich als "Traumbündel"—werden ihr verschiedene Spottnamen angeheftet. Ein Stück roten Glases, durch das sie zu sehen versucht, verwandelt für sie alles in "flammende Visionen" und setzt den Anfang der Mythe von ihrer Dummheit ein. Statt mit Marlene wird sie von ihren Brüdern mit dem gerinschätzigen Namen "Pippe" angeredet. Die häufigsten Beschuldigungen, die Marlene von ihrer Mutter immer wieder hört, stellen sie als dumm und lügnerisch vor. Die Mutter vergleicht sie oft mit einer häßlichen, unangenehmen Tante: "Die Pippe wird der Tante Berthel von Tag zu Tag ähnlicher" (27). Die starke Abneigung der Mutter gegen sie und die lieblose Art und Weise, wie diese ihre Tochter behandelt, unterdrücken Marlenes Selbstgefühl: "Wenn sie mich anschrie: 'Halts Maul' oder: 'Dumme Gans!' so zog ich unwillkürlich den Kopf zwischen die Schulter, als schlüge man mich, und ich schämte mich, daß es meine Mutter war, die so redete".

Marlene kann in ihrer Familie keine Liebe und kein Verständnis finden: "Ungeliebt, ungehegt und -gepflegt schmachtete ich nach Liebkosungen, und da ich in der Wirklichkeit keine fand, erträumte ich sie mir, wie der Hungrige im Traum in leckren Speisen schwelgt" (29–30). Wie Agathe entwickelt auch sie Kompensationsstrategien, die eine völlige Umkehrung ihres realen Daseins darstellen: "Der Traum war das Leben, das Leben ein wesenloses Hindämmern". Wie Agathe erdenkt sich Marlene eine "phantastische Heimat". Eine wichtige Rolle in diesen Traumphantasien spielt die Dichterin Elfriede, die im benachbarten Haus wohnt und eine geheimnisvolle Anziehung auf das kleine Mädchen ausübt. "Ich ersann eine phantastische Kombination: Sie war meine leibliche Mutter. Eine magische Verkettung hatte uns in demselben Haus zusammengeführt, und eines Tages entdeckte sie an einem geheimen Mal [. . .] ihre Mutterschaft mir gegenüber" (31).

In den Büchern sucht Marlene Nahrung für ihr Phantasieleben. Heimlich und in wilder Hast verschlingt sie jedes Buch, dessen sie handhaft werden kann. Als sie elf ist, beginnt die Heldin ihre ersten Gedichte zu schreiben. In diesen Gedichten ist sie immer kühn und unverzagt. Im wirklichen Leben bleibt sie aber geduckt und demütig: "So bestand ich eigentlich aus zwei Hälften. Mit dem Zaubertrank der Traumwelt war ich ein wundervolles Geschöpf, ohne den Trank ein armseliges Aschenputtel, das Erbsen lesen mußte—unter Tränen" (40). In den "Kindheitserinnerungen" der Autorin findet sich eine fast identische Passage:

> Still und schweigsam verhielt ich mich aber nur im Zusammensein mit andern. Innerlich war ich von betäubender Beredtsamkeit, schmetterte oft meine Monologe in alle vier Winde. . . Die Stunden, in denen ich abends vor

dem Einschlafen träumend fabulierte: Tausendundeine-Nacht-Abenteuer, die
brillantesten Stellen schrieb ich mir auf den Leib. Die Träume waren mein
eigentliches Leben, die Wirklichkeit eine schale, belästigende Episode.
(*Als unsere großen Dichterinnen* 50–51)

Unabhängig von den phantastischen Geschichten, die die Heldin
erdichtet, macht sich äußerlich eine Wortkargheit bemerkbar. Symptomatisch ist in dieser Hinsicht die unüberwindbare Schwierigkeit, die sie verspürt, wenn sie sich mit "Mama" an ihre Mutter wenden soll. Auf Drängen des Kindermädchens nimmt sie sich trotzdem vor, "Mama" auszusprechen. Als Marlene endlich den Mut findet, das Wort über die Lippen zu bringen, reagiert die Mutter nicht unfreundlich, aber ganz gleichmütig, weil sie überhaupt nicht gemerkt hat, daß ihre Tochter nie Mama zu ihr sagt. Eingeschüchtert von der Mutter und in ständiger Furcht vor ihr, entwickelt die Heldin bereits als Kind ein eskapistisches Benehmen, indem sie versucht, unbemerkt zu bleiben und ihre eigene Präsenz zu vertilgen. Um die Mutter nicht zu ärgern, lernt sie, gehorsam zu sein und sich vor ihr zu verkriechen. "Ich zitterte, sobald ich nur ihren Schritt oder ihre Stimme im Korridor hörte, und oft zog ich dann hurtig die Schuhe aus und tappte leise die Hintertreppe herab, um in den Garten zu entkommen" (27). Dieses Benehmen der Mutter gegenüber überträgt sie später auch auf ihre ganze Umgebung: "Nur nicht bemerkt werden. Bemerkt werden und verwundet werden, war eins für mich" (29). Trotz der vielen Geschwister ist Marlene ein sehr einsames und scheues Kind. Mit der Zeit wird sie zu einem schweigsamen, braven Mädchen, in dem selbst die "harmlosesten Ungezogenheiten" Gewissensbisse hervorrufen und das nie "nein" sagen kann. So wird ihr Selbst—wie bei Agathe Heidling—durch die in der Familie herrschenden Verhältnisse verstellt und lebt nur latent in ihr fort.

Das Minderwertigkeitsgefühl, das man Marlene zu Hause anerzogen hat, wird in der Mädchenschule weiter vertieft. Dort gilt sie als begabt, kann aber ihre geistigen Anlagen nicht entwickeln, weil der Unterricht keine Herausforderung bietet:

Alles, was in der Schule zu lernen war, lernte ich spielend. Es war so wenig.
Die Lehrer waren zum größten Teil Seminaristen, die selber nur über Elementarkenntnisse verfügten. In den oberen Klassen gab es allerdings 2–3 studierte Lehrer, meist alte Herren, die ich heut' noch im Verdacht habe, daß
man sie—als eine Art Altersversorgung und weil sie unzulänglich für Knabenschulen waren—den belanglosen Mädchenschulen überwiesen hatte.
(49)

68 ÜBERGANGSGESCHÖPFE

Den zeitlichen Anschauungen gemäß zielt die weibliche Erziehung und Ausbildung nicht auf die Entwicklung von Intelligenz oder Kreativität ab, sondern auf die "Gemüts-und Herzensbildung" der jungen Mädchen. Hedwig Dohm erinnert sich an die "Themata" der zahlreichen Aufsätze, die die Mädchen in der Schule schreiben sollten:

> Gefühle beim Beginn des Frühlings, Empfindungen beim Untergang der Sonne, oder Betrachtungen in der Sylvesternacht. . . Einkehr in sich selbst, edle Vorsätze für das neue Jahr wollte der Lehrer. Sicher bildeten solche Aufsätze eher einen Anreiz zu verlogenen, verstiegenen Phrasen, zu sinnlosem Gefasel als zu einer Gemütsvertiefung. (*Als unsere großen Dichterinnen* 48)[3]

Marlenes unbefriedigte Sehnsucht nach Zärtlichkeit und Liebe geht Hand in Hand mit ihren ersten sexuellen Gefühlen. Sie erlebt diese Gefühle sehr intensiv, aber nur als Teil ihrer phantastisch-unbewußten Träumereien. Zu dieser Zeit hat sich Marlene so an ihre Isoliertheit gewöhnt, daß sie das Alleinsein als notwendige Bedingung ihres Innenlebens empfindet: "Kam jemand dazu, verstummte gleich alles in mir" (57). Die Atmosphäre der Bälle findet sie zu kahl und flieht immer wieder zu ihren phantastischen Träumen zurück, wo sie nur "in den eigenen Tönen" schwelgen kann: "Ich erlebte immer alles allein. Ich war der personifizierte Monolog" (85).

Die Sexualität der bürgerlichen Gesellschaft wird im Roman als Teil der gesellschaftlichen Repression an den Pranger gestellt. Wie Gabriele Reuter geht es auch Hedwig Dohm um die Kritik der Doppelmoral "gutbürgerlicher" Kreise. Im Roman kommt die Diskrepanz zwischen der asexuellen Erziehung der Heldin und der allmächtigen Präsenz der Sexualität deutlich zum Ausdruck. Vor den frechen Berührungen seitens des Klavierlehrers oder des Hausarztes verspürt Marlene damals nur unbewußten Ekel, ohne ihre eigentliche Natur verstehen zu können.[4] Das Gespräch zwischen ihr und Frieda Kraus, einer älteren Freundin, die die nichts ahnende Marlene nach ihren sexuellen "Erfahrungen" ausfragt, erinnert sehr an das in der Pension stattgefundene Gespräch zwischen Agathe und Eugenie: "Hochaufatmend, dunkelrot, begann ich meine Beichte. Tränen schossen mir in die Augen, ich stotterte, kam vor Erregung nicht weiter. Noch heute sehe ich Friedas gespannten Blick, der in einer geheimen Lust brannte" (59).

Schüchtern und verträumt, ignoriert die Heldin die Wirklichkeit. Wie Agathe sich an dem Märchenprofil des Malers Lutz berauscht, so schwärmt die dreizehnjährige Marlene für Dichter. Diese Dichter-Schwärmereien sind die Folge ihres festen Entschlusses, auf jeden Fall

Schriftstellerin zu werden: "Unter allen Umständen aber wollte ich einen Dichter heiraten, ein Dichter gehörte doch zu einer Dichterin" (65). Ihre "literarische Lust" verdichtet jede reale Enttäuschung zu einem phantastischen Traumwerk. Einmal fällt ihr Bettina von Arnims *Goethes Briefwechsel mit einem Kinde* in die Hände. Die Bemerkung Bettinas, daß sie die Briefe als elfjähriges Kind geschrieben habe, gibt Marlene Stoff zur Selbstanalyse, da ihre Wünsche nach persönlicher Entfaltung in Widerspruch zu dem tief in ihr verwurzelten Minderwertigkeitsgefühl stehen:

> Elf Jahre! Und ich, ich war beinahe 13 Jahre alt und hatte noch so gut wie nichts gedichtet. Nein, und wenn ich Tag und Nacht mein Hirn zergrübelte, solche Briefe wie Bettina brächte ich nie zustande, nie, nie! . . . Ich würde am Ende doch keine Dichterin werden, ich—die Pippe! Meine Mutter hatte Recht: Eine dumme Gans war ich. (66)

Weder zu Hause noch in der Schule, wo man nur das Notdürftigste lehrt, bekommen Marlenes Ambitionen Anregung. Das Benehmen der anderen ihr gegenüber lähmt sie und erlaubt ihr nicht, an sich und ihre schöpferischen Fähigkeiten zu glauben. "Ich wußte noch nicht einmal mit den Versmaßen Bescheid. Ich hatte mir zu Weihnachten ein Prosodiebuch gewünscht, es aber nicht erhalten. Ich bekam nie, was ich mir wünschte" (66).

Die Revolutionsereignisse des Vormärz machen einen tiefen Eindruck auf die Heldin und verwandeln sie in leidenschaftliche Demokratin. Sie schwärmt für Freiheit und liest revolutionäre Bücher, die ihr eine demokratisch gesinnte Freundin besorgt. Die Mutter setzt jedoch den "revolutionären" Erlebnissen Marlenes ein Ende: Sie nimmt ihre Tochter aus der Schule und untersagt ihr das Treffen mit der Freundin.[5]

Damit beginnt Marlenes Wartezeit, in der sie sich genau wie Agathe Heidling auf ihren weiblichen Beruf als künftige Mutter und Gattin vorbereiten soll: Klavier-und Nähstunden, Zeichnen und Handarbeiten füllen fast ausschließlich ihre Zeit aus. In ihrer Untersuchung über die häuslichen Pflichten der Beamtenfrauen im Kaiserreich stellt Sibylle Meyer die These auf, daß das Bild von der müßigen bürgerlichen Salondame ein Mythos war, der sich kaum mit dem wirklichen Alltag der meisten bürgerlichen Frauen aus dem letzten Drittel des 19. Jahrhunderts deckte. Der "demonstrative Müßiggang" der bürgerlichen Frauen war nur ein Teil des Repräsentationszwanges, dem ihr Leben unterlag: Gegenüber der Öffentlichkeit sollten sie müßig erscheinen, um dadurch den sozialen Status des Ehemannes und der Familie zu symbolisieren. Innerhalb der Familie mußten sie den repräsentativen Glanz durch intensive Mehrarbeit nachholen, die jedoch verborgen bleiben sollte (in Hausen, *Frauen suchen ihre Geschichte* 172).⁶

Meyer bezeichnet diese Lebenssituation der damaligen Frauen als schizophren: Nach innen sichern sie die Basis des repräsentativen Glanzes durch ihre Arbeit, die verheimlicht wird; nach außen demonstrieren sie Müßiggang, und nehmen so an einer ihnen fremden Repräsentation teil. Beschäftigungen wie Klavierspiel, Fremdsprachen und Konversation haben auch repräsentativen Charakter und sollen bei gesellschaftlichen Anlässen als Beweis für die Standesmäßigkeit der Familie demonstriert werden. "Bürgerliche Frauen hatten gegenüber der Öffentlichkeit zu repräsentieren und zu glänzen, um so dem Mann den Hintergrund von Bildung, Wohlanständigkeit und ökonomischer Potenz zu verleihen" (174). Wie auch aus den bei Günter Häntzschel zitierten Anstandsbüchern und Lebenshilfen für Mädchen und junge Frauen der Zeit deutlich wird, geht es weder bei den Klavierstunden, die eine besondere "Musikmanie" der Zeit darstellten, noch beim Zeichnen und Malen, die eine weitere übliche Beschäftigung für junge Damen sein sollten, um wahrhaft schöpferische Kunstbetätigungen. Umgekehrt haben diese vielmehr einen reproduktiven Charakter und fördern kaum die kreativen Kräfte der jungen Mädchen.⁷

Die eintönigen Beschäftigungen mit Stickerei und andere Handarbeiten, die ihr von der Mutter auferlegt werden, können Marlenes geistigen und schöpferischen Bedürfnisse kaum befriedigen. Sie erwecken in ihr vielmehr das Gefühl, in einer "Zwangsjacke" zu stecken: "Das Strümpfestopfen kam mir so ordinär vor, so wie der rechte Gegensatz zum Dichten" (81). Sie versucht deshalb, ihren Wünschen zu folgen und Gedichte zu verfassen: "Ich griff zu Feder. Es war doch endlich an der Zeit, in meinen eigentlichen Beruf einzutreten" (73). Dazu fehlen ihr aber Kenntnisse und Erfahrung: Sie weiß nicht, "wie man das Ding, das Dichten heißt, angreift". Ein Jahr lang besucht Marlene das Lehrerinnenseminar, das einem "reinen Flügelknicken" gleicht, und wo sie mit dem Eifer einer mechanischen Lernmaschine allerlei Unnützes auswendig lernen muß. Sie möchte nach bestandenem Examen als Lehrerin ins Ausland gehen und hegt Pläne nach einer selbständigen Existenz, willigt jedoch in die Heirat mit Walter Bucher ein, der nach einjähriger Verlobungszeit um ihre Hand anhält. Obwohl etwas in ihr heimlichen Widerstand dagegen leistet, findet Marlene weder Kraft noch Mut, sich der Heirat und damit dem familiären und gesellschaftlichen Zwang zur Ehe zu widersetzen.⁸ Aus der Distanz der Zeit muß die Erzählerin gestehen, daß sie sich in ihrer Jugend in fremde Normen gefügt und so die inneren

Bedürfnisse ihrer Persönlichkeit vernachlässigt hat. Und sie stellt fest: "... ich bin noch nie meiner inneren Stimme gefolgt" (92). Während Marlene von einem romantischen Verlobten geträumt hatte, muß sie die nüchterne Art ihres Mannes als Enttäuschung erleben. Walter, den sie einst auf einer revolutionären Versammlung als leidenschaftlichen Redner kennengelernt hat, hat inzwischen eine Anstellung in der Redaktion einer größeren Zeitung bekommen, und spricht von seinen ehemaligen sozial-demokratischen Ansichten wie von einer "Jugendeselei". Mit der Heirat wechselt kaum etwas in Marlenes Situation, die jetzt statt von der Mutter von Walter dominiert wird und in der gleichen untergeordneten Situation verbleibt. Christina von Brauns Ausführungen, die den sozialen Status der Tochter in der abendländischen Kultur zu beschreiben suchen, bieten in diesem Kontext einen interessanten Ausgangspunkt. Nach Brauns Ansicht muß die Tochter als Persönlichkeit "inexistent" bleiben, weil sie des Mittels beraubt ist, sich von der Mutter zu unterscheiden.[9] Der Mann ist es, der dann die Rolle der Mutter in diesem nicht gelungenen Abnabelungsprozeß erfüllt: "Indem die Frau seinen Namen annimmt, kann sie sich ebensowenig von der Mutter wie von ihm unterscheiden" (157).

Marlenes Ehe ist die Geschichte ihrer ständigen Vertilgung als sprechendes Sexualwesen. Mit Walter verbindet sie weder ein glückliches sexuelles Leben noch eine geistige Gemeinschaft. Zuerst verspricht sie sich in ihrer Unerfahrenheit und Naivität viel von ihrem Mann, muß aber herausfinden, daß er kein "Wecker" ist, sondern ein Mensch mit Augen, die "immer alles schon wissen". Auch seine Küsse wecken nichts in ihr, weil sie der Selbstbefriedigung seiner eigenen Eitelkeit dienen. "Seine Liebkosungen taten der Seele weh. Ich hatte so lange nach Liebkosungen geschmachtet, und nun—seine Art, flattrig und robust zugleich, spannte mich ab, höhlte mich aus, reizte mich zur Abwehr. Ich wußte nicht, was ihr fehlte, jetzt weiß ich's. Seiner Zärtlichkeit fehlte—ich" (95). Walter behandelt Marlene kaum als Partnerin und gleichwertige Person, sondern als Besitzgegenstand. Seine Sexualität schließt sie als Sexualwesen aus. Die Worte, die einst die Mutter benutzt hatte, um Marlenes Hausfrauenmängel zu beschreiben, sind in Walters Gedächtnis haftengeblieben und werden jetzt von ihm selbst gegen seine Frau benutzt. Sie fühlt, wie ihre Seele sich wieder in ihr "Schneckenhaus" verkriecht—als Abfindung mit und gleichzeitig Abwehrreaktion gegen die Auslöschung ihrer Persönlichkeit.

Im Prozeß des Schreibens reflektiert die Erzählerin über ihre Erziehung in bestimmte Muster sowie darüber, wie man durch ausgeprägte Konzepte und Vorstellungen in seine Rollenbestimmung eingezwängt wird, indem sie diese als künstlich konstruiert definiert: "Es scheint, daß gewisse uns anerzogene Begriffe auch ganz bestimmte Gefühlsregister in uns aufziehen. Daß ich nun sein Weib war, schon diese Vorstellung allein entband einen Strom herzlicher Empfindungen in mir" (103). Ironisch-melancholisch schildert die Schreibende ihren damaligen Eifer, immer in Einklang mit der von ihr erwarteten Rolle zu handeln. Marlenes Unterwerfungsgefühle verflochten sich damals mit der Abneigung gegenüber einer ihr fremden Sexualität. "Ich wartete immer darauf, daß er sagen würde: 'Meine liebe, liebe Marlene.' Und ich wäre sein gewesen mit Leib und Seele. Er liebte mich wohl in einer Art, aber es war nicht meine Art" (107). Sie leistet jedoch keinen Widerstand gegen die von Walter in der Familie geschaffenen Verhältnisse und verhält sich ihm gegenüber völlig passiv und demütig. Auch wenn er sie zur Unterhaltung seiner Gäste ironisiert, findet sie kein Wort der Auflehnung. Marlene hält still auch angesichts der zahlreichen Ehebrüche ihres Mannes. Zwischen den beiden besteht keine echte Kommunikation: Er taxiert sie nicht als sprechendes Wesen und sie ihrerseits versucht einzig, sich dem Bild der Mustergattin anzunähern: "Was er auch gegen mich tun mochte, kein Vorwurf ist je über meine Lippen gekommen" (108).

Nachdem das zweite Schauspiel Walters, der sich als Dramatiker für die Bühne betätigt, ihm einen großen Erfolg bringt, erhöht sich seine gesellschaftliche Stellung wesentlich. Er wird sehr nervös, besonders gegenüber Marlene, die sich vor ihm zu fürchten beginnt. Die Erzählerin beschreibt ihn als einen der lautesten Menschen in ihrem Leben. Je nervöser Walter wird, desto zurückgezogener und schweigsamer wird Marlene. Walter domestiziert sie total, indem er sie von der öffentlichen Sphäre seiner Tätigkeiten fernhält und ihr den Zugang zu dieser Sphäre verwehrt. "Er sagte, ich passe nicht für die Kreise, die er im Interesse seines Berufs frequentieren müsse, und dabei ließ er durchblicken, daß diese Kreise zu locker, zu frivol, daß sie nicht gut genug für mich wären" (118). Sein geringschätziges Mitleid ihr gegenüber verstärkt Marlenes Minderwärtigkeitsgefühle. Wie einst vor der Mutter, so muß sie jetzt ihre Bücher vor ihrem Mann verstecken, um ihr Selbst vor dem vernichtenden Spott seiner Selbstgefälligkeit zu retten. Sie kann kein Vertrauen zu sich selbst fassen und ist einer festen Identität beraubt: "die leichteste Gegenrede entmutigte mich ja gleich. Wenn man auf eine Schnecke Zucker streut, so fließt sie auseinander" (120).

Trotzdem gibt Marlene ihren Traum, Dichterin zu werden, nicht auf. Obwohl sie sich auch jetzt in einem Zustand ständigen Fabulierens befindet, muß sie das Aufschreiben ihrer Gedanken als etwas Unmögliches erleben. Ihre Minderwertigkeitsgefühle, vertieft durch die künstlerischen und sexuellen Erfolge ihres Mannes, unterdrücken ihr Ich und erlauben ihr nicht, sich in der Position des schreibenden Subjekts zu sehen. "Sobald ich aber die Feder in Hand nahm, war alles verflogen. Die Tinte war der schwarze Mann, vor dem meine Gedanken davonliefen" (121). Ständig quält sie die Idee, daß sie nicht genug gebildet ist, daß es ihr an "Geisteskultur" und ernster Lektüre fehlt. Mit spielender Selbstironie schildert die Erzählerin ihr damaliges Bildungsfieber und die verzweifelten, aber erfolglosen Bemühungen der Hausfrau, in die elitäre Gedankenwelt der Philosophen einzudringen. "Da tauchte vielleicht plötzlich mitten in einem schwierigen philosophischen System ein Stück Käse vor meinem innren Auge auf, das ich vergessen hatte, unter die Glasglocke zu stellen..."(119)

Da sich Marlene in ihrer Familie sowie später in ihrem Zusammenleben mit Walter an ihre Position einer passiven Schweigsamen gewöhnt hat, ist es ihr unmöglich, mit den anderen als Subjekt zu kommunizieren. Die Art ihrer Kommunukation in der Gesellschaft ist eine Nicht-Kommunikation. "Meine Gedanken schwirrten umher wie aufgescheuchte Vögel... Wendete sich ausnahmsweise das Gespräch abstrakten Gegenständen zu, so nahm ich gleich lebhaften Anteil daran—in Gedanken. Selber reden? Nein. Es erschreckte mich schon, wenn die andern schwiegen, plötzlich meine laute Stimme zu hören" (128).

In ihrer Stummheit und Un-Fähigkeit zum Sprechen fühlt sich Marlene total isoliert, weil sie nicht imstande ist, ihre Meinung zu verteidigen oder auch nur zu äußern. "Da verdammte man vielleicht in Grund und Boden etwas, was mich begeisterte—ein Buch, eine Meinung, eine Tat: Mein Herz erglühte, meine Lippen brannten zu sagen, was ich dachte, und ich blieb stumm" (130). In den konventionellen Höflichkeiten und den stereotypen Formen des Verkehrs, die in ihrem Gesellschaftskreis herrschen, kann Marlene nicht zum wahren Ausdruck ihrer Persönlichkeit gelangen und muß deshalb ein Schein-Dasein im Schatten ihres Mannes und seines Ruhms führen. Was sie besonders deprimiert, ist die Tatsache, daß man sie ständig für etwas anderes hält, als sie ist. Die anderen sehen sie nämlich nur durch Walters Augen und gestehen ihr keine selbständige Gedankenwelt. Auch wenn sie etwas Originelles zu sagen vermag, bezieht man es nicht auf sie selbst, sondern auf ihren Mann, dem sie nachspreche. Immer wenn Marlene ihre Redescheu überwindet, muß sie wieder in die Tiefen ihrer Schweigsamkeit zurücksinken. Die verwunderten Blicke der anderen genügen, sie zu entmutigen und an ihre Sprachlosigkeit zu erinnern. Ihr Selbst ist deshalb der Ausdruck von etwas Unaussprechlichem und bleibt verborgen. Besonders fürchtet sie sich zu sprechen, wenn Walter unter den Zuhörern ist. Mit seinem sarkastischen Lächeln oder irgendeiner ironischen Geste der Geringschätzung "verschloß er mir gleich wieder die Lippen" (133).

Ihren geistigen und sexuellen Hunger versucht Marlene durch Traumbilder und "imaginäre Lustbarkeiten" zu befriedigen. Im Rahmen dieser imaginären Lustbarkeiten verschafft sie sich ihre eigene Lustökonomie, die sie als Lust an einem nur phantasierten, monologischen Sprechen erlebt: "Kam ich von einer Gesellschaft, in der ich ein stummer Zuhörer anregender Gespräche gewesen war, nach Hause, so setzte ich die Gespräche in Gedanken fort, und eine solche Fülle von Bildern, Argumenten, Worten drang auf mich ein, daß es mich ergriff, aufregte. Ich genoß mich selbst schwelgerisch" (136). Eine andere Variante der imaginären Lustbarkeiten, die ihr zur Verfügung stehen, sind ihre heimlich improvisierten Soloszenen, wodurch sie das aufzufangen versucht, das ihr im realen Leben versagt bleibt.

> Die ganze Stufenleiter menschlicher Gemütsaffekte brachte ich zum Ausdruck. Süßes und Leises, kosend Schmeichelndes, Verzückung, Verzweiflung, Wahnsinn, Tod. [. . .] Wenn ich dabei zufällig in den Spiegel blickte, erschrak ich zuweilen buchstäblich über die Dämonie meiner Gebärde oder über die Agonie in meinen brechenden Augen. (120)

Die Heldin verachtet sich wegen dieser äußeren Unterwürfigkeit und maßlosen Ergebung und empfindet sich als "Zwitterding zwischen Hamlet und Mignon" oder als "verächtliche[n] Wurm".

Mit der Zeit zeigen sich auch bei Marlene die ersten Anzeichen einer hysterischen Erkrankung, die sich in einem starken körperlichen Unbehagen äußern. Wie Agathe Heidling leidet auch Marlene an der Diskrepanz zwischen dem ihr auferlegten Bild und ihren wahren Empfindungen und Wünschen nach geistiger und sexueller Erfüllung: "Solange ich mich unter Menschen befand, blieb mein Innenleben wie suspendiert. Sobald ich allein war, kam die gärende Unruhe, und ich schmachtete nach inneren und äußeren Erlebnissen" (150). Und "Die ich sein möchte, kann ich ja doch niemals sein" (136).

In ihrem "Schneckenhaus" verschlossen, hat sie sich niemals einem Menschen gegenüber ausgesprochen, niemandem hat sie über ihre Mutter oder über ihre Ehe mit Walter erzählt. Erst der Umgang mit Charlotte Krüger hilft Marlene, ihre Redescheu bis zu einem gewissen Grade zu überwinden. Charlotte scheint die einzige Person zu sein, die weiß, Marlene zum Sprechen zu bringen. Klug, erfahren, ein "Mannweib", bildet sie den genauen Gegensatz zu Marlene. Ganz männlich auch in ihrem äußeren Auftreten, muß sie die ihrem Geschlecht zugeschriebene Unterordnung vorspielen, um nicht die herrschende Rollenverteilung zu verletzen. Sie beteiligt sich an der Maskerade von Weiblichkeit, weil sie nicht ihrem einzigen Kinde schaden will.[10] In dem Künstlerinnenkreis um Charlotte muß Marlene merken, "daß ich eigentlich gar nicht verschlossen war", und daß es vielmehr die anderen sind, die sie stumm machen. Hier ist sie zum erstenmal fähig, ihre Stummheit abzuschütteln. "ich gab mich, wie ich war, redete, was mir in den Sinn kam. Es sprudelte in mir von launigen Einfällen, von Bildern, meine Seele jauchzte förmlich in der neuen geistigen Freiheit, in der ich wie auf hohen Bergen mit vollen Lungen atmete. Zuweilen sprach ich unwillkürlich rhythmisch" (171–72). Charlotte ist die Person, die Marlene lehrt, Walter zu sehen, "wie er wirklich war", und unter deren Einfluß Marlenes Naivität allmählich verschwindet. Sie hilft Marlene, ihre fortschreitende Selbstentfremdung zu überwinden. "Sie entband mich von der fremden Person in mir, vom Alpdruck der Schüchternheit, die sich wenigstens ihr gegenüber verlor. Ich wurde mit ihr ich selbst, und indem ich mich gab, entwickelte ich mich" (171).

Obwohl Marlene bei Charlotte zu ihrem eigentlichen Selbst findet, kann sie bei ihr keine Wurzeln fassen, weil sie Charlottes homoerotischer Zuneigung gegenüber fremd bleibt:

> Wenn sie mir mit ihrer rauhen Hand über das Haar strich, mir Stirn und Augen küßte und mich Mignon nannte, [. . .] dann durchströmte mich köstliches Behagen. Dann fühlte ich recht, wie ich geschaffen war, verwöhnt, gehätschelt, liebkost zu werden. . . Und doch—eigentlich liebte ich Charlotte nicht. Vielleicht nur deshalb nicht, weil ich für Frauen—ich sagte es schon—keine Zärtlichkeit empfinde. (169)

Das Problem weiblicher Homosexualität war zur Zeit der Erscheinung von Dohms Roman kein unantastbares Thema mehr. Um 1900 begannen die lesbischen Frauen allmählich ihre Stimme in der Öffentlichkeit durchzusetzen. Sie beriefen sich auf die von Magnus Hirschfeld entwickelte Theorie vom dritten Geschlecht. Wie Karl H. Ulrich führte auch Hirschfeld homosexuelle Neigungen auf eine besondere Veranlagung zu; er betrachtete die Homosexuellen als eine dritte Kategorie von sexuell orientierten Menschen, als ein "drittes Geschlecht" neben den zwei anderen Kategorien von Hetero-und Bisexuellen. Für Hirschfeld war die Homosexualität eine angeborene und keinesfalls anormale Erscheinung. Unterstützt wurden die lesbischen Frauen vor allem durch den radikalen Flügel der Frauenbewegung, der das Recht der Frau auf sexuelle Betätigung forderte und sich für die Abschaffung des Paragraphen 175 bzw. gegen seine Ausdehnung auf Frauen einsetzte. Die radikale Richtung wurde vor allem von Helene Stöcker vertreten, die wegen ihrer Forderung nach sexueller Freiheit außerhalb gesellschaftlich anerkannter Normen von den gemäßigten Frauen stark angegriffen wurde. Angesichts solcher Entwicklungen begannen die Lesbierinnen ihre Andersartigkeit unverhüllt zum Ausdruck zu bringen. Außer einigen Selbstaussagen lesbischer Frauen[11] wurden um 1900 auch Frauenromane veröffentlicht, die sich für die weibliche Homosexualität einsetzten.[12]

Dohms Roman berührt das Thema weiblicher Homosexualität; diese wird jedoch als etwas Negatives, als "unnatürliches Laster" dargestellt. Das ist im Falle von Dohm umso überraschender, als Dohm zu den entschiedensten Vorkämpferinnen für eine "neue Sexualmoral" gehörte. Als Helene Stöcker 1905 die Leitung des "Bundes für Mutterschutz und Sexualreform" übernimmt, wird Hedwig Dohm neben Maria Lischnewska, Adele Schreiber, Marie Stritt und Lily Braun Vorstandsmitglied des neugegründeten Bundes, der sich als Ziel setzt, "die sozialen Bestrebungen zum Schutz von Mutter und Kinde [. . .] mit der vorurteilslosen Erörterung des sexualethischen Problems überhaupt zu verbinden" (Stöcker, *Autobiographische Manuskripte*, zit. in Kokula 271). Sandra Singer erklärt in ihrem Buch *Free Soul, Free Woman?* die negative Interpretation der weiblichen Homosexualität in Dohms Roman damit, daß sich die Autorin im allgemeinen negativ zur Sexualität verhielt und in dieser kein Mittel zur Erlangung der Frauenemanzipation sah. Aus der betonten Aufmerksamkeit, die Sexualität und Sinnlichkeit im Roman bekommen, wird jedoch deutlich, daß Dohm keinesfalls die Sexualität ignorieren wollte, sondern vielmehr an einer neuen Qualität von Geschlechterverhältnissen interessiert war. So plädiert die Erzählerin im Roman für das Recht der Frau auf eigene Sexualität, die ihrer Wesensart nicht widerspräche. Für sie bedeutet eigene Identität auch eigene Sexualität:

> Starke, eigenartige Individualitäten, stark vielleicht auch in der Sinnlichkeit, sind subtiler in der Auslese, das Hindernis der Antipathie gegen den Gatten ist für sie im Verkehr mit ihm unüberwindlich. Es ist doch begreiflich, daß man nicht auf Befehl, nicht auf den Trauring hin lieben kann. [. . .]
> Mir scheint, die Schuld an dieser Schuld trägt die Ehe, ich meine die jetzige Form der Ehe, denn diese Ehe bedeutet oft genug eine Sünde gegen die Natur. Die Natur läßt sich eben nicht vergewaltigen. Schließlich bleibt sie immer Siegerin über alle Gesetze und Sitten der Welt. (202–203)

Diese tolerante Auffassung von Sexualität und Sinnlichkeit steht offensichtlich im Widerspruch zur negativen Interpretation der weiblichen Homosexualität und bildet eine Inkonsequenz in der argumentativen Struktur des Romans, die dem von der Autorin selbst entworfenen Bild entgegenläuft.

Bevor Charlotte auf ihrem Gut stirbt, wo sie sich angesichts der über sie verbreiteten Gerüchte zurückzieht, um ihrem Sohn keinen Schaden zuzufügen, hinterläßt sie Marlene eine Art geistiges Testament: "Trennung oder moralisches und geistiges Siechtum" und empfiehlt ihr die Scheidung von Walter. Obwohl Marlene zu dieser Zeit völlig desillusioniert bezüglich ihrer Ehe ist, kann sie sich nicht zu einer Ehescheidung entschließen. Sie muß aber ihre "weiblichen Tugenden" schließlich für absurd und ihrem eigentlichen Wesen fremd erklären:

> Ja, grau, aschfarben, saft- und kraftlos waren alle meine Tugenden, sie blühten nicht, sie zeugten nicht, sie hatten etwas Entblättertes, Dorniges. Und wenn ich mir's recht überlege, es waren ja gar nicht *meine* Bravheiten, ich hatte sie mir aufschwatzen lassen; die meinen, die sollten noch kommen, die mußten weittragender, beschwingter sein, mehr als bißchen bescheidene Geducktheit, mehr als der stumpfe Gehorsam gegen Sitte und Brauch. (186)

Nicht nur in Bezug auf Walter lüftet Charlotte die Binde vor Marlenes Augen; sie lehrt sie auch, ihren Gesellschaftskreis richtig einzuschätzen. In dieser Gesellschaft werden die Liebesintrigen toleriert, der Klatsch gilt als geistreich, die Hochstapler werden als "Virtuosen der Zunge" überall hochgeschätzt. Marlene lehnt sich gegen diese Gesellschaft auf; wie auch im Falle Agathes bleibt aber ihr Freiheitswille im Ansatz stecken: "Feige Geducktheit nach außen und innere Auflehnung gegen jede Schranke" (176).

Hedwig Dohm setzt sich in ihrem Roman ausdrücklich mit dem Problem der Vortäuschung von Weiblichkeit auseinander, die sie als Entstellung des eigentlichen Selbst der Frau präsentiert: Marlene Bucher sieht ein, daß die Frauen Erfolg in der Gesellschft haben, die mit "Worten und Gebärden" Koketterie üben. Sie spielen die Rollen vor, die man von ihnen erwartet, und in denen sie nur akzeptiert werden. Ihre Belohnung dafür ist, daß sie in der Gesellschaft—eben wegen der Maskerade und Vortäuschung—gefeiert werden. Es ist jedoch nicht ihr Wesen, sondern "Seelenverkleidung, wo man sich als Göttin, Elfe, Muse, Grazie verkleidete und, in zarte Schleier gehüllt, rätselhafte Tiefen, abgründige Geheimnisse ahnen ließ" (187). Sie sprechen nicht, sondern "plappern" automatisch eine Sprache, die nicht ihre Sprache ist: "plappernde, klappernde Nicht-Göttinnen der Verliebtheit". Das hat Marlene noch nicht gelernt: "Mittanzen einfach und natürlich" (184).

In seinem Werk weist Günter Häntzschel darauf hin, daß im 19. Jahrhundert fast alle Anstandsbücher für Männer spezielle Kapitel über den Umgang mit Frauen enthielten, und zitiert als stellvertretend für alle das von Emil Rocco, in dem die Konversation unter Männern als etwas anderes als die mit Frauen betrachtet wird.

> Die Unterhaltung mit letzteren ist eine schwerere; denn sie erfordert mehr Feingefühl und Rücksicht, und zugleich eine leichtere, d. h. das Objekt der Unterhaltung ist leichterer oder doch weniger ernster Natur. Demzufolge wird Damen gegenüber auf gewisse Gesprächsthemata von vornherein verzichtet werden müssen. (Zit. in Häntzschel 25)

Von der Frau erwartet man zwar freundliche Geselligkeit, diese darf jedoch nicht außerhalb des Rahmens unbedeutender und mehr oder weniger oberflächlicher Unterhaltungskunst gelangen. So wird die Frau als sprechendes Subjekt ausgeschlossen. Ihr Sprechen, selbst ohne eigenen Inhalt, hat mehr formellen Charakter: Es soll die echte Konversation zwischen den eigentlichen Gesprächspartnern ermöglichen und die dazu notwendige Atmosphäre schaffen. Solche Regeln wurden von der Mehrheit der damaligen Frauen weitgehend internalisiert und weiter verbreitet. Nach Isa von der Lütt sei z. B. in einem ernsten Gespräch der Frau anzuraten, daß diese "einen fragenden, Belehrung suchenden Ton festhalte und absprechende Urteile vermeide" (Zit. in Häntzschel 327). Was von der Lütt den jungen "Hauswesen" empfiehlt, ist die Kunst des Plauderns. Nur wenn sie diese "beneidenswerte Gabe" erlernten, könnten sie auf Erfolg in der Gesellschaft rechnen. Dazu sollten sie aber "nie mehr als die Musen, nie weniger als die Grazien" erscheinen und ihre Freunde und Bekannte "den Abend über unterhalten [. . .] nur durch die Kunst des Plauderns über alles und nichts, ernst und heiter, mit ein wenig Schalk und ein wenig Laune, ein wenig Witz und ein wenig Bosheit und mit viel Liebenswürdigkeit und Güte, Rücksicht und Selbstlosigkeit" (333).

Dohms Roman setzt sich eingehend mit dieser konflikthaften Beziehung zwischen Frau und Sprache auseinander. Die Protagonistin Marlene versucht, die Sprache der Verstellung zu sprechen, die man von ihr als Frau erwartet, und stellt mit Verwunderung fest, daß auch für sie nun "das ganze Arsenal begehrlicher Liebe in Bewegung gesetzt" wird. Es fällt ihr aber trotz ihres mimischen Talents schwierig, eine Sprache sprechen zu müssen, die ihr Selbst entstellen läßt. "Ich erinnere mich, zuweilen, wenn ich aus einer Gesellschaft nach Hause kam, verfiel ich in finstere Stimmung. Ich warf meine Gesellschaftsrobe zu Boden, riß mir das Haar auseinander, schnitt vor dem Spiegel eine höhnische Grimasse: So bist du" (190). Innerhalb der existierenden Ökonomie der Geschlechterverhältnisse muß Marlene ihre Eigenart als Persönlichkeit und Sexualwesen aufgeben. Diese Ökonomie stellt sie vor der Alternative, entweder die ihr fremde Sprache zu sprechen und an einem sexuellen Wunsch zu partizipieren, der nicht der ihrige ist, oder aber in ihrer Stummheit zu verkümmern. In der Ehe sieht sie ein "verlogene(s) Liebesspiel, das die Gattin zur gefälligen Dame macht" und in ihrer Bestimmungsrolle einengt, ohne ihr die sexuelle oder geistige Erfüllung zu gewähren. Mit bitterer Enttäuschung stellt die Erzählerin fest: "In meiner Ehe blieb ich eigentlich immer halb Witwe—halb Mädchen" (191). Die Heldin lehnt sich gegen die Tatsache auf, daß man die Frau immer wieder auf ihre Geschlechtlichkeit reduziert. So heißt es z. B. in Hinsicht auf einen Verehrer von Marlene und sein Verhältnis zu den Frauen: "Er liebte sie über alle Maßen, begriff aber einfach nicht, daß man am Weibe etwas anderes lieben könne als das Weibchen" (194).

In ihren Reflexionen über die Existenz und Erziehung der Frauen kommt die Erzählerin zur folgenden Schlußfolgerung: Die Gesellschaft ist es, die die Frauen nach ihren künstlichen Mustern modelliert. Diese Muster erweisen sich aber tödlich für ihre eigentliche Identität: "Die Gesellschaft impft uns mit einem Tropfen Gift, und wir tanzen und drehen uns und tanzen in scheinbar ungeheurer Lust, aber wir sterben an der Lust—unser besseres Teil wenigstens" (204).

Diese Erkenntnis versucht die Erzählerin Arnold, dem Freund, an den sie sich in der Erzählzeit ihrer Briefe wendet, mitzuteilen. Obwohl sie damals zu solchen Erkenntnissen gelangt, bleibt sie äußerlich gelähmt und in den gleichen "Statuten der Gesellschaft" verhaftet, die sie nun während des Schreibens einer Kritik unterzieht. Erst der Tod ihrer kleinen Tochter Traut, mit der sie eine besonders zärtliche Beziehung und Liebe verbindet, gibt ihr den entscheidenden Anstoß dazu, den letzten Schritt zu gehen. Marlene kommt zu dem Entschluß, ihren Mann und den kleinen Jungen, ihr anderes Kind, zu verlassen. Die "ewigen Wahrheiten" der Gesellschaft dekonstruiert sie als Produkte des menschlichen Gehirns.

> An einem Morgen erwachte ich mit einem Lachen. Ich hatte, wie so oft, von Traut geträumt... Da schwirrte etwas durch die Luft, ein Käfer, ein Maikäfer, der setzte sich auf Trauts Fingerchen... 'Na, so fliege doch, fliege!' sagte sie mit so unnachahmlicher Schelmerei im Ton, daß ich laut auflachen mußte. Das Lachen tat mir so wohl, und wachend wiederholte ich noch immer: Na, fliege, so fliege doch!
> Ja, warum flog ich denn nicht? Weit fort, da doch meine Heimat abgebrannt war?
> Von diesem Tag an reifte in mir der Entschluß, dem Hinsiechen und Hinkriechen ein Ende zu machen—fortzufliegen. Aber wie? Wohin? Etwa zurück zum Gesellschaftsleben? Nein, ich wollte mit dieser Welt nichts mehr zu tun haben, nichts mit ihren Verlogenheiten und falschen Pflichten und gelern-

ten kategorischen Imperativen, auch nichts mit ihren ewigen Wahrheiten, deren Ewigkeit so kurz ist wie unser Gehirn eng. (226)

In Rom, wo sie sich wegen Erkrankung an Tuberkulose niederläßt, beginnt Marlene, an ihren Aufzeichnungen zu arbeiten und die Geschichte ihres Lebens zu schreiben. Hier überschneiden sich auch die beiden Ebenen von Erzählzeit und erzählter Zeit. Die Erzählerin hatte sich während des Schreibens von Marlene, ihrem einstigen Identitätsbild, distanziert, um so zur "Wahrheit" über sich selbst zu gelangen. Sie ist lebenslang "gehorsam, dienstfertig, bescheiden" gewesen. Sie hat ihre Existenz zu demütig einem Identitätsbild angepaßt, das nicht das ihrige gewesen ist: "Und so bin ich—immer nur ein Schatten, den die anderen warfen—zu einer undefinierbaren, verschwommenen, farblosen Nichtindividualität geworden" (223).

Dohms Roman beschreibt die verschiedenen Stationen der Identitätssuche einer Frau, die sich in der Gesellschaft ständig als fremd erlebt. In der Ankündigung des Romans bezeichnet die Autorin ihre Heldin als "eine Fremde, die eine Heimat sucht, eine von der Sinnenwelt Enttäuschte, die schließlich [. . .] ins Übersinnliche hineindämmert" (in Rahm 146).

In Rom, wo sich Marlene endlich frei fühlt, triff sie Adalbert, einen Deutschen, der hier an einem wissenschaftlichen Werk über die Renaissance schreibt. Adalbert öffnet ihr die Augen für die Schönheiten Roms. Romberauscht, verliebt sie sich in ihn und möchte ihre Heimat, das Land, wo sie "mutterlos" war, sowie die Sprache vergessen und nur "in Bildern reden". Parallel zur Liebeserfahrung entwickelt die Heldin ein neues Verhältnis zur Sprache. Sie möchte eine "andere" Sprache sprechen, die Reales und Erfühltes, Intellekt und Gefühl mit einschließt. In solchen Momenten nimmt auch die Sprechweise der Erzählerin einen ausgesprochen lyrischen Charakter an:

Brauche ich in Rom Wissen, Kenntnise? Der Himmel hier, die Ruinen, die Natur lösen in ihrer glühenden Beredtsamkeit Welträtsel. Die Steine predigen, ich höre Psalmen und das hohe Lied der Liebe, der Schönheit; beides ist eins. [. . .]
Lieber, lieber Arnold, bitte, sage nicht, daß, was ich da schreibe, geschraubt ist, unnatürlich. Man kann nicht schlicht und verständig bleiben, wenn über uns der Himmel mit seinem singenden, siegenden Blau alles verseligt. . . Alles ist ja hier Bild, Symbol, magischer Zauber. Und meine Seele jauchzt, und singendes, siegendes Blau ist auch in ihr. (256)

Obwohl Marlene Adalbert liebt, kann sie nicht so frei mit ihm verkehren, wie mit Arnold. Da bei ihr alles extatisch, fließend geworden ist, enttäuscht sie Adalberts nüchtern-pedantischer Ästhetizismus. Adalbert hat die Tendenz, alles zu ästhetisieren und geht völlig in seinen Untersuchungen auf. Alle seine Betätigungen tragen den Stempel der Künstlichkeit. Auch in Marlene sieht er nur Teile seiner Kunstwerke: "Er kann sich aufs liebevollste in jede einzelne Linie eines schönen Renaissance-Kopfes vertiefen und sich danach in den Kopf verlieben. Er hat immer behauptet, was ihn zuerst bei mir angezogen, wäre meine Ähnlichkeit mit einem Kopf von Sodoma gewesen" (269). Als Marlene vorschlägt, Adalbert beim Schreiben seines Buches zu helfen, lehnt dieser mit der Ausrede ab, "das sei schwere und tiefe Mannesarbeit". Die Heldin sieht mit der Zeit ein, daß er ganz trivial und ein "Sklave der Schönheit" ist, dessen anspruchsvolle Erscheinung sich kaum mit seinem übrigen Wesen deckt.

Marlene quält die Erkenntnis von der Geschichtslosigkeit und Selbstentfremdung der Frauen: "So überreich an quellender Innerlichkeit sind viele, viele Frauen, aber sie können zu ihrer eigentlichen Individualität nicht kommen. Umdornt von Vorurteilen bleiben sie Fremdlinge der Menschheit und leben ein fremdes, nicht ihr eigenes Leben" (299). Sehnsucht und Melancholie charakterisieren das Wesen der Frauen, weil sie nie zur Entfaltung ihrer individuellen Daseinsart gelangen: "Die Sehnsucht mit den blassen Vergißmeinnichtaugen ist das Glimmen eines Funkens, der Flamme werden will und Asche werden muß, ohne je geleuchtet zu haben".

Diese erlittene Wahrheit möchte Marlene einigen bekannten Malerinnen und Künstlerinnen, die sich zur gleichen Zeit in Rom aufhalten, mitteilen. Wie ein weiblicher Zarathustra will sie ihr neues "Menschentum" unter den Frauen verkünden, muß aber einsehen, daß ihr die Stimme dazu fehlt: "die Verkündigung, fürchte ich, war ein Stammeln und ganz ohne weiße Lilie. . ." (301) Ihre Stimme löst in den anderen nur Gelächter aus: "Uralte, granitfeste Mauern wie die vor dem gelobten Lande stürzen nur vor Posaunenklängen. Und die kleine Flöte, die ich blase, ist Geflüster" (302).

Nach dem Scheitern dieses politischen "Apostel-Seins" und der Enttäuschung mit Adalbert, die für Marlene praktisch eine Abkehr von den sexuellen Beziehungen bedeutet, endet eine wichtige Phase in ihrem Leben. "Ich habe Abschied genommen von dem Glauben an den idealen Kern der Liebe zwischen Mann und Frau. Wer hat sie denn auf den Thron gesetzt, diese Liebe?" (290) Von nun an sehnt sich Marlene nach einer anderen Liebe, die geschlechtsspezifische Gebundenheit überwindet, und träumt von einer unterschiedlichen Ökonomie zwischenmenschlicher Beziehungen, wo diese in anderen, noch unbekannten Dimensionen existieren können. "Gibt es nur Schönheit in Farben, Formen, Tönen? . . . Kann ich nur einen Menschen, nur einen Mann lieben? Können wir nicht Ideen zärtlich hegen wie einen Geliebten?" (297) Das Treffen mit der russischen Theosophin Helena leitet deshalb notwendigerweise eine neue Etappe in ihrem Leben ein. Sie läßt sich von Walter scheiden und schließt sich der theosophischen Gemeinschaft Helenas an.

In der Gestalt von Helena schildert Dohm eine reale Person—Helena P. Blavatsky (1831–1891), die größte Okkultistin des 19. Jahrhunderts. Zusammen mit Henry Steel Olcott gründet Blavatsky 1875 in New York die Theosophische Gesellschaft. Die Gründung der Gesellschaft steht zweifelsohne im Zeichen des großen Aufblühens der okkulten Bewegungen gegen Ende des vorigen Jahrhunderts, als zahlreiche asiatische Texte mit religiösem Inhalt von den Orientalisten übersetzt werden. Die Mitglieder der Gesellschaft kämpfen gegen den Dogmatismus des Christentums, seine äußere Form der Kirchlichkeit und gegen den Materialismus der Wissenschaft. Ihr Hauptziel ist die Popularisierung der östlichen Religion und Philosophie in dem Westen. Sie sind darum bemüht, durch die Vereinigung aller Weltreligionen einen "Kern universaler Bruderschaft der Menschheit zu bilden ohne Unterschied der Rasse, des Glaubensbekentnisses, des Geschlechts, der Kaste oder der Hautfarbe" (Holthaus 25).

In der Einführung zu seinem Werk *The Inner Life of Theosophy* hebt James R. Lewis den engen Zusammenhang zwischen der theosophischen und der Frauenbewegung hervor. Er weist darauf hin, daß die Mitgliederschaft und die frühe Führung der Theosophischen Gesellschaft von Frauen dominiert wurden. Den Frauenproblemen, der Gleichstellung der Frau und dem Aufbau des Erziehungssystems schenkt die Gesellschaft besondere Aufmerksamkeit. Ihre Mitglieder beteiligen sich an allen reformatorischen Bewegungen der Zeit und betrachten sich als Teilnehmer an einer welttransformierenden Bewegung, "one that would effectively reshape the world into a truer reflection of divine realities" (Lewis, Introduction).

Im Jahre 1878 fahren Blavatsky und Olcott nach Indien. Damit wird auch das Hauptquartier der Theosophie nach Indien verlegt. In Bombay wenden sie sich öffentlich gegen das Kastenwesen, die christliche Missionstätigkeit und die Unterdrückung der Frauen. 1884 unternehmen die beiden eine lange Europareise. Während dieser Reise weilt H. P. Blavatsky meist in Paris und Deutschland und erfreut sich großen Erfolgs.[13] Es werden überall neue Gruppen und Sektionen der Gesellschaft gegründet.[14] Der Haupttext der Gesellschaft, Blavatskys Werk *The Secret Doctrine* (1888), wurde auf Deutsch unter dem Titel *Die Geheimlehre* (1897–1901) veröffentlicht. Dohm soll Zugang zu der von der Theosophischen Gesellschaft ausgehenden Literatur gehabt haben. Daß sie außerdem durch das Werk Schopenhauers, der die wichtigsten Konzepte des Buddismus in Deutschland popularisiert, beeinflußt wurde, steht außer Zweifel. Der Philosoph, mit dessen geistigem Gut sich die Erzählerin auseinandersetzt, wird in Dohms Roman ausdrücklich erwähnt.

In Rom erlebt Marlene die christliche Religiosität mit ihrer Symbolik und kirchlichem Glanz als anachronistisch und unecht, die Frömmigkeit des Volkes erscheint ihr als Befriedigung niederer Instinkte. Besonders als Frau fühlt sie sich von dem sexistischen "Hochmut" dieser Religion abgestoßen, einer Religion, in der die Heilige Jungfrau als Symbol glorifiziert, die reale Frau jedoch nur als minderwertiges Geschlecht aufgefaßt wird.

> Ich wurde wieder aus einer Kapelle fortgewiesen, weil irgendeine heilige Relique Weibern nicht gezeigt werden durfte. Und über dem Altar dieser Kapelle hing eine Madonna mit der himmlischen Hoheit im vergeistigsten Antlitz. Ich, anstelle dieser Madonna hätte, anstatt vergeistigt auszusehen, wie ein Drache Feuer gespien. [. . .] Es fiel mir ein, daß Adalbert sich immer nur einen Knaben gewünscht hatte, um das Kunstwerk eines edelschönen Menschen aus ihm herauszubilden. Mädchen waren nicht der Mühe wert. (297–98)

Mit dieser Kompromißrolle des christlichen Jungfrau-Kultus setzt man sich heute in der feministischen Kritik auseinander. Julia Kristeva vertritt in ihrer Studie "Stabat Mater" die Meinung, daß dieser Kultus den Frauen eine spezifische Art und Weise der Identifikation mit der Mutter ermöglicht, die ihnen erlaubt, in die symbolische Ordnung einzutreten. Nach der französischen Theoretikerin ist das eine Identifikation mit der Heiligen Mutter und mit dem Wort zugleich, durch welches diese geprägt ist, denn die Heilige Mutter ist die symbolische Mutter. Sie empfindet kein Vergnügen—ihr Körper ist dem Namen des Vaters untergeordnet. Gleichzeitig werden durch den Jungfrau-Kultus die beunruhigenden Aspekte der Mutterschaft verdeckt. Die Mutter stellt eine Gefahr für die symbolische Ordnung dar. Durch ihre Lust (*jouissance*) droht sie, Subjekt (ihres Vergnügens) zu werden, statt *das Andere* zu bleiben, dem gegenüber sich das männliche Subjekt konstituiert. Nach Kristevas Ansicht ist die Mutter als seltsame Mischung aus Kultur und Natur zu bezeichnen, die nicht gänzlich in der symbolischen Ordnung aufgeht. Der Kultus zur Jungfrau soll deshalb Mutterschaft und Mütter durch die Gewalt kontrollieren, die er ihnen antut. Es ist eine Gewalt durch Glorifizierung: Die Heilige Jungfrau wird eben wegen ihrer "unbefleckten Empfängnis" idealisiert. So versucht das Symbolische, durch den Kultus der jungfräulichen Mutterschaft das Undefinierbare der Mutter, ihr "Außer-dem Gesetz-stehendes-Vergnügen" zu eliminieren und die Spannung zwischen dem Mütterlichen und dem Symbolischen zu vertuschen (*The Kristeva Reader* 160–85). Auch in ihrem Buch *Die Chinesin* ("Jungfrau des Wortes") deutet Kristeva darauf hin, daß das universalistische Christentum die Frauen zwar an der symbolischen Gemeinschaft teilhaben läßt, jedoch nur unter der Bedingung der Jungfräulichkeit oder der Sühne für die Lust, des Martyriums. "Zwischen diesen zwei Extremen nimmt die Mutter an der Gemeinschaft des christlichen Wortes nur teil, indem sie ihre Kinder für die Taufe vorbereitet, nicht aber indem sie sie gebiert" (250). Die zwei Extreme der Melancholikerin und der Extatikerin exemplifizieren nach Kristeva die beiden Wege der Beteiligung der Frau an der christlichen symbolischen Ordnung.

Von der Theosophie erhofft sich die Heldin Zugang zum Öffentlichen sowie persönliche und geistige Emanzipierung. Im Spiritualismus der Theosophie, die "keine Geburts- und Geschlechtsvorrechte" kennt, glaubt sie die Grenzen, die das Symbolische für sie als Frau festlegt, zu überwinden und zu den "reinen" Formen ihrer Identität als Persönlichkeit zu gelangen. "Und es ist auch so ureinfach, was ich in der neuen Gemeinschaft will. Gut werden will ich, ganz einfach gut, frei von allem, was nicht zu mir gehören soll, nicht soll" (311). Obwohl Marlene mit der Theosophie ihre neue Hoffnung verbindet, wird diese als Lösung nicht idealisiert, sondern bereits im Akzeptieren zum Teil dekonstruiert: "Am Ende weiter nichts als eine neue Liebschaft" (317). Zweifel hegt sie auch an der Möglichkeit der Erlangung einer neuen Identität: "Ich halte ein Stück magisch beleuchteten Äthers für den wahrhaftigen Himmel und eine kranke Somnambule für eine Hohepriesterin" (318). Trotzdem entscheidet sie sich, Rom zu verlassen: Indien, wohin Marlene zusammen mit Helena fahren wird, soll die nächste Station ihrer Suche nach Identität werden.

Daß der Roman *Schicksale einer Seele* wichtige Einblicke in Dohms persönliche Entwicklung gewährt, wenigstens bis in die Zeit ihrer Heirat, steht außer Zweifel. In ihrem Buch *Hedwig Dohm als Vorkämpferin und Vordenkerin neuer Frauenideale* (1914) bezeichnet Adele Schreiber den ersten Teil von Dohms Roman als Bekennntisbuch, in dem "die eigene, sonnenarme Jugend der Verfasserin, wie sie mir selbst sagte, vollständig getreu erzählt ist" (74). Die Autorin beschreibt die junge Dohm als ein "scheues und verschlossenes Kind, dessen Feinheit und zarte Besaitung von den robusteren Geschwistern abstach" (12).

Im Jahre 1853 heiratet die 21jährige Hedwig Schleh Ernst Dohm (1819–1883), den bekannten Humoristen und Chefredakteur des humoristisch-satirischen Blattes "Kladderadatsch", der sich während der Vormärzereignisse mit den Linken in Verbindung setzt. Er wird durch seine witzige Zeitschrift und später durch das Lustspiel "Der Trojanische Krieg" sowie die Übersetzung der Fabeln Lafontaines berühmt.[15] Die Dohmsche Wohnung in der Potsdamer Straße 27 ist zu dieser Zeit eines der Zentren des literarisch-gesellschaftlichen Lebens in Berlin. In seinem Artikel anläßich des hundertsten Geburtstages von Ernst Dohm beschreibt ihn Max Osborn nicht nur als schlagfertigen Debatter und einen Mann von "staatsmännischer Einsicht", sondern auch als den fröhlichsten und gastfreundlichsten Hausherrn, der aber auch noch in späten Jahren "durch Sorglosigkeit und Freigiebigkeit gelegentlich in studentische Ungelegenheiten geraten konnte" (Zit. in Dohm, *Emanzipation* 203).

Der Übergang aus der begrenzt-philiströsen Umgebung ihres elterlichen Hauses in die intellektuell-verfeinerte Atmosphäre des Dohmschen Salons, wo Berlins intellektuelle Elite verkehrt, ist sicher nicht glatt für die junge und schüchterne Hedwig gewesen und soll tiefe Minderwertigkeitskomplexe in ihr hevorgerufen haben. Dazu kommt auch die leichtfertige und unbeständige Natur ihres Mannes. In ihrem Buch über *Die Begründerinnen der deutschen Frauenbewegung* (1907) bemerkt Anna Plothow, daß Hedwigs Ehe mit Ernst Dohm "reicher an Leid als an Freuden" gewesen ist: "Der Gatte kränkte sie durch Leichtsinn und Untreue, ihr einziger Sohn starb jung" (139). Hedwig Dohm hat sich nicht ausdrücklich über ihr Eheleben geäußert. Der Roman, in dem die Autorin in der Ehe von Marlene und Walter Bucher ihr eigenes Zusammenleben mit Ernst Dohm beschreibt, ist deshalb besonders aufschlußreich in dieser Hinsicht.

Aus den verschiedenen Erinnerungen an Hedwig Dohm wird außerdem ersichtlich, daß die Autorin genauso wie ihre Heldin Marlene Bucher lebenslang an einer Sprachkrise gelitten hat. Alle Personen, die Dohm persönlich gekannt haben, charakterisieren sie als scheu und zaghaft. Ironischerweise wird sie durch ihre polemischen Schriften als Schriftstellerin bekannt. Die Schärfe ihrer Feder ist es, die sie berühmt macht. Ihre Streitschriften "Was die Pastoren von den Frauen denken" (1872), "Der Jesuitismus im Hausstande. Ein Beitrag zur Frauenfrage" (1873), "Der Frauen Natur und Recht" (1876), in denen sie sich gegen das traditionelle Hausfrauenideal auflehnt, rufen in Berlin großes Aufsehen hervor und gewinnen ihr den Ruf einer besonders kühnen Pamphletistin. Aggressiv und vermessen in ihren Streitschriften, bleibt sie als Person immer zart und schüchtern. Die "wilde Streiterin" der Feder tritt nie als Rednerin hervor und leidet an einer seltsamen Unmöglichkeit zum Sprechen (Schreiber 48):

86 ÜBERGANGSGESCHÖPFE

> Diese unerschrockene Kämpferin, die mit den schärfsten Klingen drauflosging, die sich nie gescheut hat, Unerhörtes zu schreiben, unbekümmert um Angriffe, Spott und Verlästerung, die sich nie fürchtete, sich über die größten Autoritäten lustig zu machen, ist im persönlichen Verkehr von so großer Bescheidenheit, ja Zaghaftigkeit, daß sie es nie über sich gewinnen konnte, öffentlich auszusprechen, was sie so meisterhaft durch ihre Feder der Öffentlichkeit sagte. Selten dürfte es eine solche Synthese grenzenloser Güte geeint mit unbeugsamer Kampfnatur geben; ich habe es aus Hedwig Dohms eigenem Munde gehört, wie schwer ihr jedes "Neinsagen" wird. (46)

Maria Gagliardi, die dritte von Hedwig Dohms vier Töchtern, gefragt in einem Interview mit Adele Schreiber nach biographischem Material aus den früheren Jahren Hedwig Dohms, beschreibt ihre Mutter als "eine stille Natur, deren stärkste Erlebnisse innerliche waren" (Zit. in Schreiber 47). Was die Beziehungen zwischen ihrer Mutter und dem Kreis bedeutender Persönlichkeiten befrifft, der im Dohmschen Haus verkehrt, berichtet Maria Gagliardi folgendes: "Es mag wohl sein, daß Mutter allen unbewußt die Seele dieses Kreises war, aber sie selbst hat sich immer so sehr im Hintergrund gehalten, daß ich fast nichts davon zu erzählen wüßte" (47). Schreiber führt diese Schüchternheit Dohms auf eine besondere Veranlagung zurück: "Ihrer Veranlagung widerstrebte es stets, persönlich irgendwie in den Vordergrund zu treten". Es steht jedoch außer Zweifel, daß auch andere Faktoren an dieser fortwährenden Sprachkrise eine wichtige Rolle gespielt haben. Dohm hat nämlich sehr an ihrer ungenügenden Bildung gelitten. "Der Mangel wissenschaftlicher Schulung hat mich oft bis zur Verzweiflung niedergedrückt", sagt die Autorin in einem Gespräch mit Anna Plothow (Plothow 139). Im Dohmschen Salon und neben ihrem "allseitig begabten" Gatten muß sie diesen Mangel besonders scharf gefühlt haben.

Nach dem Erfolg ihrer polemischen Schriften der 70er Jahre, in denen sie sich für die freie Selbstbestimmung der Frauen und für deren politisches Stimmrecht einsetzt, und einigen Lustspielen, die in der gleichen Zeitperiode veröffentlicht werden, "hüllt sich Hedwig Dohm wieder in Schweigen" (140). Ihre Novellen und großen Romane erscheinen erst nach dem Tode von Ernst Dohm—in den 90er Jahren des neunzehnten und im ersten Jahrzehnt des zwanzigsten Jahrhunderts. Die Enkelin von Hedwig Dohm und Tochter der Maria Gagliardi, Hedda Korsch teilt in ihren Erinnerungen an Hedwig Dohm folgendes mit:

> Über ihre Begegnung mit Ernst Dohm und über ihre spätere Beziehung zu ihm hat Mimchen [Hedwig Dohm—L. S.] nie mit mir gesprochen. Sie erwähnte öfter das Gefühl von Befreiung, sprach aber nie über Ernst Dohm als

Mensch oder als Ehemann. Daher ist mir über die Zeit des 'Salons' nichts bekannt. Ebenso wenig weiß ich, was ihr den Mut gab nach dem Heranwachsen ihrer Kinder mit Schriften an die Öffentlichkeit zu treten. (Zit. in Rahm 20)

Hedda Korsch erwähnt ebenfalls, daß ihre Großmutter sehr geistreich, aber zart, empfindlich und "in vieler Beziehung schüchtern" gewesen ist (22). Hedwig Dohm sei immer besonders peinlich gewesen, persönlich in die Öffentlichkeit aufzutreten.

Meiner Erinnerung nach hat sich Hedwig Dohm keiner Organisation angeschlossen, hat auch nicht an Versammlungen teilgenommen, geschweige denn Vorträge gehalten, oder sich auf Diskussionen eingelassen. Sicher hat sie dadurch manche Gesinnungsgenossen enttäuscht. Mimchen und ich haben oft darüber gesprochen. Die einzige Begründung, die sie gab, war ihre schon erwähnte Schüchternheit. Hedwig Dohm fühlte ihren Mangel an formaler Bildung, und sie war außerordentlich empfindsam gegenüber Lärm und Menschenmengen, von denen sie sich überwältigt fühlen würde. (25)

Hedda Korsch zufolge ist Hedwig Dohm ein "mutiger Angreifer auf dem Papier" gewesen (25). Dieses besondere Naturell der Autorin und die Tatsache, daß Dohm kein Vereinsmensch gewesen ist, hebt auch Anna Plothow hervor: "Ihre feine, sensible, eigenartige Natur fühlte für die schablonenhafte Kleinarbeit des Vereinslebens keine Neigung" (140). Obwohl Dohm mit Frauen wie Helene Lange, Adele Schreiber, Alice Salomon, Lily Braun, Ellen Key u. a. verkehrt, die wichtige Funktionen innerhalb der Frauenorganisationen hatten, beteiligt sie sich nicht aktiv an der Frauenbewegung und zieht es vor, sich auf den "Kampf mit der Feder" zu beschränken (Schreiber 93).

Die im vierten und fünften Kapitel der Arbeit untersuchten Romane von Gabriele Reuter und Hedwig Dohm machen den Zusammenhang zwischen Sprach-und Geschlechterproblematik deutlich und demonstrieren den Verlust weiblicher Integrität in den mittleren Oberschichten der beschriebenen Epoche.

Aufgrund ihres Geschlechts erleben sich die Protagonistinnen bereits in ihrer Kindheit als minderwertig. Für beide ist die Beziehung zur Mutter ein unerträgliches Verhältnis. "Wo meine Mutter war, war ich nicht ich", sagt Marlene Bucher (*Schicksale* 81). Beide zeichnen sich durch eine eigenartige (Sexualitäts)scheue und Schweigsamkeit aus. Bei Marlene Bucher werden die realen geschlechtlichen Beziehungen abgebrochen, und bei Agathe Heidling kommt es gar nicht zu solchen Beziehungen. Beide Heldinnen versuchen durch unterschiedliche Entreißungsversuche, über die bestehende Ökonomie der Geschlechterverhältnisse hinauszugelangen. Für Agathe führt der Weg in die Hysterie, für Marlene in die Spiritualität.

Die Schweigsamkeit der Hauptfiguren kann als Versöhnung mit der Vertilgung ihrer weiblichen Subjektivität oder aber als Widerstand dagegen betrachtet werden. Was sie durch ihre Stimme nicht erreichen können, versuchen sie durch das geschriebene Wort: Im Schreiben konstruieren sie ihre Identität, die ihnen in der Wirklichkeit versagt bleibt. Obwohl Agathe Heidling im Unterschied zu Marlene Bucher nie zur Realisierung ihres Wunsches gelangt, ein Buch über sich zu schreiben, beginnt sie unmittelbar vor ihrer Erkrankung, Tagebuch zu führen. Dieses Tagebuch registriert ihr verzweifeltes Ringen gegen den endgültigen Verlust ihres Ichs: Schreibend versucht sie, wenigstens "einmal in sich selbst hinein(zu)schauen" und ihr verschwindendes Ich zu retten.

Die der Analyse unterzogenen Abschnitte aus den Biographien von Gabriele Reuter und Hedwig Dohm zeigen, daß nicht nur die Heldinnen, sondern auch die Autorinnen selbst ihr Verhältnis zur Sprache als problematisch erlebten. Durch das Schreiben überwinden sie die gesellschaftliche Konvention und damit ihr eigenes Verstummt-Sein als Frauen. Im Prozeß des Schreibens werden Protagonistinnen und Autorinnen Subjekte ihrer (Lebens)geschichten und erhalten eigene Stimme. Diese Stimme ist aber "still", weil sie nur innerhalb ihrer Texte existiert. In der Realität, in der die Sprache regiert, bleiben sie zurückhaltend und geduckt. Diese spezifische Position und Funktionsweise der Frau innerhalb des Systems von Sprache und Gesellschaft hebt Julia Kristeva hervor. Sie ist der Ansicht, daß sich die weibliche Identität als eine besondere Wirkung im Bereich des Symbolischen entziffern lasse. Nach Kristeva bezieht sich diese Besonderheit auf die Art und Weise, wie sich die Frau innerhalb des gesellschaftlichen Zusammenhangs von Macht und Sprache erfährt.

> Der 'Effekt Frau' ist in unseren monotheistisch-kapitalistischen Gesellschaften ein besonderes Verhältnis zur Macht und damit auch zur Sprache, zur Macht der Sprache. Dieses besondere Verhältnis besteht darin, weder Macht noch Sprache zu besitzen, sondern in einer Art stummer Unterstützung wie eine Arbeiterin hinter den Kulissen zu fungieren, eine Art Zwischenglied zu sein, das selbst nicht in Erscheinung tritt. (Zit. in Gürtler 19)

Die unterdrückte Sexualität der Heldinnen in beiden Romanen geht mit einem Identitätsverlust einher und äußert sich als ständige Sprachkrise. Weder Agathe noch Marlene können sich innerhalb der existierenden Geschlechterdichotomie als sprechende Sexualwesen verwirklichen. Sie verweigern sich der Realität gegenüber und erleben ihre Individualität und Sexualität nur sprachlos—im Rahmen imaginärer Lustbarkeiten.

Helene Böhlau

6

Helene Böhlau: *Rangierbahnhof*

Zwischen Helene Böhlau (1856–1940) und Franziska von Reventlow (1871–1918) lassen sich außer ihrer schriftstellerischen Tätigkeit zahlreiche andere Parallelen feststellen. Beide führte der gesellschaftliche Skandal aufgrund ihrer Lebensweise zum Bruch mit Familie und Umwelt; beide lernten den Orient kennen und erlebten seine Andersartigkeit als positiven Gegensatz zur deutschen Wirklichkeit. Gemeinsame Erfahrungen waren für beide das Kranksein und die ständigen Geldsorgen. Die Arbeit an den Romanen, die hier der Analyse herangezogen werden sollen, war für beide Autorinnen mit dem Erlebnis ihrer Mutterschaft verbunden.

Die Romane spielen im München der Jahrhundertwende und setzen sich mit der Künstlerinnenthematik der Zeit auseinander. Die Schilderung der Protagonistinnen, die in beiden Texten Malerinnen sind, vergegenwärtigt eine jeweils spezifische Antwort auf die Spannung zwischen Frauenbestimmung und Künstlerinnenexistenz.

Die Untersuchung dieser zwei Romane konzentriert sich auf das Selbstverständnis der Frau als Künstlerin und ihre Einstellung zur eigenen Kreativität. Von besonderem Interesse ist die Präsentation der Künstlerin und ihrer Forderung nach öffentlicher Anerkennung, sowie die Beantwortung der Frage, ob und inwieweit ihre Darstellung den üblichen Auffassungen von der künstlerischen Inferiorität der Frau entgegenläuft.

Helene Böhlau, die 1882 Novellen und Romane zu veröffentlichen beginnt, wird durch ihre geistreichen *Ratsmädelgeschichten* (1888) bekannt, die eine heitere Jugendwelt beschreiben und ihr großen Beifall ernten. Später wurden diese wegen des großen Erfolgs immer wieder erweitert—*Ratsmädel-und Altweimarische Geschichten* (1897*), Altweimarische Liebes-und Ehegeschichten* (1897), *Sommerbuch* (1902), *Die Kristallkugel* (1903) u. a.

Die Buchausgabe von Böhlaus *Rangierbahnhof* erscheint im Jahre 1896. Dieser Roman, den man als künstlerisch wertvoll preist, leitet die bedeutendste Schaffensperiode der Autorin ein.[1] 1896 veröffentlicht Böhlau auch *Das Recht der Mutter*, einen Roman, in dem die Autorin wie Gabriele Reuter im *Tränenhaus* (1909) für freie Mutterschaft kämpft. In diesen gesellschaftskritischen Werken und im *Halbtier*

(1899), dem vielleicht widersprüchlichsten und bekanntesten Frauenroman der Jahrhundertwende, wendet sich Böhlau der Frauenproblematik zu.

Böhlaus *Rangierbahnhof* beginnt mit der Geschichte des Kunstmalers Friedrich Gastelmeier, der seine Junggesellenwohnung in München wechseln möchte. Er zieht bei einer Familie ein, die sich zu Gastelmeiers Unglück als ein lebendiger "Rangierbahnhof" erweist. Obwohl ihm die unruhig-rangierende Lebensweise der Kovalskis gar nicht zusagt, bleibt Gastelmeier in deren Wohnung, weil er sich in die Tochter Olly, eine junge und begabte Malerin, verliebt.

Olly hat sich ganz der Malerei gewidmet: Kunst und die Arbeit als Malerin sind ihr das Wichtigste im Leben. Auf Drängen ihrer Familie willigt sie ein, Gastelmeiers Heiratsantrag anzunehmen. Sie kann aber die Ansprüche ihrer Künstlerinnenexistenz nicht mit ihren Hausfrauenpflichten in Einklang bringen. Ihrem unbezwingbaren Willen zur Kunst steht der gutmütige Gastelmeier, der auf häusliches Glück gerechnet hat, völlig verwirrt und hilflos gegenüber. Die Heldin träumt von Ruhm und Ansehen, muß jedoch ihre Ambitionen wegen unheilbarer Krankheit aufgeben. An der Schwelle der gesellschaftlichen Anerkennung angelangt, stirbt sie im Alter von zweiundzwanzig Jahren an Halskrebs.

Der erste Teil und das Ende des Romans sind aus Gastelmeiers Perspektive erzählt, während im mittleren Teil Ollys Blickwinkel überwiegt. Dabei geht die persönliche Erzählhaltung jeweils in die auktoriale Erzählposition der Autorin über und umgekehrt.

Böhlau begegnet Gastelmeier mit distanzierter Ironie und präsentiert ihn als gutherzig, aber einfältig und spießbürgerlich. Er stammt aus bäuerlicher Familie und ist in einem Gehöft im bayrischen Allgäu aufgewachsen. Von zu Hause guten Lebens gewohnt, hält Gastelmeier vor allem auf Ruhe und Gemütlichkeit. In München bildet er sich zum Maler aus, ist aber als Künstler nur mittelmäßig. Das Malen ist ihm nichts als eine "stille Beschäftigung".

> Für einen Künstler etwas pedantisch, daher 'Büchselmeier', aber gegen seine Künstlerschaft war eigentlich nichts einzuwenden. Er arbeitete simpel vor sich hin, ohne viel Aufhebens.—Und was er fertig brachte, hatte auch so etwas Simples, Gutes. Er war Landschafter, malte fleißig und verkaufte sogar, und das will viel sagen. (31)

Anfänglich zögert Gastelmeier, bei den Kovalskis einzuziehen. Die Unordnung und die artistische Einrichtung der Wohnung erwecken sein tiefes Mißtrauen.

Aus einer Kommode hingen einige Bänder heraus und ein wirrer Klumpen, den allerhand Fäden und Schnürchen und Läppchen und Schnitzel gebildet hatten. [...] Gastelmeier vertiefte sich in diesen Anblick und dachte dabei an das Heiligtum, das seiner Mutter Nähwerkzeuge und Materialien darstellten, und es wurde ihm klar, daß das bewußte Inserat in den "Neuesten Nachrichten" nicht das rechte für ihn sei. (39–40)

Der an mütterliche Gemütlichkeit gewohnte Kunstmaler verspürt überall in der Wohnung der Kovalskis Unglücksstellen und bedauert seine alte Wohnung aufgegeben zu haben. "Ruhig ging es in diesem Hause nicht zu—da war etwas—etwas, was er selbst noch nicht klar im Bewußtsein hatte, etwas Beängstigendes, Quälendes, und das lag in der Luft, die ganze Wohnung war voll davon" (62).

Gastelmeier ist ein naiver "Schwärmer in Bezug auf die Frauen" und teilt völlig traditionelle Weiblichkeitsvorstellungen. Sein Ideal deckt sich mit dem Bild seiner Mutter, der "einfache(n) Frau". Dieses Bild ist jedoch nicht fest umrissen, sondern stellt vielmehr eine unklare Vorstellung dar, die ihn von seiner Kindheit an begleitet. "Von einer Frau verlangte er—was er selbst nicht in Worte fassen konnte, was ihm aber im Gefühl fest und klar lag" (42). Seiner Meinung nach soll die Frau vor allen Dingen mütterlich wirken. Frau Kovalski erscheint ihm dagegen zu "madamig" und "vergeistert". Sie hat unruhige Augen, die nicht von Ruhe und Behagen sprechen, sieht wie ein "altes Fräulein" aus und besitzt nach Gastelmeiers Urteil nichts Mütterliches.

> Eine Frau muß gemütlich aussehen. Man muß sich bei ihrem Anblick allerlei Angenehmes, Seelenberuhigendes vorstellen können, gut zubereitete Lieblingsspeisen, einen appetitlichen Wäschschrank, liebevoll sauber gehaltene Betten, ungezählte Gutenachtküsse, die sie ihren Kindern gegeben und von ihnen bekommen hat, so viel Pflege und Liebe, die sie ihr Lebtag ausgeteilt hat, das muß alles so von ihr ausstrahlen, wie das Licht vom Monde. (41–42)

Im Hause Kovalski sind alle Mitglieder "kunstbeflissen": Erwin, der Sohn aus Frau Kovalskis erster Ehe, ist Schriftsteller, hat aber nichts veröffentlicht. Da Frau Kovalskis zweiter Mann früh gestorben ist, hat sie ihre Tochter Olly und den Sohn Emil, der sich wie seine Schwester mit Malen beschäftigt, selbst großgezogen. Die Leidenschaft von Frau Kovalski selbst sind Gespräche über moderne Kunst. Das fruchtlose Treiben in diesem "Rangierbahnhof auf geistigem Gebiet" mißfällt Gastelmeier. Trotzdem bleibt er in dem originell möblierten Zimmer. Die Tochter Olly übt einen unwiderstehlichen Einfluß auf ihn aus.

Böhlaus Protagonistin ist nicht nur schön, sondern auch talentiert und arbeitsam. Sie hat ihre Begabung mit anstrengender Arbeit zu vereinigen gelernt: Ihre Ausbildung zur Künstlerin (sie ist von einem bekannten Maler und Freund ihres Vaters unterrichtet worden) beginnt sehr früh und wird von der Mutter gefördert. Daher ist auch ihre Kindheit anders als diejenige anderer Mädchen aus ihrem Gesellschaftskreis gewesen.

Wir betrachten Olly zuerst von Gastelmeiers Gesichtspunkt aus. Sie ist einundzwanzigjährig, mit blassem Gesicht, dunklem, lockigem Haar und "heiße(n), lebhafte(n)" Augen: "Ihre Gesichtsform fiel ihm besonders auf. Breite Stirn und dazu ein zierliches, ausgeprägtes Kinn" (47). Wenn Olly von Kunst spricht, leuchten ihre Augen "von einem innern Feuer". Ihr Programm schließt tägliches Malen und Aktzeichnen ein. Wegen der finanziellen Situation der Familie hat sie sich auch vorgenommen, ihren jüngeren Bruder Emil auf die Kunstakademie vorzubereiten. Während Emil ohne besonderen Eifer zeichnet, ist Olly völlig dem Malen hingegeben. Gastelmeier gefällt es, Olly zu beobachten: "Das Mädchen war von einer unglaublichen Lebendigkeit im Blick und in der Bewegung. Sie schien immer vollkommen munter und aufgeweckt zu sein. Gastelmeier sah sie sich mit Vergnügen an" (69).

Ollys Verständnis über Kunst setzt vor allem Arbeit und Selbstlosigkeit voraus: "Wir sollen arbeiten. Arbeiten auf Leben und Tod—das ist's!" (76) Kunst und Künstlerschaft bedeuten ihr etwas Romantisches, Zigeunerhaftes. Sie wendet sich an den beleidigten Erwin, dessen Roman vom Verlag wieder zurückgeschickt worden ist, mit den folgenden Worten: "Wenn ein Künstler nicht Zigeuner ist! Ihr seid alle wie Kaufleute. Ist kein Geschäft gemacht, laßt Ihr die Köpfe hängen" (78). Gastelmeier ist vom "reizende(n) Geschöpf", das solche radikalen Anschauungen über Kunst vertritt, etwas verwirrt. Gleichzeitig fühlt er sich stark von Ollys Persönlichkeit angezogen, die ihm als "fremde Pflanze" vorkommt.

Ollys Gestalt ist Anna gegenübergestellt, einer Verwandten von Gastelmeiers Familie, die bei seinen Eltern auf dem Gut in Allgäu lebt und in den jungen Maler verliebt ist. Anna ist die zur Hausfrau und Mutter Geborene. "Groß und kräftig, rosig, blond und ruhig", stellt sie den genauen Gegensatz zu Ollys unbefriedigter Vitalität dar. Im Unterschied zu Anna, die ihr Glück innerhalb des familiären Kreises sucht, will Olly das Leben außerhalb dieses Kreises kennenlernen. Während des Fastnachtsfestes in München ist sie von einem echten Beobachtungsfieber erfüllt. "Ich sehe die Dinge und lerne und lerne, wissen Sie, so mit ganzer Seele! Ich fühle dann: so kann man etwas leisten, so mitten im Leben, nie wie bei uns Frauen, wir stehen immer abseits. Was kann man da... Ich will sehen, wie die Menschen leben" (102). Ollys nervös-exaltierte Fröhlichkeit während des Karnevals ist Teil ihrer Befürchtung, als Frau das "wahre" Leben verpassen zu müssen. Sie lacht unbändig über alles und benutzt den verwegenen Ton des Dialogs mit zwei unbekannten Masken, um ihr Selbstgefühl als Künstlerin zum Ausdruck zu bringen. Auf die Frage der Masken, wer sie sei, antwortet sie zuerst "Ein Malermadel". Da die Unbekannten ihre Antwort zu mißdeuten scheinen, erklärt sie die Zweideutigkeit ihrer Worte folgenderweise: "Ich mal' schon selbst" (103).

Daß Olly nicht das gewöhnliche Objekt bleiben, sondern Subjekt der Beobachtung selbst sein möchte, stört Gastelmeier. Ihre Position beraubt ihn der Möglichkeit, sie als das anziehende Objekt zu betrachten, in das er verliebt ist. Obwohl Gastelmeier Ollys Riesenfleiß bewundert, empfindet er ihre Kunsthingebung als destruktiv für ihre Weiblichkeit. Vor Anna charakterisiert er die junge Malerin folgendermaßen: "Sie ist nicht wie die meisten andern, und sie malt wirklich brillant, da könnte sich jeder Mann freuen, wenn er's so fertig brächte. Aber weißt Du:—es ist doch schad' an einem Mädel" (105). Gastelmeier sieht in Olly das typisch schwache Weib, dessen Beschützer er sein möchte. Er hat bisher keine Probleme mit dem anderen Geschlecht gehabt. Seine Beziehungen zu den Frauen, die er sich als "Körper mit etwas Herz" vorstellt, sind ihm immer das Sebstverständlichste und Natürlichste gewesen. Er versteht sie in bezug auf ihre Körperlichkeit oder auf ihre natürliche Zugehörigkeit zu ihm. Jung und schön oder mütterlich, sind ihm die Frauen Objekte, deren Bestimmung sich in ihrer absoluten Verfügbarkeit erschöpft:

> Seine Mutter hatte er geliebt, weil sie eben seine Mutter war. Annele war ihm lieb, weil sie zu ihm gehörte. Ein fremdes Volk waren sie ihm alle gewesen, eine unter ihm stehende Menschenkaste, etwas, was ihn vorderhand gottlob nichts anging, von dem er sich aber Ideale zu machen liebte, an die er selbst nicht recht glaubte. Und das Ideal, das er sich gemacht hatte, pfropfte er allen auf, mit denen er in Berührung kam. Auch hier bei Olly wollte er es versuchen, aber er wußte nicht recht damit fertig zu werden. (109)

Was ihn bei Olly stört und zugleich erregt, ist die Tatsache, daß sie nicht in sein Ideal hineinpaßt. Er behandelt sie als "Puppe" oder "Heiligtum", ihre wahre Identität bleibt ihm aber fremd: "daß ein Weib noch etwas andres als Weib sein könnte, war ihm noch zu neu" (111). Gastelmeier versteht auch Anne nicht und hat keine Ahnung von ihren Gefühlen zu ihm. Sein Ideal erschöpft sich in seinen eigenen Phantasien, in denen das andere Geschlecht nicht real existiert.

Die Spannung zwischen diesen imaginierten Vorstellungen Gastelmeiers und den eigentlichen Wünschen Ollys wird während des Karnevals besonders deutlich. Ollys Wunsch, auch die Zentralsäle des Festes zu besichtigen, ist Gastelmeier so undenkbar, daß er ihm beinahe als persönliche Kränkung vorkommt.

> Da war es ihm aber, als habe er einen Schlag ins Gesicht bekommen. Das hätte sein Ideal, das er sich vom Weibe gemacht hatte, nie gesagt. Sein Ideal hätte überhaupt nichts davon gewußt, daß Zentralsäle existieren [. . .] und hätte es etwas gewußt, so hätte es dies doch nie und nimmermehr einem männlichen Wesen eingestanden. (110)

Olly, die Gastelmeier als begriffstutzig charakterisiert, beschuldigt ihn eines doppelten Maßstabs bei der Einschätzung der Geschlechter. Das, was bei einem Mann als selbstverständlich gelte, bringe die Frau immer wieder in Konflikt mit den Moral-und Tugendvorstellungen ihrer Umwelt. Die Voreingenommenheit der Gesellschaft und die unnatürliche Erziehung der jungen Mädchen erwecken Ollys tiefste Empörung. Ihrer Meinung nach werden die Mädchen so erzogen, daß sie später mit dem realen Leben kaum fertig werden. Die idealisierten Vorstellungen, die man ihnen anerziehe, distanzierten sie von jeder Wirklichkeit. Solche falschen Ideale genügen Olly nicht und widersprechen vor allem ihrer Auffassung von Künstlerschaft, für die Wahrheit eine erste und unerläßliche Bedingung darstelle. "Wir anständigen Frauen bekommen das Leben so süß vorgemalt—so süß und harmlos. [. . .] Wir bekommen die Leute nur immer zu sehen, wie der Direktor seine Schüler beim Examen. Meinetwegen—aber in der Kunst will ich nicht süß werden. Wahrheit will ich! Und wenn Sie mich darum verachten, verachten Sie mich!" (120)

Gastelmeier findet eine Fürsprecherin in Frau Kovalski, der seine "soliden Verhältnisse" besonders imponieren. In dem Kunstmaler erblickt sie eine gute Partie für ihre Tochter: "Und, Du wirst ruhig bei ihm Künstlerin bleiben dürfen"(123). Obwohl Olly Gastelmeier nicht liebt, ist er ihr nicht unsympathisch. Seine schüchterne Liebe, seine Zärtlichkeit und das "Geliebtsein" gefallen ihr und erfüllen sie mit einem bisher noch unbekannten Gefühl der Sicherheit. "Sie fühlte sich mit einemmal so geborgen wie nie in ihrem Leben" (124). Olly glaubt außerdem, durch die Heirat materielle Unabhängigkeit zu erreichen und so ihre Malerausbildung in Paris fortsetzen zu können. "Diese Liebesgeschichte", wie sie die Beziehung zwischen sich und Gastelmeier nennt, bleibt aber etwas Äußerliches für sie, denn ihre Gedanken gehören einzig der Kunst. Gastelmeier dagegen, für den das eigentliche Glück einer Frau in deren Erfüllung als Gattin und Mutter besteht, sieht in Ollys Kunstenthusiasmus nichts als Laune, die mit der Zeit und unter dem gesunden Einfluß von Familie und Kindern wohl vergehen wird. Olly kommt ihm vor wie ein widerspenstiges Kind mit verrückten Ideen, das kaum imstande wäre, die Entbehrungen der Kunst zu ertragen. "Würde wirklich diese Kunst sie beglücken können, diese wütende Kunst, wie sie sie auffaßt, die keinen Frieden und kein Genügen kennt? Und wenn die Arbeit mit dem Erfolg in keinem Einklang stünde? Würdest du die Kraft finden, armes Geschöpfchen? [. . .] Wenn ich sie nicht heirate, was wird wohl aus ihr?" (132) Der ganze weitere Verlauf des Romans soll diese Auffassung Gastelmeiers widerlegen.

Der Kunstmaler ist nicht so brutal in seinen Anschauungen über die Frau wie sein Kollege Mengersen aus Böhlaus Roman *Halbtier*. Während Mengersen den zynisch-unverschämten Typ darstellt, der seine Verachtung gegenüber den Frauen offen demonstriert, ist Gastelmeier in seiner naiven Einfältigkeit eine tragisch-komische Gestalt. Der komische Effekt wird zum Teil dadurch erzeugt, daß Gastelmeier, bei all seiner deklarierten Männlichkeit, im Roman als der eigentliche Träger "weiblicher" Eigenschaften fungiert. In dieser Umkehrung der Rollen kann man auch Böhlaus Antwort auf die zeitgenössischen Debatten über das Wesen der Frau suchen.

Während Olly völlig in dem außerfamiliären Kreis ihrer Ambitionen aufgeht, träumt ihr Gatte von häuslicher Gemütlichkeit und familiärem Glück: "Er wollte ein Heim haben! ein Heim! so warm, so sicher—so ganz nach seinem Sinn. Er wollte sie verpflanzen, dieses blumenhafte Wesen. Sie wollte gedeihen in einer besseren Luft, in gesunden Verhältnissen, bei ihm, im Schutz seiner Liebe" (132).

Olly ist an der Beziehung mit Gastelmeier mehr passiv als aktiv beteiligt. Sie empfindet den Zwang des künftigen Zusammenlebens und die Bande der Ehe als Intervention gegen die Autonomie ihrer Persönlichkeit. "Wie standen sie zueinander? Unzertrennlich!—Er gehörte zu ihr für ewig und sie zu ihm—und noch nie war er ihr so fremd erschienen" (134). Während der Zeremonie in der Kirche sitzt sie "dumpf und grübelnd ohne jedes bräutlich süße Glück" neben ihrem tief bewegten Gatten. "Nein, ich will mein eigen sein, flüsterte sie unhörbar, unbewußt—und er zog sie zu sich heran, weil er mit Schrecken ihre tiefe Blässe gewährte, und wieder war es die sanfte, liebevolle Art sie zu halten, die ihr dabei Trost gewährte. Aber er hielt sie nun doch als sein Eigentum, so oder so" (134).

Gastelmeier geht fast ausschließlich in seiner Rolle als Ehegatte auf. Sein "Kunstmalen" bleibt für ihn etwas Nebensächliches. Olly lebt dagegen nur in ihrem Schaffen. Die erste Frage, die sie Gastelmeier nach der Trauung stellt, betrifft ihre Arbeit: "Läßt du mich arbeiten? Bleibt's dabei?" (136) Während der Hochzeitsreise arbeitet sie "von früh bis zum Abend, Tag für Tag, unermüdlich". In der neuen Wohnung, in die beide nach der Heirat einziehen, hofft Gastelmeier, die von ihm so gewünschte Ruhe zu finden. "Er hatte auf vollkommene Windstille gerechnet und wollte es sich nun in seinen vier Wänden wirklich gemütlich machen" (148). Olly aber, bei der die häuslichen Pflichten keine Begeisterung hervorrufen, fühlt sich dem Eheleben kaum gewachsen. Sie versucht verzweifelt, ihren Verpflichtungen als Hausfrau und ihren Bedürfnissen als Künstlerin zu genügen.

> Das Leben und seine Anforderungen verwirrten sie; sie hatte in nichts einen Überblick, denn sie trug die Dinge, die außerhalb ihrer Kunst standen, nicht mit sich in den Gedanken. [. . .] da war das Mittagessen, das immer herankam, wie ein Schreckgespenst. [. . .] Hundert Fragen und jede Frage ein Schreck—und mitten aus der Arbeit herausgerissen! (153)

So hoch Ollys Ansprüche auf dem Gebiet der Kunst liegen, so anspruchslos und "zigeunerhaft" ist sie in bezug auf ihre tägliche Lebensweise. In ihrer zerstreuten Bedürfnislosigkeit unterschätzt sie auch die Bedeutung der "Küchenfrage". Der Gourmet Gastelmeier hofft allerdings das stille Familienglück in der neuen Wohnung mit allerlei Freuden für den guten Geschmack kombinieren zu können. In einer ehrlichen Bemühung, ihren Gatten nicht zu enttäuschen, greift Olly zu Phantasiegerichten, die trotz ihrem Eifer immer in "ein unerfreuliches, schmutziggraues Gemenge" zusammenrennen. Der traurige Eierschlammkuchen, der einzige, den sie zu backen weiß, wird Gastelmeier zum Symbol seiner eigenen Enttäuschung: "Was hatte er für ein Heim, so etwas Lächerliches, Verrücktes, Trostloses!" (278)

Die Befürchtung, daß sie schwanger ist, stürzt Olly in "unsägliche Bangigkeit" und läßt sie doppelt so eifrig arbeiten. Bis zum letzten Moment verschiebt sie es, Gastelmeier von ihrer Schwangerschaft mitzuteilen, und erkrankt dieselbe Nacht, in der ihr Mann die Nachricht erfährt. Infolge einer schweren Nervenkrise kommt es zur Fehlgeburt, die der Heldin Anlaß zu neuen Gewissensqualen wird. Nach der Besserung fühlt sie jedoch eine enorme Erleichterung, sich wieder ihrer Kunst widmen zu können.

> Wie sie zum erstenmal wieder an ihre Staffelei trat und ihr Modell in die Stellung gebracht hatte, wie vor einigen Wochen, hatte sie die Augen voller Tränen. Sie wußte selbst nicht, weshalb eigentlich, sie war so froh, wieder zu beginnen, so ergriffen, und das Gefühl, mit ganzer Kraft weiter gehen zu dürfen, dem Ziele zu, erschütterte sie. (170)

Durch die Präsentation der Protagonistin setzt sich Böhlaus Roman mit der Künstlichkeit der Geschlechterrollen auseinander und indem er diese parodiert, untermauert er auch das um 1900 besonders populäre Konzept, daß Weiblichkeit und Mütterlichkeit sich von Natur aus decken. Die Mutterschaftsideologie der Jahrhundertwende, die sich auf den "angeborenen" Mutterinstinkt der Frau stützt, wurde vor allem von Ellen Key vertreten. In ihrer Essaysammlung *Über Liebe und Ehe* definiert die schwedische Schriftstellerin Mütterlichkeit und Familienleben als Wesensbestimmung der Frau. Der Kulturkampf der Frauen habe sich negativ auf ihr Frausein ausgewirkt: Die Berufsarbeit und das Streben der Frau nach Selbstbehauptung verscherzten nur ihre Weiblichkeit und beraubten sie der Ganzheit und der Fülle ihrer Hingabe an die "Geschlechtsaufgabe". "Viele Frauen [. . .] vermeiden oder beschränken die Mutterschaft, weil sie glauben, daß sie einen anderen, reicheren Kultureinsatz zu machen haben. Aber ob wohl das Menschengeschlecht nicht mehr durch die Genies gewonnen hätte, deren Mütter diese begabten Frauen hätten werden können?" (235) Obwohl Key in Sache der Frauen aufzutreten angibt, beschränkt sie weibliche Begabung auf Mütterlichkeit und Kindererziehung und sieht in der "Verfeinerung" des Familienlebens die Kulturmission der Frau.[2] Kindergebären-und Aufziehen sei deren uralte Aufgabe und deshalb viel wichtiger als jeder persönliche Entwicklungstrieb: "Aber es dürften [. . .] von den Frauen der Erde jährlich wohl hunderttausend Dichtungen und Kunstschöpfungen hervorgebracht werden, die besser kleine Jungens und Mädels geworden wären!" (236)

Böhlau präsentiert ihre Protagonistin als Gegenpol zur Mütterlichkeitsideologie der Zeit. Die Heldin weigert sich, ihre Bestimmung als Mutter zu erfüllen, denn für sie steht ihre Entwicklung als Künstlerin höher als die Rolle, die man ihr als Frau zuschreibt. Der von seiner Gattin enttäuschte Gastelmeier sucht dagegen im guten Essen Trost. Als Anna nach Ollys Fehlgeburt eine kurze Zeit den Haushalt des jungen Paares führt, fühlt sich Gastelmeier völlig vergnügt: "es schmeckte ihm gut. Annele kochte heimatliche Gerichte" (162).

Gastelmeiers Beleibtheit ist im Roman Ollys asketisch-magerndem Körper gegenübergestellt. Unter seinen Freunden als "Speck-und Büchselmeier" bekannt, hat Friedrich es mit seinen achtundzwanzig Jahren zu einer "behagliche(n) Körperfülle" gebracht. An seine ständig nervöse Frau wendet er sich mit den folgenden Worten: "Diese ewigen Aufregereien, wohin sollen die führen? Du ißt nix. Und mit so einem Husten. Heiser bist du! Ins Bett gehörst du!" (198)

Christina von Brauns Auffassung, daß sich die Magersucht als individuelle Verweigerungsform betrachten läßt, durch die sich das anorektische Ich dagegen abschirmt, die vorprogrammierten künstlichen Geschlechterrollen anzunehmen, gilt auch für die Protagonistin in Böhlaus Roman. Braun zufolge reagiere die Magersüchtige auf eine bestimmte soziokulturelle Dynamik, indem sie sich der ihr aufgezwungenen (mütterlichen) Frauenrolle verweigere und sich gegen die Familie als die materialisierte Idee dieser Rolle lehne. Braun zitiert in ihrem Buch Beispiele aus der Anorexie-Literatur, die den Anorektikern eine besondere "Willensstärke, Energie, Leistungsfähigkeit, Intelligenz" nachsagen und ihre "explosive Vitalität" hervorheben (459). Ihrer Meinung nach besteht zwischen Anorexie und Hysterie ein enger Zusammenhang. Sowohl die Hysterikerin als auch die Anorektikerin unterwanderten die künstliche Rollenverteilung des Logos. Der Kampf der Anorexie gegen den Körper sei die genaue Umkehrung des Verhältnisses zwischen Hysterie und Logos. Die Hysterikerin kleide sich ins künstliche Gewand der (Logos)-Körperlichkeit, übetreibe sie und führe sie auf diese Weise ad absurdum. Das subversive Moment der Anorexie bestehe dagegen in der Ablehnung dieser Körperlichkeit.

Für Braun steht die Anorexie in enger Verbindung mit dem Verhältnis der Frau zur Sexualität. Die Nahrungsverweigerung der Anorektikerin ist Braun zufolge eine Sexualitätsverweigerung: Diese weigere sich, als "Nahrung" für das künstliche ICH des Logos zu dienen:

> Die Anorektiker setzen also das Essen an die Stelle der Geschlechtlichkeit—nicht anders als der Logos, der das Frau-Essen inszeniert: die Verspeisung des anderen, die die Geburt des künstlichen Anderen ermöglicht. Die Anorexie ist also Gegnerin des Logos auf mehreren Ebenen: einerseits liefert sie das unersättliche ICH dem Hunger aus, und andererseist weigert sie sich auch, die 'phallsche Frau', die aus der konsumierten Frau hervorgehen soll, zu verkörpern. (466)

Für Olly besteht die Gegenwart einzig in der Kunst—das Leben verschiebt sie auf die Zukunft. "Dann, wenn der Ruhm kam, dann, dann—dann wollte sie leben" (155). Gleichzeitig empfindet sie ein tiefes Unbefriedigtsein vor der Unmöglichkeit, sich völlig ihrem Schaffen zu widmen. Umso größer werden ihre Gewissensbisse, "daß sie neugierig und leichtsinnig hatte versuchen wollen, wie das Geliebtwerden der armen Seele thut—das Geliebtwerden!" Ollys Bedürfnis nach "schirmender Zärtlichkeit" steht im Widerspruch mit ihrem Unabhängigkeitsdrang. In der Ehe hoffte sie die Liebe zu finden, die sie in ihrer Familie nie bekommen hat. Die heißen Küsse und die "stürmische Liebe", die ihr Mann nach der Heirat zu bieten hat, bleiben ihr aber fremd. Das einzige, das sie beglückt, ist der Gedanke nach ihrer Kunst.

Ollys Ehrgeiz gründet sich auf das Bewußtsein vom eigenen Talent und Auserwähltsein. "Was waren sie alle, die mit ihr arbeiteten, die mit ihr begonnen hatten, gegen sie! Sie war ihnen allen voraus, weit voraus" (141). Deutlich wird im Roman das Bemühen der Autorin, den Mythos von der instinktiven Unbewußtheit der Frau zu verneinen und eine weibliche Variante des Konzepts vom männlichen Genie zu bieten, wie es um die Jahrhundertwende am provozierendsten von Otto Weininger vertreten wurde.

Für Weininger, der sich in *Geschlecht und Charakter* ausführlich mit dem Typus des Genies beschäftigt, ist die Frau a priori von der Genialität ausgeschlossen. Da nach Weininger Genialität vor allem höhere Bewußtheit voraussetzt, wird die Frau bei ihm ein Nicht-Genie aus naturbedingtem Mangel, denn sie hat "kein originelles, sondern ein ihr vom Manne verliehenes Bewußtsein; sie lebt unbewußt, der Mann bewußt: am bewußtesten aber der Genius" (139). Genialität stelle eine ideale, "potenzierte" Männlichkeit dar und beziehe sich auf "größte, grellste Klarheit und Helle".[3] "M lebt bewußt, W lebt unbewußt. W empfängt ihr Bewußtsein von M: die Funktion, das Unbewußte bewußt zu machen, ist die sexuelle Funktion des typischen Mannes gegenüber dem typischen Weibe, das zu ihm im Verhältnis idealer Ergänzung steht" (124).

Die schöpferischen Leistungen eines Menschen hängen nach Weininger von der Differenziertheit seiner psychischen Prozesse ab. Die "absolute Bedeutungslosigkeit" der Frauen in der Kunstgeschichte führt er auf die Undifferenziertheit ihres psychischen Lebens zurück, das sich im "Henidenstadium" befinde.[4] In diesem Stadium sei plastisches Empfinden und Denken unmöglich: Phantasie, die wichtigste Bedingung jedes künstlerischen Schaffens, setze vor allem Gedächtnis und Bewußtheit voraus.[5] Diese geringe Artikulation der Vorstellungskraft bei der Frau wird Weininger zum Beweis für deren Mangel an künstlerischer Produktivität.

> Wo es deutlich auf kraftvolle Formung kommt, haben die Frauen nicht die kleinste Leistung auszuweisen: nicht in der Musik und nicht in der Architektur, nicht in der Plastik und nicht in der Philosophie. Wo in wagen und weichen Übergängen des Sentiments noch ein wenig Wirkung erzielt werden kann, wie in Malerei und Dichtung, dort haben sie noch am ehesten ein Feld ihrer Betätigung gesucht und gefunden. [. . .] Man weiß, wie viele Mädchen heute ohne Not zeichnen und malen lernen. [. . .] Wenn trotzdem so wenige Malerinnen für eine Geschichte der Kunst ernsthaft etwas bedeuten können, so durfte es an den inneren Bedingungen gebrechen. [. . .] Die Fähigkeit, einem Chaos Form geben zu können, ist eben die Fähigkeit des Menschen, dem die allgemeinste Apperzeption das allgemeinste Gedächtnis verschafft, sie ist die Eigenschaft des männlichen Genies. (147–48)

In seinem Buch vertritt Weininger die Auffassung, den Frauen sei das Bedürfnis nach Unsterblichkeit völlig fremd. Dieses Bedürfnis, das der Autor den "Willen zum Wert" nennt, gehe den Frauen wegen ihrer Unbewußtheit gänzlich ab. Bei dem Mann bedinge dagegen der Zusammenhang der Unsterblichkeitsforderung mit der Kontinuität des Gedächtnisses seinen Willen zum Wert. Die Angst vor dem Sterben sei ein allgemeines Merkmal aller Menschen, das Unsterblichkeitsbedürfnis sei aber nur auf die Männer beschränkt. "Das echte Weib kommt nie zum Bewußtsein eines Schicksals, seines Schicksals; das Weib ist nicht heroisch, denn es kämpft höchstens für seinen Besitz, und es ist nicht tragisch, denn sein Los entscheidet sich mit dem Lose dieses Besitzes" (155).

Böhlaus Darstellung eines weiblichen Genies, dem Kunst und Anerkennung den Lebensinhalt bilden, unterläuft deutlich Weiningers Konzept sowie die Auffassung, die die Frau für unfähig hält, sich zu irgendeiner Form von Kunst zu erheben. Die Autorin schildert ihre Heldin als das genaue Gegenteil unartikulierter Körperlichkeit: Olly ist eine geistige Persönlichkeit, die sich gänzlich der Kunst geweiht hat. Sie "genoß die Natur nicht naiv und einfach", sondern "verarbeitete im Geiste immer, was sie sah, und war immer von dem Triebe erregt, wie sie wiedergeben würde, was sie sah" (146). Ihr Gatte ist dagegen als groteske Karrikatur des männlichen Bedürfnisses nach "Zeitlosigkeit" dargestellt. Gastelmeiers Glatze wird im Roman zum Merkmal seiner artistischen Impotenz. In diesen Kontext gehört auch Ollys übermütig-scherzhafte Versuch, ihm "Haare" zu malen. Die Protagonistin verkörpert mit ihrem absoluten Kunstanspruch genau das, was Weininger den Frauen absprechen möchte, den Willen zum Wert, die unbezwingbare Begierde, aus dem Zustand des Stofflich-Unbewußten herauszutreten: "Ruhm—das war das erste. Wie sie danach dürstete! Wie würden diese Augen blicken, dann, wenn das Große geschehen sein würde, wenn Ruhm und Ehre ihr erst zugefallen waren!" (141)

Böhlaus Variante des Geniekonzepts ist jedoch nicht frei von Widersprüchlichkeiten. Während die Autorin offensichtlich darum bemüht ist, alle Berufungen auf eine naturbedingte Bestimmung der Frau als haltlos zu negieren, verfällt sie der gleichen Versuchung wie Weininger und führt die Genialität der Frau darauf zurück, womit dieser deren Nicht-Genialität erklärt: ihre weibliche Natur. "Wenn ein Weib sich einer Sache wirklich hingiebt, giebt sie sich grenzenlos hin. Das liegt in der Natur des Weibes: sie giebt sich der Kunst hin, wie sie sich der Liebe hingiebt, auf Tod und Leben!" (146) Obwohl Olly ein weibliches Genie darstellen soll, wird sie im Roman als "Mädchen" bezeichnet. Der Familiendoktor ist überzeugt, sie habe "nichts von

Frau". Er beschreibt den Ausdruck "vollkommene(r) Erlösung" in Ollys Gesicht, nachdem er ihr mitgeteilt habe, es bestehe keine Gefahr für sie, Mutter zu werden, mit den folgenden Worten: "Ich habe ihn nicht ähnlich bei einer Frau gesehen. Sie hat nichts als ihre verdammte Kunst in ihrem Kopf. Es hat ihr davor gegraut, daß sie ihre Kraft nicht mehr für sich ganz allein haben sollt'" (218).

Eine solche Darstellung von Künstlerschaft, die Feminität ausschließt, widerspricht der Konzeption des Romans. Böhlau scheint dem Druck traditioneller Weiblichkeitsvorstellungen nachgegeben zu haben, wenn sie ihre Heldin als Künstlerin durch und durch schildert, die aber keine "echte" Frau ist: "In ihrem Gefühlsleben war sie Kind geblieben und Künstler geworden, rein und leidenschaftlich" (152). Diese Darstellung kann als ein möglicher Subtext der Autorin gelesen werden, der Böhlaus Skrupel zum Ausdruck bringt, als Schriftstellerin eine "unweibliche Position" angenommen zu haben.[6] Der gleiche Subtext läßt sich aber auch umgekehrt als absichtliche Maskerade von Weiblichkeit deuten, die von einer komplizierten Wechselwirkung zwischen Weiblichkeit und Intellektualität zeugt.

Biddy Martin und Judith Butler erwähnen in ihren Büchern den 1929 veröffentlichten Essay von Joan Riviere "Womanliness as Masquerade", in dem sich die Autorin mit dem künstlichen Charakter von Weiblichkeit auseinandersetzt. Riviere definiert diese als vertuschende Maske, die der intellektuellen Frau ermögliche, ihre Maskulinität und den ungehörigen Wunsch nach Teilnahme an dem öffentlichen Diskurs zu verdecken. In dem Essay berichtet Riviere von einer Intellektuellen, die nach jedem öffentlichen Auftreten an großer Angst leidet. Nach Riviere zeige die öffentliche Demonstration der intellektuellen Kapazitäten ihrer Patientin diese im Besitz des väterlichen Penis. Sie fürchte deshalb die Rache des "Vaters" und um ihn nachsichtig zu stimmen, biete sie sich ihm in einer Art weiblicher Maskerade sexuell an.[7]

Im Sinne von Rivieres Ausführungen kann Böhlaus Schilderung der Künstlerin als Nicht-Weib als eine nur scheinbare Identifizierung der Autorin mit dem Weiblichkeitsideal verstanden werden, die ihr die Rechtfertigung ihrer "männlichen" Beschäftigung sichern sollte. In diesem Kontext kann man auch die Behandlung von Schwangerschaft im Roman interpretieren. Diese läßt die Entzweiung zwischen Schaffen und Leben deutlich in Erscheinung treten und macht Böhlaus Bemühung ersichtlich, zwischen beiden Bereichen zu balancieren. So fällt das Schreiben am Roman interessanterweise mit der eigenen Schwangerschaft der Schriftstellerin zusammen: Der Vorabdruck des Romans erscheint zwischen Oktober 1893 und März 1894, und Böhlaus Sohn wird im März 1895 geboren. Im Unterschied zur Autorin verweigert sich die Protagonistin der Schwangerschaft im Namen ihrer Kunst.

Als Olly einige ihrer Arbeiten zur Ausstellung schickt, ist sie unsinnig darüber erregt. "Es war das erste Mal—die erste Verbindung zwischen ihr und der Welt" (171). Nach einer negativen Kritik, die Ollys Bilder für "affektiert und gemacht" erklärt, verliert die Heldin ihr künstlerisches Selbstgefühl und wird so still wie der Karpfen, den sie und Emil zu Weihnachten gekauft haben. Ihr "stumme(s) Weh" läßt sie mit dem wortlosen Fisch Sympathie empfinden. Am Weihnachtsabend gelingt es Olly jedoch, ihre Bedrücktheit zu überwinden und diese in eine exaltierte Prophezeiung ihres künftigen Erfolgs zu verwandeln:

> kein so miserables Glück wird es sein, da einmal, dort einmal—so im großen Zug. [. . .] Mit einem Schlag ist mir's, als würde es so, wie ich will. Arbeiten—und dann der Lohn, und einen Lohn, wie ich ihn mir denke. Am Arbeiten soll's nicht fehlen! Und wenn ich dann bin, wo ich sein will, dann heißt es sich oben halten [. . .] und jemand haben, den man liebt! (188)

Ollys Prophezeiung ist der Ausdruck ihres Wunsches nach Eintritt in das "Reich des Vaters". Nach der negativen Rezension zeigen sich bei ihr die ersten Symptome der Kehlkopfkrankheit, an der ihr Vater, ein Maler polnischer Herkunft, gestorben ist. Das Schwanken der Heldin zwischen dem Bewußtsein ihrer Ausnahmeposition als Künstlerin und dem gleichzeitigen Zweifel an der eigenen Berufung ist im Kontext des Ausgeschlossenseins der Frau aus dem Bezug zur Kultur zu verstehen. Der Hang zur Kunst verbindet sie mit dem "Vater", erweist sich aber tödlich für sie.

In ihrem Buch *Die Chinesin* äußert Julia Kristeva die Meinung, die Tochter suche durch ihre Identifizierung mit dem Vater nach Zugang zu Macht im Symbolischen. In Anlehnung an Lacan definiert Kristeva das Symbolische als das gesellschaftlich festgeschriebene System von Sprach-und Machtbeziehungen. Im Unterschied zum Mütterlich-Semiotischen, das aus der präödipalen Zeit stammt und sich auf vorsprachliche Erfahrungen bezieht, hängt das Symbolische mit dem "Gesetz des Vaters" zusammen, d. h. den sprachlichen und gesellschaftlichen Gesetzmäßigkeiten.[8] Die verzweifelten Identifizierungsversuche der Tochter mit der symbolischen Ordnung des Vaters sind Kristeva zufolge immer masochistisch. Der Eintritt ins Symbolische fordere zwar für beide Geschlechter die Aufgabe des Mütterlichen; für die Frau sei aber die soziale Ordnung des Vaters mehr frustrierend und aufopfernd als für den Mann, da sie ihre natürliche Identifizierung mit der "femininen" präödipalen Phase verdrängen müsse, um in die Ordnung des Wortes und des sozialen Symbolismus einzutreten. Da nach Kristeva Kreativität immer durch das Zulassen von semiotischen Elementen ausgelöst wird, betrachtet sie den künstlerischen Prozeß für Frauen als Möglichkeit einer Annäherung an das verdrängte Mütterliche. Gleichzeitig sei aber dieser Prozeß besonders gefährlich für die Frau: Die Reaktivierung des Semiotischen bedeute in ihrem Falle die Rückkehr zu einer präödipalen Homosexualität, die im heterosexuellen Rahmen des Symbolischen nicht erlaubt sei und deshalb zu Wahnsinn oder Identitätsverlust führen könne. Das Zulassen semiotischer Elemente könne leicht den ohnehin zerbrechlichen "symbolischen Panzer" der Frau zerstören. "Und wenn keine väterliche Legitimierung erfolgt, um den unerschöpflichen nicht-symbolisierten Trieb einzudämmen, dann verfällt sie in Psychose oder Freitod" (271).[9]

Ollys Heiserkeit ist die Krankheit des Vaters und kann als Identifizierung mit ihm oder als hysterische Reaktion auf die "stumme" Position der Künstlerin gedeutet werden. Als Gastelmeier seiner Frau mitteilt, daß einer seiner Freunde Interesse an ihren Bildern gezeigt hat, ist diese begeistert und verwirrt zugleich. Als Folge nimmt aber auch ihre Heiserkeit spürbar zu: "Ihre Stimme hatte einen eigentümlich heiseren Klang. Ihre Wangen glühten" (202).

Köppert ist ein moderner Maler, dessen Kunst Olly immer bewundert hat. Ihrer Meinung nach ist er der einzige unter den ihr bekannten Künstlern, "der das Leben so ganz nimmt, wie es ist—so nur die Wahrheit, ohne alles Dazuthun, und so tief". Er lobt viele ihrer Arbeiten und ist von der Reife der Bilder beeindruckt. Köpperts Lob macht Olly glücklich, obwohl sie wegen ihrer Heiserkeit gehemmt ist und kaum sprechen kann. Frau Kovalski dagegen, die geschickt alle modernen Kunstbegriffe handhabt, nutzt Köpperts Anwesenheit aus, um ihre Kenntnisse im Bereich der Kunst zu demonstrieren. Sie spricht glatt und verwendet im Gespräch mit Köppert die aktuellsten Kunstausdrücke. "Alles, was Kunst war, und was sich gar moderne Kunst nannte, war ihr Department" (208).

Die Beziehungen zwischen Mutter und Tochter überschreiten nicht die Grenze gespannter Oberflächlichkeit. Köppert beschreibt die Kovalskis als "frivole(n) Schwächlinge, die nicht wußten, wie sie mit dem Leben auch nur auf die elendste Weise fertig werden sollten" (297). Während Olly einzig und völlig in ihrer Arbeit lebe, strecke ihre Familie die Arme nach der Kunst als nach einem "noblen Broterwerb" aus und spiele so mit dem Martyrium der Kunst.

Köpperts Beziehung zu Olly ist die eines Subjekts zu einem anderen Subjekt. Nach der negativen Kritik ihrer Arbeiten wagt Olly nicht, das Wort "Talent" in bezug auf sich zu gebrauchen. "Weshalb sind Sie so gut zu mir? Halten Sie mich wirklich für etwas—etwas—

ich weiß nicht—darf ich's nennen?" (224) Dabei klingt ihre Stimme "zaghaft und heiser". Köpperts Anerkennung ihrer Begabung verändert Ollys Leben, denn sie "hatte jetzt jemand, für den sie arbeitete" (218). Das entscheidet das Schicksal des Weihnachtskarpfens: Er soll weiter leben. An einem kalten Januartag tragen Olly und Emil den Karpfen zurück in die Isar. Nach diesem Spaziergang verschlechtert sich Ollys Zustand zusehends. Als Köppert zufällig vom Hausarzt erfährt, daß Olly "Todeskandidatin" sei, ist er tief über ihr Schicksal erschüttert. Von nun an findet sie in ihm einen Freund, mit dem sie nur sprechen kann, und der ihr das Sprechen erleichtert:

> Seine Worte waren für sie lebendig und in ihren Worten, diesen armen, heisern Worten, lag auch ein Leben, das er in ihr erweckt hatte. Sie sprach zum ersten Mal nicht ins Leere hinein. So war es: sie fühlte, daß sie bisher das, was ihr am heiligsten war, immer ins Leere gesprochen hatte, wie in eine große Einsamkeit hinein. (212)

Während für die Heldin ihre Freundschaft mit Köppert ein fieberhaftes Sich-Mitteilen wird, bleibt sie ihrem Mann gegenüber verschlossen. Praktisch bedeutete Ollys Fehlgeburt das Ende der Kommunikation zwischen ihr und Gastelmeier. Sie verschweigt ihre Gedanken und Gefühle vor ihm, denn "er konnte sie nicht verstehen, wenn sie ihm sagen würde, wie sie empfand. . ." (161)

Mit der Einführung von Ollys Krankheit verläßt der Kontrast zwischen Gastelmeiers blühender Gesundheit und der krankhaftnervösen Begabung Ollys den Rahmen des Komischen, um ins Groteske überzugehen. Dem Kunstmaler ist die ganze Situation mit Ollys Krankheit unheimlich. Auch was ihm der Doktor über Ollys Gesundheitszustand mitteilt, kommt ihm seltsam vor: "Eine Frau muß gesund sein, das ist das erste. Und das wütende Arbeiten, wobei sie nichts hörte und sah!" (271) Die Kommunikation zwischen beiden wird allmählich zu einer völligen Miß-Kommunikation.

Die Heldin will ehrlich mit ihrem Mann sein, von ihm weggehen und "arbeiten, nichts als arbeiten, das wäre das einzige—das rechte. Entweder: an sich selbst denken und für sich selbst leben—oder: an andre denken und für andre leben" (267). Ihr böses Gewissen wird ihr Anlaß zu einer masochistischen Selbstanalyse, die Ollys Schuldgefühle, ihre weibliche Berufung vernachlässigt zu haben, deutlich zum Ausdruck bringt:

> Mit welcher Angst, mit welcher Verzweiflung hatte sie gefürchtet, Mutter zu werden. Sie hatte nur und einzig an sich dabei gedacht, nicht an Mimm und nicht an das Kindchen. Sie hatte sich immer noch für ihren eigenen Herrn

gehalten, und das war sie nicht mehr. Ihre Arbeit, der Weg zum Ruhm war ihr die Hauptsache. (267–68)

Ollys Vorgefühl des kommenden Todes ist ausschließlich mit dem Gedanken an ihre Arbeit verbunden: "Ich möchte noch ein paar Jahre leben" (230). Trotz Krankheit und Luftmangel bereitet sie Bilder für eine internationale Ausstellung vor. Eins dieser Bilder erregt großes Aufsehen und wird auch in der Presse ausführlich besprochen. Diese Nachricht und Köpperts ständige Anwesenheit helfen der Heldin, ihre Todesangst zu überwinden und das Malen fortzusetzen

Köppert und Olly teilen die gleichen Gesinnungen über Kunst und Künstlerschaft. Sein neuer Blick, der mit einem Mißtrauen gegen das Wort und die Herrschaft autoritativer Überlieferungen einhergeht, fasziniert die junge Malerin. Die als absolut geltenden Wahrheiten in Philosophie und Wissenschaft dürfen nach Köpperts Meinung nicht einfach hingenommen werden.

> Kein Mensch denkt mehr, sondern jeder sagt: Kant sagt—Schopenhauer sagt und so weiter—die reine Pest! Die paar Firmenschilder, die sich die Menschheit angeheftet, damit soll der ganze Sums gemacht sein. Die sollen alles thun—und zum Dahinterverkriechen sind sie auch famos. Schade, daß ihr keine Freßgenies gehabt habt, die Jahrtausende vordem Euch schon alles vorgekaut haben. (240)

Der Blick des modernen Menschen sei durch "verdaute" Wahrheiten versperrt. Wenn dieser spreche, sage er nichts Originelles, sondern wiederhole nur. Köppert bezweifelt es deshalb, daß man "noch ein vernüftiges, nicht gestohlenes Wort" sprechen kann. Sein Blick setzt sich über Vorurteile und festgefügte Sprachformen hinweg und ist mit einem prophetischen Selbstbewußtsein verbunden: "wir lehren euch die wunderliche Erde wie neu kennen, an der ihr vorbeilauft und davon redet, als kennet ihr sie" (285).

Köpperts neuer Blick gilt auch der Frau und ihrem Status. Seine Anerkennung von Ollys Kunst unterminiert die "Wahrheit" über die Frau als unterentwickeltes Wesen, das nicht des Schaffens fähig ist: "Offen gesagt: ich hab's einem Weibe nicht zugetraut. Eine Feuerseele! Sie werden eine große Künstlerin. Sie sind eine. [. . .] Sie dringen riesig fein ein—so was ich sagte—in die Geheimnisse, die andre nicht sehen" (286).

Köppert sieht in Olly ein "Ausnahmsweib", das nicht zu der Masse von Frauen gehört. Für ihn befinden sich diese immer noch in einem tiefumwälzenden Prozeß des Werdens, der ihnen zu einem neuen Selbstverständnis verhelfen soll. Nach Köppert haben die meisten Frauen die gängige Weiblichkeitsideologie akzeptiert und reproduzieren sie weiter. Indem sie mit ihrem "bißchen Weib-sein" herumprahlen, verdoppeln sie selbst den traditionellen (Männer)blick und werden zu Komplizen einer Ideologie, die sie als Objekte der Konsumption behandelt. Das "Ausnahmsweib" sei dagegen eine Auserwählte, die eine neue Art von Begehren und Bündnis zwischen den Geschlechtern möglich machen könne. Die neue Liebe suche nach solchen Beziehungen zwischen Mann und Frau, die sich über die "Raubtier-Ideologie" hinwegsetzten: "Einfach guter Kamerad mit einer Heldenseele [. . .], so wundervoll zu einem Weibe stehen, so ganz simpel—Mensch zum Menschen—und nicht Raubtier" (288).

Dieser Auffassung Köpperts schließt sich Ollys Kritik des traditionellen Weiblichkeitsbildes an. Dieses habe nichts mit der realen Existenz der Frau zu tun: "Die Weiber, das ist überhaupt ein sehr komischer Sammelname. [. . .] Wer 'die' Weiber sehr gut zu kennen glaubt, kennt 'das' Weib gewiß nicht" (242). Man könne nicht über die Frauen überhaupt sprechen—das sei ein phantasierter Sammelbegriff, hinter dem die realen Bedürfnisse und Eigenschaften jeder einzelnen Frau verlorengingen. Nach Ollys Ansicht befindet sich die Frau "immer in der Einzahl". Köppert teilt Ollys Meinung über die neue Frau und deren Sehnsucht, eine eigene Identität aufzubauen: Angesichts der Geschichtslosigkeit der Frauen in der Kunst sei die "Frau in der Einzahl" bewundernswert in ihrer riesigen Bemühung, ihren Platz zu erkämpfen:

> Es greift nach etwas, zitternd vor Kraft und Wollen. Es ist eine Heldin, es kämpft und hat keinen Boden unter den Füßen, muß erst jede Handbreit Boden erkämpfen. Das ist eine Unmöglichkeit, scheint es, aber sie macht's möglich, natürlich mit wunderlichen Sprüngen. Lacht nur über sie. Sie rechnet auch mit dem Lachen. (244)

Als Künstlerin will sich Olly nicht mit der bisherigen Existenzweise ihrer Schwestern identifizieren. Durch ihr Schaffen möchte sie den anderen Frauen Selbstvertrauen einflößen und ihnen helfen, aus dem Zustand dumpfen Vegetierens auszubrechen. Die Heldin verkörpert den Wunsch des "Ausnahmsweibes", die traditionelle Vorstellung von der Frau zu überwinden. "Sie hat Durst nach Ruhm. Es graut ihr davor, wie ein Hund zu sterben. Sie will's natürlich für sich erreichen; aber doch nicht nur für sich. So, wissen Sie, als wollte sie sagen: Mit dem, was ich erreicht habe, adle ich Euch alle. Ihr hättet es auch gekonnt, viele von Euch—und besser" (244–45).

Das gleiche Streben, "den Begriff Weib" umzuwerten, ist auch für die Bildhauerin Isolde Frey in Böhlaus *Halbtier* und für die Schriftstellerin Cornelie Reimann in Gabriele Reuters *Tränenhaus* charakteristisch. Die folgenden Zitate bezeugen die Wichtigkeit des

Themas in dem Künstlerinnenroman der Zeit: "Sie litt unter der scharfen Einsicht in ihrer Lage—die Lage des Weibes. Sie konnte nicht so dumpf leben wie die andern—so breit, behaglich, angebetet und verachtet. [. . .] Sie wollte etwas bilden.—Das Antlitz des Weibes" (*Halbtier* 290).

> Das Schicksal hat manche unter uns ausersehen zu Symbolen der Zeit. Wir tragen ihr Brandmal, oder ihre Flammenzunge an der Stirne—wissen nicht, ob das feurige Zeichen Schande oder Ehre bedeutet. . . Einmal mußte wohl alles dieses von einer Frau gelitten werden, die es nicht nur dumpf quälend fühlt, sondern die es in Erkenntnis umwandeln wird . . . jetzt noch nicht— einmal in der Zukunft. . . (*Das Tränenhaus* 163)

Daß dieses Streben, das Bild der Frau umzugestalten, Böhlaus persönliches Anliegen gewesen ist, geht aus einer Stelle in der Selbstbiographie der Autorin hervor, in der sie die Periode ihrer gesellschaftskritischen Romane zu charakterisieren sucht:

> Ich hatte mit einem tiefen, bestürzten Blicke gesehen, daß die Frau, die geistig leben und arbeiten will, ganz ohne Traditionen ist, mißachtet und belächelt. Ich hatte mir das nicht so vorgestellt. Ich erkannte, daß den Frauen keine geistige Vergangenheit zugehört, daß sie so wenig Spuren auf Erden hinterlassen hatten, wie die Wellen und die Tiere. [. . .] Und ich suchte Worte—Bilder—Möglichkeiten, mich verständlich zu machen. Es war ein leidenschaftliches Ringen, hier Ausdruck zu schaffen. (in Zils 7)[10]

Angesichts der Verantwortung, die sie gegenüber sich und ihren Schwestern fühlt, ist Olly das Bewußtsein ihres Krankseins unerträglich: "alles Aufhalten ist Qual. [. . .] Und krank sein!" (245) Als sie im Frühling ihren ersten Spaziergang unternimmt, kehrt sie ohnmächtig nach Hause und muß sich einer dringenden Kehlkopfoperation unterziehen. Die Operation, die Olly "ganz ohne Stimme" läßt, unterbricht nicht die Kommunikation zwischen ihr und Köppert. Total verstummt, teilt sie sich ihm rückhaltlos mit. Es ist eine wortlose Sprache, die beide verwenden:

> Eine große, stumme Beichte. Ihr Körper zitterte, ihre Brust hob sich im Kampf. [. . .] Und er hielt sie und hörte die stumme ernste Beichte weiter. Sein Gesicht war so gespannt, er war so ganz ihr hingegeben, daß sie in Wahrheit mit ihm zu sprechen glauben konnte. Ihr Jammer floß wortlos ganz in seine Seele über und er fühlte jeden Schauer, der sie durchfuhr. Ganz offen und ehrlich und ohne alles Mit-sich-selbst-Versteckenspielen. . . das war das Weib, das er liebte. [. . .] so lag sie in seinen Armen und nicht einmal sein eigen. Armselig und stumm wie ein sterbendes Tier. So mußte er lieben lernen. (303–304)

Nach dieser stummen Konversation zwischen ihnen schreibt Olly ihre Worte auf Papier auf und bekennt Köppert ihre Liebe. Die Nähe des Todes und die Intensität ihrer Gefühle lassen sie alle Schuld und Skrupel vergessen. Sie stirbt mit einem Gefühl völliger Befreiung, nachdem sie eine große Dosis Schlafmittel einnimmt.

In der Schilderung von Böhlaus Protagonistin lassen sich zahlreiche Parallelen zum Leben der jungen russischen Malerin Marie Bashkirtseff feststellen, die 1884 mit vierundzwanzig Jahren in Paris an Lungenschwindsucht stirbt. Die Ähnlichkeiten zwischen Bashkirtseff und Böhlaus Heldin sind von den Zeitgenossen nicht unbemerkt geblieben. Theodor Lessing erwähnt in seinen *Lebenserinnerungen,* daß man ihm den *Rangierbahnhof* zuerst als ein Buch empfohlen habe, das die Freundschaft Marie Bashkirtseffs mit dem Maler Jules Bastien-Lepage schildere (363).

Zuerst des Dilettantismus bezichtigt, wird Bashkirtseff, die sich durch strahlende Intelligenz auszeichnet und vor ihrem frühzeitigen Tod einige großartige Bilder hervorbringt, anschließlich als begabte Künstlerin anerkannt.[11] Die nach ihrem Tod erschienenen *Tagebuchblätter* (1888) der Malerin erfreuen sich in den 90er Jahren des neunzehnten Jahrhunderts außergewöhnlicher Popularität und müssen auch Böhlaus Aufmerksamkeit angezogen haben. Zahlreiche Gemeinsamkeiten berechtigen zum Vergleich zwischen Böhlaus Protagonistin und der jungen Russin. Dazu gehören das Kranksein, die Magerkeit[12] und die Erfahrung des Todes. Sowohl Marie als auch Olly streben nach Ruhm und gesellschaftlicher Anerkennung, sind aber vom Tode gezeichnet. Beide verbindet den Wunsch, den Banalitäten des Lebens zu entfliehen und sich einzig dem Mysterium der Kunst zu widmen. Beide werden vom Ehrgeiz verzehrt und verschieben "das Leben" auf später. "Und leben? Leben? Sobald ich Talent bewiesen habe. Und wenn ich vorher sterbe? Ich werde nichts bedauern...", schreibt Bashkirtseff am 28. Januar 1884 in ihrem Journal auf.

Die folgende Stelle aus dem Tagebuch der Malerin könnte ebenfalls aus Böhlaus Roman stammen: "Kunst und Ruhm. Berühmt sein! Keine Logik der Begebenheiten, kein Vorbereitetsein, nichts soll meine tolle Freude abzuschwächen vermögen, wenn ich triumphiere... in großem Stile" (139). Wie Olly muß Marie die Angst vor dem nahenden Tod bekämpfen. Eine Eintragung im Tagebuch vom 6. März 1884, dem letzten Lebensjahr der Künstlerin, macht die Parallele zwischen ihr und Böhlaus Protagonistin besonders deutlich:

> Meine Ausstellung bei den Malerinnen findet Beachtung, und ich werde sehr lobend in großen Zeitungen erwähnt, wo ich persönlich gar niemand kenne. Ich bin traurig, unglücklich, krank; und dies ist augenblicklich, was mich

dazu bringt, Tränen zu vergießen, mein Talent steht im Begriff, sich zu entfalten, und es fehlt mir die Gesundheit! (169)

Die Beziehung zwischen Marie Bashkirtseff und dem Maler Jules Bastien-Lepage, den sie vergöttert, erinnert an das Verhältnis zwischen Olly und Köppert. Wie aus dem Tagebuch der Bashkirtseff hervorgeht, sind ihr die Bilder von Bastien-Lepage ein Vorbild gewesen. Die Kunst und ein enges kameradschaftliches Verhältnis verbinden die Freunde, deren Bündnis angesichts des gleichzeitigen Dahinsiechens gleichsam ins Überdimensionale übergeht.[13] So bleibt ihre Beziehung platonisch, doch allem Konventionellen oder Trivialen fern.

Böhlaus Heldin ist so einsam, daß Köpperts Unterstützung ihr alles bedeutet. Nur mit ihm kann sie produktiv sein. "Und mit welchem Jubel fühlte sie sich verstanden,—und von dem verstanden, der ihr der Meister war, der sie durch seine Werke diesen tiefinnerlichen Weg hatte finden lassen!" (235) Ihre Sehnsucht nach Liebe und Anerkennung macht sie aber zu abhängig von Köpperts Meisterfigur: "Hätte er sie getadelt, wäre sie wie vernichtet gewesen, so erschien es i h r " (212). Einmal bleibt Köppert zwei Tage aus und sie ist ohne ihn nicht imstande zu arbeiten. Als Köppert dann wieder auftaucht, begrüßt sie ihn so glückselig, "wie ihn bisher eigentlich nur sein Hund begrüßt hatte" (261). Das Bedürfnis nach Anerkennung durch die "väterliche Figur" macht Böhlaus Künstlerinnen verletzbar und läßt sie zwischen Gefühlsbindung und kreativem Schaffen schwanken. So widmet sich die Protagonistin Isolde aus Böhlaus Roman *Halbtier* der Bildhauerei, um die Anerkennung Henry Mengersens, eines berühmten Malers, der Isoldes Liebe verschmäht hat, zu erreichen.

Dieses Verhältnis zwischen der Künstlerin und dem "Meister" läßt sich nicht nur im fiktionalen Werk der Autorin, sondern auch in ihrem persönlichen Leben verfolgen. Protagonistin und Autorin sind auch ihre Krankheitsanfälligkeit und Kommunikationsprobleme gemeinsam. Die junge Helene wächst als ein phantasiebegabtes, aber verschwiegenes Mädchen auf, dem das Lernen besonders schwerfällt und das sich durch keinen besonderen Lerneifer auszeichnet. In ihrer Lebensskizze "Wie die Enkelin der Ratsmädel zum Blaustrumpf wurde" beschreibt Böhlau das glücklich-unbewußte Außenseitertum, das ihre Kinderjahre geprägt hat:

> Wie in den Unterrichtsstunden, spielte ich auch bei den Spielen eine sehr untergeordnete Rolle. [. . .] Ich war es zufrieden und strebte nicht nach Höherem. Ich wußte auch, ich taugte zu nichts. [. . .] Im übrigen waren mir die Mädchen zu erhaben, zu vortrefflich, als daß ich mich ihnen hätte anschließen können. (*Ratsmädel-und Weimarische Geschichten* 143)

In der gleichen Lebensskizze verbindet die Autorin ihre frühe Disposition für Krankheiten mit ihrem stark zurückhaltenden Verhalten und der Schwierigkeit, sich ungehemmt zu äußern. So verschweigt sie ihren Eltern die Unannehmlichkeiten, die sie in der Schule wegen unbefriedigender Leistungen hat, denn sie empfindet diese als Schmach, die sie nicht zur Sprache bringen kann: "Ich beschloß also, so unmöglich es mir vorkam, die schlimmen Angelegenheiten für immer zu verschweigen. Das wurde mir bitterschwer, ich litt Tag und Nacht darunter. Ich grämte mich—aber ich konnte nicht reden—ich wurde kränklich—krank und bekam nach einiger Zeit ein Nervenfieber" (140). Nach Josef Becker, der Böhlaus Werk und Leben eine ausführliche Untersuchung gewidmet hat, ist Krankheit ein ständiger Lebensbegleiter Böhlaus gewesen. Auch die Briefe, die Helene nach ihrer Heirat an die Mutter schreibt, berichten oft von Krankheiten und verschiedenen Behandlungsweisen.[14]

Als junges Mädchen ist Helene Böhlau nicht weniger eigensinnig und kunstenthusiastisch als ihre Heldin Olly Kovalski gewesen. Hermann Böhlau, der Vater der Schriftstellerin, war ein angesehener Weimarer Verleger und Buchdruckereibesitzer und gehörte zu den Gründungsmitgliedern der Goethe-Gesellschaft. Die Mutter Therese, geborene Thon, stammte aus einer alten Juristenfamilie in Weimar. Helene wächst in der an Tradition und Kultur reichen Umgebung ihres Elternhauses auf, sehnt sich aber nach der Atmosphäre der Großstadt. Der Dichter Richard Voß, der während eines Aufenthalts in Weimar die junge Helene kennenlernt und auf deren leidenschaftlichen Wunsch Hermann Böhlau dazu bewegen soll, sie nach Berlin umziehen zu lassen, erinnert sich in seinen Aufzeichnungen mit den folgenden Worten an sie: "Helene Böhlau war in jedem Nerv Kraft, Wille und unerschütterlicher Glaube an sich selbst. Ihr Elternhaus schien ihrem in alle Weiten hinausstrebenden Geist zu eng; zu eng war ihr Weimars kleine und doch große Welt" (270). Voß berichtet weiter, daß Helene ihn gebeten habe, sich für Friedrich Arndt einzusetzen und ihm ein Jahresgehalt zu erwirken:

> Damals hörte ich zum ersten Male von einem gewissen Herrn Arndt sprechen. Aber wie sprach Helene Böhlau von diesem mir völlig Unbekannten: mit einer Begeisterung, die Extase war, einer Entzückung, die einer Verzückung glich. Dieser Herr Arndt mußte nach ihren Worten ein gottbegnadeter Genius sein. [...] Der wunderbare Mann schrieb an einem geheimnisvollen, erst nach seinem Tode zu veröffentlichenden Werk und befand sich in sehr ungünstigen finanziellen Verhältnissen. (270)

Helene Böhlau lernt Friedrich Arndt, der später den Namen Omar al Raschid Bey annimmt, als sehr junges Mädchen kennen. Zu dieser

Zeit ist der Philosoph verheiratet, lebt mit seiner Familie in Weimar und ist fast fünfzig Jahre alt. Helene wird seine ergebene Jüngerin und schreibt auch ihre ersten Erzählungen unter der Anleitung des "Meisters". Als Helene tatsächlich nach Berlin übersiedelt, folgt ihr die ganze Familie Arndt dorthin. Richard Voß berichtet über die Vorlesung eines Dramas von Arndt, der er in Helenes Wohnung in der Dessauerstraße in Berlin beiwohnt. Voß teilt mit, daß ihm damals der verklärt-verzückte Ausdruck Helenes, mit dem sie sich das Werk des Meisters anhörte, einen "bestürzenden Eindruck" gemacht hat, und beschreibt Helenes Zustand als "eine Art von Hypnose" (272).

Da Arndts Frau sich hartnäckig einer Scheidung widersetzt, fliehen Meister und Schülerin 1886 nach Konstantinopel, wo Arndt zum Islam konvertiert und Helene heiratet.[15] In der schon erwähnten Selbstbiographie der Autorin schreibt Böhlau folgendes über die Geschichte ihrer Beziehung zu Omar al Raschid: "Das Leben führte mich andere Wege, als die Frauen meiner Familie je gegangen sind. Ich wurde Schriftstellerin und heiratete Omar al Raschid Bey, der um meinerwillen Vaterland und Familie verließ und seinen Glauben aufgab" (in Zils 7).

Nach etwa einem Jahr Aufenthalt in Konstantinopel kehren sie wegen des Klimas, das Arndt nicht bekommt, nach Deutschland zurück, und lassen sich in München nieder. Die Heirat macht einen großen Skandal und wirkt sich negativ auf das Ansehen der Neuvermählten aus. Helenes Familie unterbricht alle Kontakte mit dem jungen Ehepaar. Beide werden mit ständigen Geldsorgen und Gesundheitsproblemen konfrontiert. Arndt, der sich durch eine besonders zarte Gesundheit auszeichnet, kränkelt oft und beschäftigt sich mit Philosophie und Schreinerei. Theodor Lessing, der zum Freundeskreis von Helene und Omar al Raschid gehörte, schreibt folgendes über ihr Leben in München: "Helene al Raschid, froh und schön und jung, schuf aus der überströmenden Fülle des hochgestimmten mütterlichen Herzens Bücher voll eines zarten Lyrismus und empörten Zorns. Indes grübelte der versonnene ausdrucksarge Mann an der Hobelbank hastlos und rastlos" (364).

Daß ihr Zusammenleben nicht immer idyllisch gewesen ist, geht ebenfalls aus den Erinnerungen Lessings hervor. Dieser berichtet von einer gemeinsamen Zeit in Klausen, Südtirol, wohin er und die al Raschids 1897 auf längere Zeit übersiedeln. Mit den al Raschids kommt ebenfalls ein siebzehnjähriges Mädchen, "unheimlich gescheit und herrischen Willens" (366), das Arndt beim Abschreiben seines Buches hilft. In der kleinen Kolonie sind alle in das schöne Mädchen "vernarrt". Paula selbst vergöttert einzig den Meister und sein Werk.

114   ÜBERGANGSGESCHÖPFE

> Sie hatte sich so tief in al Raschids Gedanken hineingekniet, daß sie ihm unentbehrlich geworden war. Für das unbeteiligte Auge aber wurde es schon sichtbar, daß wieder einmal drei hochgesinnte Seelen in jenes tragische Dreieck stürzten, das unlöslich ist. [. . .] Weder konnte al Raschid noch allein arbeiten ohne die Mithilfe seiner einzigen, ganz in seiner Sache aufgehenden Jüngerin. Noch vermochte Helene Böhlau [. . .] diesem die junge, ihm allein zugehörige Seele zu mißgönnen. (366–67)

Als Helene Böhlau 1898 mit ihrem kleinen Sohn Omar nach München zurückkommt, fährt al Raschid mit Paula nach Zürich. Lessing fällt dann die Aufgabe zu, nach Zürich zu fahren, um al Raschid und Paula zu endgültiger Trennung zu veranlassen und den Bey, "der bis zur Lähmung aller Entschlußfähigkeit litt", nach München zu seiner Familie zurückzubegleiten (367).

Alle, die Arndt gekannt haben, betonen seine besondere, merkwürdige Wesensart. Arndt, dessen Philosophie stark vom Buddhismus beeinflußt war, arbeitet ohne Unterlaß an seinem Lebenswerk, das erst nach seinem Tode veröffentlicht werden sollte.[16] 1912, ein Jahr nach dem Tode ihres Mannes, gibt Helene Böhlau dessen Werk unter dem Titel *Das hohe Ziel der Erkenntnis (Aranada Upanishad)* heraus. In dem Vorwort beschreibt sie al Raschids Lehre als "Inhalt meines Lebens". Das Gleiche wiederholt sie auch in ihrer Selbstbiographie: "Mein Gatte hinterließ mir ein philosophisches Werk, das schon bei seinen Lebzeiten treue Anhänger gefunden hatte, das auch mir den Inhalt und die Zuversicht meines Lebens geworden war" (in Zils 7).

Obwohl Böhlau ihr Zusammenleben mit al Raschid immer wieder preist und sein Werk ausdrücklich als Ziel ihres Lebens beschreibt, liegt es nahe anzunehmen, daß ihr eigenes Schaffen unter dem Werk des Meisters gelitten hatte. Böhlaus bewundernde Verehrung des Lehrers und seines Lebenswerks hat zweifelsohne ihren eigenen Schaffensprozeß beeinträchtigt. Eine Bestätigung dieser Vermutung findet sich in der Präsentation des Paares Helwig und Lu Geber in Böhlaus Roman *Halbtier*. In den Gestalten des Philosophen Geber und seiner Frau hat die Autorin die Geschichte ihres eigenen Lebens beschrieben. Das wird aus der folgenden Passage ersichtlich, die die Dynamik der Beziehung zwischen Lu und Helwig beschreibt:

> Nachdem mit großen Schwierigkeiten Helwig Gebers erste Ehe getrennt worden war, hatte er die junge Schriftstellerin geheiratet, die er schon kannte, als sie fast noch Kind war. In seinem Hause war sie jahrelang ein und ausgegangen. Er hatte das begabte, junge, wildaufgewachsene Ding arbeiten und denken, ungenutzte Kräfte brauchen gelehrt und hatte Verehrung und Unterwürfigkeit von dem ungezügelten Charakter des Mädchens dafür eingetauscht, hatte einen Kameraden in ihr gefunden, der wie ein treuer Hund zu

ihm stand, immer bereit, ihn zu verteidigen, das Leben für ihn zu lassen. Sie hatte einen Gott in ihm gefunden, von dem sie alles hoffte, an den sie glaubte, zu dem sie heranwuchs. Sie wollte ihm ebenbürtig werden. (*Halbtier* 135)

Obwohl Schriftstellerin, ist Lu wie genagelt "an ein Kreuz mit tausend Rosen überdeckt". Sie ist äußerst begabt, "eine von den ungeheuer wenigen Frauen, die ihre Begabung kennen". Die selbstaufopfernde Liebe zu ihrem Mann, der ununterbrochen an seinem philosophischen Werk arbeitet, hat sich jedoch zum Golgatha ihres eigenen Schaffens verwandelt. "In Lus Augen aber stand immer: Wirst du, mein Lieber, dein Werk vollenden? [. . .] Was kann ich tun, um dich zu halten? Wie soll ich's ertragen, wenn du mir genommen wirst? Was kann ich tun, ich Arme? Ich möchte mich wie einen Teppich zu deinen Füßen legen, wenn es dir hülfe" (*Halbtier* 343). Der Roman beschreibt zwar die Ehe der beiden als "Insel der Seligen" und etwas Gesegnetes, gibt aber zugleich zu verstehen, daß die Idylle auf Kosten von Lus Künstlertum ermöglicht wird. Ihre schmerzvolle Liebe zu Helwig, in der Begeisterung und Demut zusammenfließen, läßt sie ihre eigene schöpferische Arbeit einbüßen.

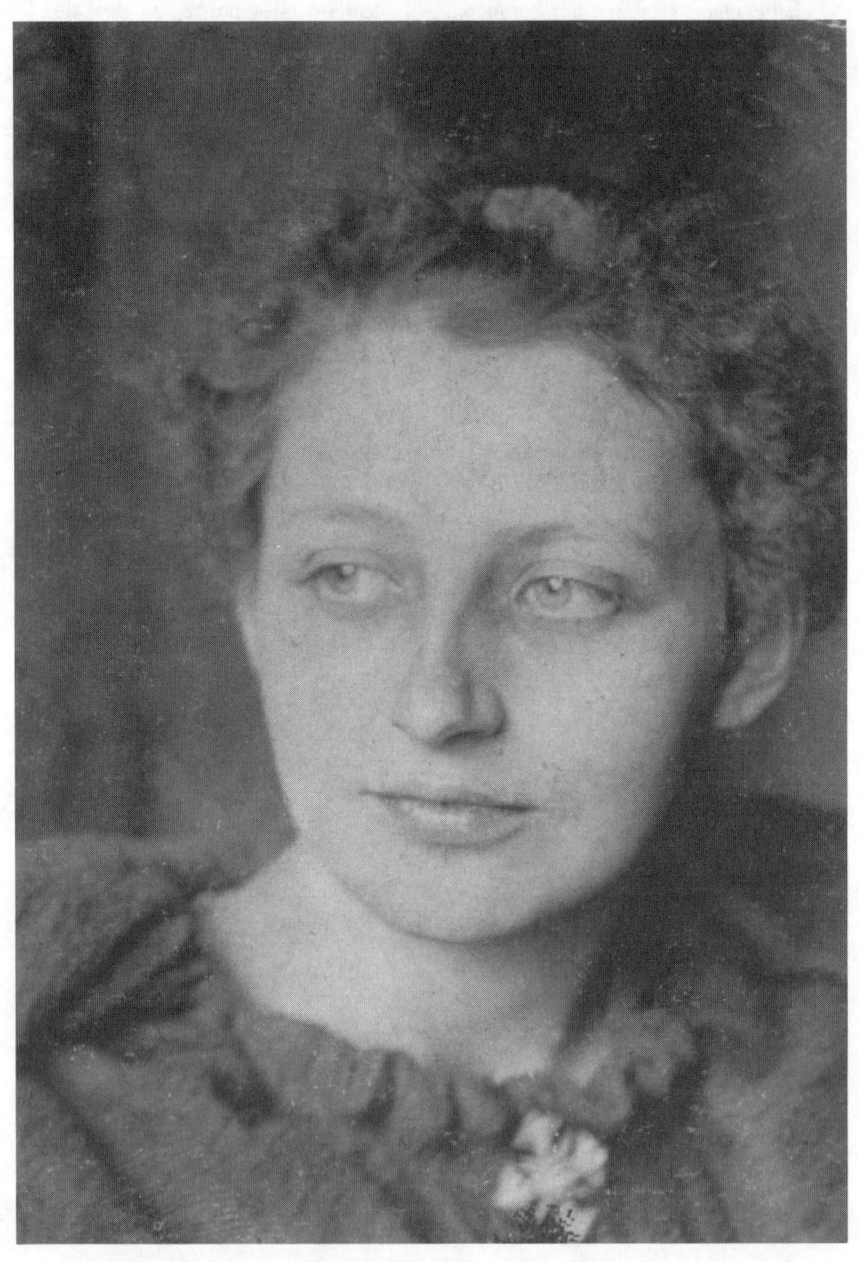

Franziska von Reventlow

7

Franziska von Reventlow: *Ellen Olestjerne*

Ellen Olestjerne (1903), Franziska von Reventlows erster Roman, in dem sie ihre Jugend sowie die ersten Jahre ihrer Existenz als Bohemienne in München schildert, hatte auf Anhieb Erfolg und erreichte bis zu seiner Aufnahme in die Gesammlten Werke der Autorin fünf Auflagen. Das Werk, in dem die Heldin zur Verwirklichung ihres Lebensideals gelangt, weist deutlich auf das Genre des weiblichen Entwicklungsromans hin. Zugleich kann Reventlows *Ellen Olestjerne* als Schnittpunkt verschiedenartiger zeitgenössischer Stiltendenzen betrachtet werden, worauf auch Brinker-Gabler hinweist (*Deutsche Literatur von Frauen* 2, 185).

Die Protagonistin stammt aus einer adligen Familie und verbringt ihre Kindheit im elterlichen Schloß. Dort wächst die junge Ellen als phantasiebegabtes Mädchen heran, dessen sprudelnde Gemütsart und Neigung zu romantischen Abenteuern auf die strengen Forderungen standesgemäßer Verhaltensmuster stoßen. Sie leidet vor allem unter der Gleichgültigkeit ihrer Eltern gegenüber ihren Interessen und ihrer künstlerischen Veranlagung. Als die Familie in eine benachbarte Stadt übersiedelt, vertieft ihre heimliche Teilnahme an einem Ibsenklub, in dem man "moderne" Ideen verbreitet, den wachsenden Konflikt mit der Familie. Mündig geworden, flieht die Heldin aus dem Elternhaus und geht nach München, um sich dem übermächtigen Drang zu malen zu widmen. Das Bohemiendasein erlaubt Ellen, ihre künstlerischen Neigungen und sexuellen Wünsche auszuleben, setzt sie jedoch der Gefahr totaler Vereinsamung aus. Eine ersehnte Schwangerschaft bringt trotz Kranksein und drückender Geldnot den entscheidenden "Wendepunkt" im Leben der Heldin.

Ellen verbringt die ersten fünfzehn Jahre ihres Lebens auf Schloß Nevershuus, der die qualvoll-bedrückende Atmosphäre ihrer Kindheit repräsentiert.

> Schloß Nevershuus lag grau und schwerfällig unter hohen Bäumen mit seinen breiten Seitenflügeln und dem viereckigen Turm, der kaum das Dach überragte. Aber von seiner Plattform aus konnte man weit über Meer und Heide sehen und auf die kleine Küstenstadt hinunter, die sich zwischen Deichen und grünen Wiesen hinzog. (13)

Die Baronin Anna Juliane ist eine schöne, strenge Frau von rastloser Lebhaftigkeit und herrischem Charakter. Nachmittags, wenn sich die Mutter mit einem Buch zurückzieht, widmen sich Ellens Geschwister ungestört ihren Spielen. Ohne Aufsicht gelassen, unternehmen die Kinder die tollsten Streiche und genießen heimlich ihr Nachmittagsglück. Ellen, die nicht die Ausgeglichenheit ihrer älteren Schwester Marianne besitzt und sich "wie ein Junge" benimmt, zieht es vor, draußen mit ihren Brüdern zu spielen. Sie findet keine Freude am täglichen Unterricht, weil er sie ihres einzigen Vergnügens, des Spielens, beraubt. Das Lernen fällt ihr besonders schwer: Ellen buchstabiert immer "Fieberphantasien" und muß danach als Strafe stundenlang an einem Strumpf stricken.

Zwischen Mutter und Tochter besteht ein gespanntes Verhältnis: "Mama und Prügel kriegen waren so ziemlich die ersten Begriffe, die ihr Bewußtsein zu fassen vermochte und die für sie in eins zusammenfielen" (17). Von frühester Kindheit als Stiefkind behandelt, sehnt sich die Heldin nach mütterlicher Liebe. Die Baronin begegnet aber der Ausgelassenheit ihrer Tochter mit Kälte und Unverständnis. Sie ist der "bittre Grundton" in Ellens Leben, die sich nur dann geborgen fühlt, wenn sie dem Bereich der Mutter entfliehen kann:

> Seit sie denken konnte, fühlte Ellen sich wie verfolgt von ihr und warum? War sie allein mit der Mutter im Zimmer, so wehte es sie eisig an, als ob jeden Augenblick etwas Furchtbares geschehen könnte, und nachts träumte sie manchmal, daß die Mutter mit der großen Schere hinter ihr herlief und sie umbringen wollte. (39–40)

Die kleine Ellen gilt als zurückgeblieben und wächst als ein Kind auf, "an dem niemand besondere Freude hat und das zwischen den beiden Brüdern nicht recht zur Geltung kam" (17). Wie Marlene Bucher aus Dohms Roman *Schicksale einer Seele*, fühlt sie sich immer überflüßig und wird "hin und her geschoben", während ihre Brüder, insbesondere der jüngere Detlev, der für sehr begabt gilt, von allen vergöttert werden. Was sie zu hören bekommt, ist nur: "Kleine Mädchen dürfen nicht so wild sein—kleine Mädchen klettern nicht auf Bäume—kleine Mädchen müssen ihre Kleider schonen. . ." (18) Ellen kommt allmählich zu dem Schluß, daß alles daran liegt, daß sie ein Mädchen und kein Junge ist. "Wenn sie sich alle Mühe gab, nicht ungezogen zu sein, tat sie unfehlbar etwas, was verboten war oder sich für ein kleines Mädchen nicht schickte" (22). Ellens Enttäuschung am eigenen Geschlecht wird in ihrem imaginären Wunsch deutlich, eines Tages Junge zu werden. An ihrem sechsten Geburtstag hofft sie, daß sich ihr Wunsch nun endlich verwirklichen kann, erlebt aber eine tiefe Enttäuschung:

Als sie aufwachte, wollte sie Kleider von Erik anziehen, denn jetzt war sie doch ein Junge und wollte auch verzogen und bewundert werden. Aber sie wurde nur entsetzlich ausgelacht, selbst der Vater lachte mit, und dann erfuhr sie, daß sie immer ein Mädchen bleiben müßte. An dem Tage konnte Ellen sich über nichts mehr freuen. (18)

Schon früh macht sich bei der Heldin ein Verlangen nach der Freiheit und dem Verbotenen bemerkbar. Eines Tages wagt sie sich zusammen mit Detlev aus dem Gut hinaus, um sich ein Schützenfest anzusehen. Später, als die Mutter sie zur Strafe mit der Rute schlägt, tanzen "die bunten Bilder der Freiheit" vor Ellens Augen. Seit diesem Ereignis träumt Ellen oft von den Zigeunern, die sie auf dem Schützenfest gesehen hat, und will sich ihnen anschließen, um endlich ein Leben ohne "Stunden und Eltern und Gouvernanten" führen zu können.

Ellen wird mit der Zeit ein temperamentvolles Mädchen, das es mit jedem gleichaltrigen Jungen aufnehmen kann. Nach der Mutter, die die "unbändige Wildheit" Ellens in hochmütiges Staunen versetzt, muß diese "wirklich einmal anfangen, ein vernünftiges Mädchen zu werden". Während Detlev aufs Gymnasium geht, muß Ellen zu Hause bleiben. Die Baronin, die nun ihre Freiheit mehr als vorher einschränkt, zwingt sie oft, die Nachmittage mit irgendeiner Näharbeit im Wohnzimmer zu verbringen. Ellen selbst ist nichts furchtbarer als der Gedanke, Dame werden zu müssen: "Sie suchte sich dann durch doppelte Kraftleistungen hervorzutun und redete wilde Zukunftspläne. Sie dachte immer noch daran, einmal fortzulaufen zu den Zigeunern. Oder wenn das nicht ging, als Schiffsjunge verkleidet zur See gehen; kein Mensch hielt sie für ein Mädchen" (37).

Die Heldin berauscht sich am eigenen Wunsch, sich "sündig vorzukommen". Mit ihrem Bruder liest Ellen verbotene Bücher und nutzt jede Gelegenheit, unbemerkt von zu Hause zu entkommen. Ihr wildes Temperament muß ununterbrochen mit der künstlichen "Zwangsjacke" kämpfen, die man ihr anzieht. Nach einer Szene oder Auseinandersetzung mit der Mutter verschließt sich Ellen in ihrem Zimmer und

> rannte [. . .] mit dem Kopf gegen die Wände, bis ihr die Funken vor den Augen sprühten und der Schmerz sie wieder zur Besinnung brachte. An solchen Tagen mußte sie oben bleiben und durfte sich nicht mehr vor der Mutter blicken lassen. [. . .] Die Zigeunergedanken hatte sie jetzt allmählich aufgegeben, es war wohl doch zu spät geworden. Aber das stand ihr immer noch fest, irgendwann einmal mußte sie sich freimachen von diesem unerträglichen Leben und in die Welt hinaus, in die unbekannte verheißungsvolle Welt. (44–45)

120 ÜBERGANGSGESCHÖPFE

Bei Ellen ist die Einübung in die Rolle, die man von ihr erwartet, besonders schmerzhaft und eigentlich erfolglos. Als die Eltern entscheiden, ihre widerspenstige Tochter in eine Pension zu schicken, nimmt sie die Nachricht mit dumpfer Gleichgültigkeit an. Das freiadlige Stift zu A., in dem Ellen das Jahr 1885 verbringt, soll ihre seltsame Eigensinnigkeit brechen. Die Mutter erwartet von ihr, nun endlich "anders" zu werden. "Wir müssen uns alle mehr oder minder in das Leben schicken" (49), schreibt sie an die Tochter. In einem heimlichen Brief an ihren Bruder Detlev beklagt sich Ellen über die "Kerkerluft" des Internats:

> Man ist eingesperrt wie im Zuchthaus und kommt gar nicht heraus, außer bei dem langweiligen Spaziergang, wo man in Reih und Glied geht und vor jedem Hofwagen knicksen muß. [...] Die Pröpstin kann mich nicht ausstehen, gerade wie Mama, und sie können alle nicht begreifen, daß man toben muß, wenn man vergnügt ist. Wir dürfen uns hier nur "sittsam und anständig" bewegen. (48)

Sie schreibt Gedichte auf eine ihrer Mitschülerinnen, Editha, und beginnt, in allen Freistunden intensiv zu zeichnen. Alles in ihr sträubt sich gegen die eiserne Ordnung im Pensionat. Aufgrund ihres Benehmens wird sie ständig gestraft und in Arrest gesteckt. Als sich Ellen heimlich von ihren Mitschülerinnen Geld borgt, um Editha ein Buch mit Gedichten zu kaufen, wird Ellen von der Pröpstin des Betrugs beschuldigt und für Lügnerin erklärt. So wird die Heldin nach einem Jahr Aufenthalt aus dem Internat entlassen. Sie verbringt den Rest der Zeit bis Ostern, als sie die Anstalt verlassen muß, in "einem förmlichen Rausch von Auflehnung". Auf die Innenseite ihres Schrankes schreibt sie: "Ich habe nie das Knie gebogen—den stolzen Nacken nie gebeugt" (56).

Nach ihrer Heimkehr fühlt sich Ellen einsam und ausgestoßen. Die Eltern können sich nicht über die Anschauungen ihres Gesellschaftskreises hinwegsetzen und bringen kein Verständnis für das innere Leben ihrer heranwachsenden Tochter auf. Über ihre Mutter, der jede Feinfühligkeit fehlt, sagt Ellen: "Sie verbietet nur, um zu verbieten, oder weil sie alles überflüßig findet, was mir Freude macht" (64). Zwischen Ellen und dem Vater, der nicht so streng wie die Mutter, aber nicht weniger begrenzt ist, besteht ebenfalls keine echte Beziehung: "Was soll aus dir werden, wenn du dich nicht zügeln lernst?" (94).

Ihre einzige Freude findet Ellen im Malen. Die Malerei, "überhaupt malen können, alles, was es gibt", ist ihr glühendster Wunsch geworden. Die Mutter erklärt aber die artistische Neigung ihrer Tochter für unbrauchbar, weil sie mit der gesellschaftlichen

Stellung eines adligen Mädchens nicht übereinstimme: "laß doch das alte Geschmier, es kommt ja doch nichts dabei heraus" (64). Als die Baronin zufällig Ellens Briefe und ein Buch mit selbstgeschriebenen Gedichten entdeckt, kommt es zwischen beiden zu einer besonders heftigen Szene, in der Ellen ihre Verbitterung kaum beherrscht. Es ist ihre erste offene Auflehnung gegen die Eltern: "Ich wollte, ich wäre Gott weiß wo, nur nicht mehr bei euch, in dieser Hölle. Aber ich laß es mir nicht mehr gefallen. Lieber lauf ich fort oder bring mich um" (66).

Nach einem ernsten Gespräch mit dem Vater wird Ellen auf längere Zeit zu einer Tante geschickt, die ihr erlaubt, Stunden bei einer Malerin zu nehmen. Bei der Tante bekommt sie auch ein Zimmer als Atelier und wirft sich ungeduldig auf die Arbeit. "Am liebsten stand sie die ganzen, langen Sommertage vor der Staffelei oder streifte mit dem Skizzenbuch draußen herum, statt mit der Tante auf Besuche zu fahren oder Vergnügungen mitzumachen" (67). Ihre Lehrerin repräsentiert eine für sie unbekannte Welt, nach der sich Ellens ganzes Wesen sehnt. Sie verschlingt buchstäblich alles, was ihr die Lehrerin beibringt und schämt sich ihrer "bodenlosen Unwissenheit", denn sie

> hatte noch nie ein richtiges Bild gesehen, nicht einmal gewußt, daß man nach lebenden Modellen malte, und tat so dumme Fragen, daß Fräulein Hunius oft lächelte. Und wie die da herumging zwischen all den beschränkten, engherzigen Leuten—nur ihrer Kunst lebte. Nur der Kunst leben. Ellen fing an zu ahnen, was das sein müßte. (68)

Der Wunsch, sich durch die Kunst von den Einschränkungen ihrer Umgebung zu befreien, begleitet die Heldin ununterbrochen. Ihre Lebensvorstellung "Nur der Kunst leben" steht zweifelsohne im Zusammenhang mit der Lebensphilosophie der Jahrhundertwende und verweist auf das von Nietzsche beeinflußte Lebensverständnis um 1900, das die Kunst als größte Stimulanz des Lebens überhaupt versteht.[1] Die Vertreter der Lebensphilosophie (W. Dilthey, H. Bergson, G. Simmel, L. Klages, M. Scheler) betrachten die Lebensleistungen im Hinblick auf ihr Verhältnis zum Leben und bejahen alles, was die "Ganzheit" des Lebens in die Tat umsetzen kann. Während Kunst zum Inbegriff der Lebenssteigerung erhoben wird, erhält Leben eine besondere Bedeutung als "Kunstwerk", was auf die Umformbarkeit und Veränderbarkeit der Realität hinweisen soll.[2] Mit seiner Forderung nach totaler Erneuerung des Lebens, sowie der Idee einer Neubestimmung der Beziehung zwischen Geist und Leben übt Nietzsche einen starken Einfluß auf seine Zeitgenossen aus.[3] Von der bestimmenden Einwirkung der Lebensphilosophie auf Reventlows

Roman zeugen solche wichtigen lebensphilosophischen Motive wie Leben als Kunst, Vitalismus, Lebensfülle u. a.[4] Für die Protagonistin ist Künstlertum gleichbedeutend mit Freiheit, das schöpferische Leben identisch mit dem "wahren" Leben schlechthin. Sie wagt nur mit ihrer Lehrerin von ihren intimsten Wünschen zu sprechen: "wie sie sich auch so ganz in die Kunst hineinstürzen möchte, nur dafür dasein und arbeiten bis aufs Blut, trotz aller Hindernisse" (68).

Während der erste Teil des Romans aus einer vorwiegend auktorialen Perspektive erzählt wird, kombiniert der zweite Teil, der 1888 mit dem Umzug der Familie in die benachbarte Stadt L. einsetzt, die unpersönliche Erzählhaltung mit zahlreichen Brief-und Tagebucheinschiebungen.

In L. nähert sich Ellen dem Bekanntenkreis ihres Bruders Detlev an und findet Zugang zum Ibsenklub, einem literarischen Zirkel, in dem sich die rebellierende Jugend versammelt. Die jungen Freidenker der Stadt lesen heimlich Ibsen, Tolstoi, Lassalle, Bebel und diskutieren enthusiastisch über Kunst und "freie Liebe". Ibsens Werke üben entscheidenden Einfluß auf Ellens Entwicklung aus. Es scheint ihr, "als ob jedes Wort für mich geschrieben wäre. . ." Nach der Lektüre von Ibsens gesellschaftskritischen Dramen gewinnt Ellen die feste Überzeugung, "daß jeder ein unveräußerliches Recht an sein Ich und sein eigenes Leben hat". Im Einklang mit ihrer Lebensvorstellung findet sie auch die Mitglieder des Klubs "wirkliche Menschen", voll "Künstlertum und Freiheit".

> da gab es Gespräche, bei denen sie alle fieberten: die alte morsche Welt mit ihrer Gesellschaft und ihrem Christentum fiel in Trümmer, und die neue Welt, das waren sie selbst mit ihrer Jugend, ihrer Kraft, mit allem, was sie schaffen und ausrichten wollten. Es war wie ein gärender Frühlingssturm in ihnen, jeder träumte von einem ungeheuren Lebenswerk, und sie alle hätten sich jeden Tag für ihr Lebensrecht und ihre Überzeugung hinschlachten lassen, wenn es nötig gewesen wäre. (91)

Ellen erzählt ihrem Bruder Detlev, der sie in den Ibsen-Kreis eingeführt hat, von ihrem Ibsen-Erlebnis: "Zuerst hab' ich alles ganz allein durchlebt, aber es hätte mich einfach erstickt, ich mußte mit Detlev davon sprechen" (73). Der Ibsenenthusiasmus der Geschwister geht jedoch bald in eine "brausende" Nietzschebegeisterung über. Sie erleben Nietzsches Philosophie als Offenbarung, sein *Zarathustra* wird von nun an ihre neue "Bibel".

Die einzige Person außer dem Bruder, mit der die Heldin kommuniziert, ist Friedrich Merold. Friedrich ist ein Freund ihres Bruders, der ebenfalls dem Ibsenklub angehört und mit dem sie sich nun heimlich trifft. An ihn wendet sie sich auch mit ihren Gedanken und

Empfindungen in ihren Briefen, die die Abkehr der Heldin von ihrer aristokratischen Umgebung und deren Sittennormen deutlich zum Ausdruck bringen. Nach Ellen ist es schon zu spät für sie, zu irgendwelchem Verständnis mit den Eltern zu kommen: Die Wahrheit kann nicht in dieser "verschrobenen Sittlichkeit und Moral" liegen, die sie ihr immer wieder aufzudrängen bemüht sind. "Ich kann mich nicht freundlich mit ihnen stellen, wenn ich sie zugleich fortwährend hintergehen muß. Und das wieder muß ich, um zu meinem Lebensrecht zu gelangen" (75).

Ellen läßt sich nicht wie Reuters Heldin Agathe Heidling domestizieren und behauptet trotzig ihr Recht auf Unabhängigkeit. Sie hat inzwischen von ihren Eltern die Erlaubnis erkämpft, in ihrer Freizeit nicht mehr nähen zu müssen. Der Drang zu malen und sich der Kunst zu widmen ist eins mit dem Wunsch geworden, der häuslichen Misere zu entfliehen. "Sollte ich etwa mit gebundenen Händen immer weiter zusehen, wie man mir mein Leben zertritt, bis die Jugend vorbei ist und alles zu spät?" (79) Für sie wird es eine Frage auf Leben und Tod, sich von den Einengungen der familiären Umwelt und der Bevormundung der Eltern zu befreien: "Ich muß hinaus aus alledem, sonst gehe ich innerlich zugrunde", schreibt sie an Friedrich.

Im Elternhaus findet ihr Liebesbedürfnis keine Befriedigung. "Nirgends bin ich zu Hause, nirgends—am wenigsten da, wo ich es sein sollte" (82). Da die Heldin stark an die Mutter gebunden ist, wird ihr deren Gleichgültigkeit zur peinigenden seelischen Empfindung, die sie ihr Leben lang begleiten wird. Das Sehnen nach der Mutterliebe tritt bereits in ihrem Verhältnis zu Friedrich in Erscheinung: "Friedl, denke daran, daß ich keine Mutter habe, nie gewußt, was Mutterliebe ist—das alles mußt Du mir ersetzen. . ." (80) Zurückgewiesen zu werden (wie von der Mutter) ist ihr ein "fürchterlicher Gedanke". Sie möchte sich Friedrichs Liebe vergewissern und schreibt folgendes an ihn: "Sag mir, daß Du immer an mich glauben willst—immer. Hilf mir, ich will auch alles auf mich nehmen, wenn Du mich lieb hast" (82). Die Dynamik der Beziehung zu Friedrich nimmt den Charakter der künftigen Verhältnisse der Heldin vorweg, die alle durch eine leidenschaftliche Sehnsucht nach Geliebtsein geprägt sein werden.

Reventlow setzt sich in ihrem Roman mit der Mädchenerziehung der Zeit auseinander und kritisiert deren Borniertheit und Engstirnigkeit: "so verbinden sie einem die Augen bei dieser idiotischen Erziehung, und wenn man sie aufmacht, sieht man in einen Abgrund" (86). Ellens Verlangen nach allseitiger Entwicklung—"Ungeheure Dinge leisten, in der Kunst, in allen möglichen Verwegenheiten, überhaupt alles können, alles beherrschen"—kann nicht mit den Vorurteilen ihrer Umwelt in Einklang gebracht werden. Ihr enormer Individualismus, der die Grenzen der kühnsten Weiblichkeitsvorstellungen der Zeit überschreitet, geht Hand in Hand mit einer unüberwindlichen Lebenssucht: "manchmal erschrecke ich selbst darüber, was für Wildheit in mir steckt und sich ausrasen möchte" (82). Der Wunsch der Protagonistin, sich in das Leben hineinzustürzen, steht zweifelsohne im Zeichen der Lebensphilosophie dieser Jahre. Gleichzeitig zeichnet er sich durch eine frauenspezifische Nuance aus: Er erinnert an Olly Kovalskis "rastlose Lebendigkeit" und ihre Befürchtung, als Frau abseits vom Leben und Wissen bleiben zu müssen. "Und was könnte man alles aus sich machen, wenn einem nur ein bißchen geholfen würde. Ich möchte alles können und alles wissen und muß fortwährend meine ganze Kraft aufbieten, um nur das wenige zu retten, was ich habe—damit mir nicht auch das zerdrückt wird" (83).

Trotz der alles "zermalmende(n) Strenge" der Eltern gibt Ellen ihren Traum nicht auf, sich der Malerei zu widmen. In einem Brief aus Kronsee, wo sie ihre Sommerferien verbringt, schreibt sie folgendes an Lisa Seebald, eine Freundin aus dem Ibsenklub: "Ellen Olestjerne wird sich niemals fügen". Sie hat die Einwilligung der Eltern erzwungen, das Lehrerinnenexamen zu machen, und hofft, durch einen selbständigen Beruf sich das notwendige Geld zum Malstudium zu verschaffen. Ellen amüsiert sich, indem sie den Offizieren, die die Baronin als eventuelle Heiratskandidaten betrachtet, Reden über Ibsen und moderne Ideen hält. "Überhaupt macht es mir furchtbaren Spaß, die Leute vor den Kopf zu stoßen, besonders diese aristokratische Bande" (85).

Zu dieser Zeit taucht ein neuer Freund in ihrem Leben auf—Ernst Allersen, mit dem sie nun viel Zeit verbringt. Daß Allersen von Verlobung spricht, kommt Ellen wie eine Enttäuschung vor. "Das schien ihr alles so sinnlos, so gut bürgerlich und gänzlich unmodern—war nicht das, was sie wollte" (99). An einen Mann gebunden zu werden, widerstrebt ihren Empfindungen. Das Verlangen der Heldin "nach einem Rausch ohne Grenzen und Ende" ist so stark, daß es jede Norm oder Konvention sprengt. In einem Brief an Allersen schreibt sie: "Es hilft doch alles nichts—ich will nicht mehr. Du mußt mich lassen, mir meine Freiheit geben"(101).

Inzwischen entdecken die Eltern Ellens Beziehung zu Allersen sowie ihren Briefwechsel mit Friedrich Merold und entschließen sich, ihre Tochter in ein Pfarrhaus zu schicken, wo sie "Moral und Haushalt" lernen soll. Sie veranlassen Ellen, ein Dokument zu unterschreiben, daß sie "keine heimlichen Briefe abschicken, nie allein zur Stadt gehen" und sich in die Ordnung des Pfarrhauses fügen würde. Im Pfarrhaus begegnet man ihr mit Freundlichkeit, was sie in ihrem

Zustand als besonders wohltuend empfindet. Ellen ist aber fest entschlossen, sich von den Eltern loszureißen. Am Tag ihrer Mündigkeit flieht sie heimlich aus dem Pfarrhaus und bricht somit auch die letzte Verbindung zu ihrer Familie ab. Während der Fahrt in die Stadt, wo ihre Freundin Lisa lebt, ist Ellen überglücklich: "frei bin ich, frei bin ich, frei—frei! An dem Wort berauschte sie sich, taumelte fast, lief hin und her, von einem Fenster zum andern und sang wieder hinaus: frei bin ich, frei—setzte sich einen Augenblick hin und lachte, daß ihr die Tränen kamen" (116). Ihr fester Entschluß ist, nach München zu gehen und dort Malerei zu studieren. "Wenn ich nur erst in München bin. Ich könnte alles einschlagen und niedertreten, wenn ich nur malen darf" (127).

Bald darauf fährt Ellen in ihre Heimatstadt zurück, um ihren sterbenden Vater zu sehen, wird aber nicht zu seinem Totenbett erlaubt. "Und sie dachte an ihre Mutter—war sie jemals eine Mutter gewesen, diese kalte, fremde Frau, die ihr sagen ließ: geh, woher du gekommen bist?" (130) Erst nach dem Tod des Vaters erlaubt die Baronin Ellen, ihn noch einmal zu sehen. Am nächsten Abend steht sie wie eine Ausgestoßene vor dem Gittertür des Elternhauses und beobachtet traurig wie ihre Geschwister zusammen mit der Mutter am Tisch sitzen. "die ganze Welt schien ihr so weit und leer und tot—wo gehörte sie denn hin, wohin würde sie treiben?" (131).

Die Heldin versucht, ihre Heimatlosigkeit und das Gefühl totaler Verlassenheit im Erotischen zu überwinden. Die Männer wollen sie für sich behalten, sie an sich binden, scheitern aber immer wieder daran. Was Ellen in der Liebe sucht, ist nichts als geliebt zu sein. Um diesen Wunsch zu befriedigen, muß sie sich immer neue Liebesobjekte aussuchen. Daß sie sich dieses spezifischen Merkmals ihrer Liebesbeziehungen bewußt ist, zeigen ihre Reflexionen angesichts der Trennung von Allersen: "es schien ihr eine ewige Wiederholung, daß sie Liebe wollte und Liebe nahm und im Grunde doch immer nur an sich selbst dachte—geliebt sein wollte, aber ohne etwas dafür hinzugeben" (136).

Bei Lisa lernt Ellen einen jungen Menschen, Reinhard Laurenz, kennen, der Verständnis für ihre Situation aufbringt. Laurenz erinnert in seinem beschützenden Verhalten zu Ellen an Friedrich Gastelmeier aus Böhlaus *Rangierbahnhof*: "In Ellen sah er immer noch ein halbes Kind, von dem man nicht weiß, wie es sich entwickeln wird, und manchmal wachte in ihm der Wunsch auf, ihr Leben in die Hand zu nehmen und es ihr zu gestalten" (127). Reinhard, mit dem sie nun zusammen lebt, will ihr Malstudium in München finanziell unterstützen. Er ist tolerant und verspricht ihr völlige Freiheit: "Ellen, du sollst ja deine Kunst haben und alles, was ich dir schaffen kann. Und ich werde nie verlangen, daß du sie aufgibst, um eine gute Hausfrau zu werden" (135).

In Reventlows Roman ist die gleiche Umkehrung der Rollen zu beobachten, die die Beziehung zwischen Olly und Gastelmeier im *Rangierbahnhof* kennzeichnet. Laurenz (wie Allersen vorher) ist der, der von Heirat spricht, während Ellen unruhig wird, wenn man dieses Thema berührt: "warum müssen wir denn gleich wieder an Verloben und Heiraten denken? Ich habe einen förmlichen Schrecken vor dem bloßen Wort" (135). Das einzige, das für sie gilt, sind ihre Freiheit und die Kunst. "Ich muß wenigstens vier, fünf Jahre ganz für mein Studium haben, das geht allem andern vor".

Vor der Abfahrt nach München verbringt Ellen einige Tage in einem Badeort, wo sie den ganzen Tag malen kann. Mit einem kleinen Boot macht sie eine Fahrt während eines starken Gewitters. Die Gefahr berauscht sie, ihre Augen leuchten vor Vergnügen. Dieses Ereignis macht das "furchtbar tolle(s) Kind" besonders populär und Ellen lernt unerwartet eine Anzahl neuer Personen kennen. Eine darunter macht ihr besonderen Eindruck: Leon. Mit ihm verbindet sie die Lust zum wilden "Lebensrausch". Während ihres kurzen Aufenthalts, den sie in gedankenloser Lebensfreude verbringt, vergißt sie Reinhard fast völlig. "Und immer kommt wieder ein anderer. [. . .] Sie war so sicher gewesen, daß sie Reinhard liebte und von nun an alle ihre Gedanken nur ihm gehören würden. Und nun saß sie da in der Sommernacht und wußte dem strahlenden Verlangen, das sie umwarb, nicht nein zu sagen" (146). Das stilistische Arrangement des Reventlowschen Romans weist oft auf das sprachlich-thematische Repertoire des Jugendstils hin. Leitmotive wie erotische Trunkenheit, Begeisterungstaumel und Lebensgier, die Hand in Hand mit Topoi wie Extase, Wollust und Sinnlichkeit gehen, sind der jugendstilhaften Kunstrichtung wesensverwandt.[5]

> Wer wollte wohl an Schlafen denken, heute mußte noch bis zum Morgen gefeiert, Kälte und Müdigkeit weggeübelt werden. Und sie feierten und jubelten, und die Wellen der Freude gingen immer höher. Nach Tisch setzte Harry, der Opernsänger, sich ans Klavier und raste wilde Tanzmelodien herunter, die andern tanzten um die Tische, durch den Saal und zur Tür hinaus durch die Straßen. [. . .] Zwischendurch fanden Ellen und Leon sich auf der Bank vor dem Hause zusammen. Küsse mich Kind, nur heute, nur heute noch, laß morgen morgen sein. (145)

Ellens darauffolgende Verlobung mit Laurenz überrascht alle, auch ihren Bruder Detlev, der die Kunstbesessenheit seiner Schwester besonders gut kennt. "Ich finde, Ellen ist aus der Rolle gefallen—

aber ich bin sicher, sie kommt doch mit einem Skizzenbuch unter dem Arm zur Trauung" (148).
  Nach der Verlobung fährt Ellen nach München, um Malerei zu studieren. Diese Periode im Leben der Protagonistin wird durch ein neues Stilelement, Ellens Tagebuchnotizen, eröffnet, die uns in das Milieu des Münchner Schwabings einführen.
  Obwohl die Geldnot ihr ständiger Begleiter ist—zum täglichen Leben bleibt ihr fast nichts übrig—ist Ellen froh und übermütig. Ihr Wunsch nach Freiheit und Selbständigkeit ist endlich in Erfüllung gegangen. Sie wohnt in einem Dachzimmer und zeichnet in einem Atelier zusammen mit fünf anderen Malerinnen. Ihr ganzes Wesen ist auf die Arbeit und das Malen gerichtet. "Mein Gott, und jetzt muß ich arbeiten, arbeiten bis aufs Blut, und dann faßt mich der Jammer an um all die verlorene Zeit, was für Jahre hätte ich jetzt schon arbeiten können" (149). Die gleiche hastige Nervosität und der Zweifel am eigenen Können, die Olly Kovalski charakterisierten, zeichnen auch Ellen aus. Manchmal überfällt sie ein krisenhaftes Unbefriedigtsein mit sich selbst. An solchen Tagen "kommt wieder das sonderbare Gefühl, als ob irgend etwas fehlte—als ob da irgendein toter Punkt wäre, über den ich nicht wegkam". Es bedrückt sie die von ihr geforderte "Tugend" der Frau und ihr "ewige(s) Vorbeigehen am Leben".
  Zum einen tut ihr Reinhards Liebe wohl, zum anderen empfindet sie die Verlobung mit ihm als Bürde, die sie mit ihrer neuen Freiheit nicht zu vereinigen weiß. Reinhard sei "freidenkerisch", zugleich aber Gefangener altmodischer Vorstellungen. Ellen, der alles "Binden und Verpflichten" zuwider ist, hat dagegen ein anderes Verständnis von Moral, das die Bindung an den Anderen als unmöglich empfindet und nur in dem absoluten Sich-Ausleben-Können des Einzelnen eine Rechtfertigung findet. Die Verlobung mit Reinhard erinnert die Heldin an die weibliche Rolle, mit der sie sich weder identifizieren kann noch will. "Wie gut ist es, so allein zu leben—ob ich es wohl jemals aushalte, mit jemand anderem immer zusammen zu sein? [. . .] Ich möchte es immer so haben wie jetzt, nur ans Malen denken und alles tun, was mir einfällt" (152).
  Auch ihr Ideal einer Beziehung zwischen den Geschlechtern, in der beide Partner "hier und da eine Zeit zusammenleben" und dann wieder ihren "eignen Weg gehen", bricht mit allen geltenden Normen. Nichtsdestoweniger dreht sich Ellens Leben immer um eine oder mehrere männliche Figuren. Die Suche der Heldin nach Geliebtsein macht sie von diesen Figuren abhängig und steht, genau wie bei Olly Kovalski, im Gegensatz zur Intensität ihres Unabhängigkeitswunsches. "Bei mir ist es immer nur, daß ich gezwungen bin oder mich zwingen lasse, nach dem Empfinden eines andern zu handeln" (151). Da Al-

lersen nach München kommt, um zu studieren, verlangt Reinhold von ihr, daß sie nach Berlin zu seinen Verwandten geht, um dort ihr Studium fortzusetzen. Ellen empfindet diese Forderung ihres Verlobten als Einmischung in ihr Leben. Sie ist nicht willig, mit ihrer schwer erkämpften Freiheit Kompromisse einzugehen. "Ich brauche gerade diese Zwanglosigkeit—meine Mutter würde sagen Zügellosigkeit— meines hiesigen Lebens. Und vielleicht ist das das richtige Wort—ich kann keine Zügel vertragen" (154).

Da ihr aber Reinhards Liebe viel bedeutet, schwankt sie zwischen ihren Gefühlen zu ihm und der unbändigen Versuchung, mit allem zu brechen und für sich allein zu bleiben. Genau wie Olly Kovalski sind ihr Unabhängigkeit und Realisierung in der Kunst wichtiger als persönliches Glück oder Heirat. Dieser "Heißhunger nach der Kunst", der alles andere ignoriert, stellt eine weitere Ähnlichkeit zwischen Ellen und Böhlaus Protagonistin Olly her:

> Ich kann nicht an Zusammenleben und Glück denken, ehe ich mich selbst gefunden habe, und endlich bin ich auf dem Wege dazu; aber es ist noch alles so unklar und verworren in mir. Man soll mich in Ruhe lassen. Auf die Höhe hinaufkommen oder daran kaputt gehen—aber diese beiden Möglichkeiten soll man mir lassen. Wie kann ich da jetzt nach Glück fragen? (154)

Obwohl Reinhard ihr rücksichtslosen Egoismus vorwirft, bleibt sie bei ihrem "Nein": "Nach Berlin gehen und mich füttern lassen—meine schöne Freiheit verkaufen?" (156)

Zu dieser Zeit lernt Ellen zum ersten Mal den Boheme-Kreis um den Polen Zarek kennen, zu dem heimatlose Maler und Malerinnen gehören. Im abenteuerlichen "Traumland" des Zarekkreises hofft Ellen, den Zwang der Konvention von sich abzuschütteln und volle persönliche und künstlerische Befriedigung zu finden.

Helmut Kreuzer, der sich in seinem Werk *Die Boheme* ausführlich mit den verschiedenen Typen der erzählenden Boheme-Darstellung auseinandersetzt, führt Reventlows *Ellen Olestjerne* als typisches Beispiel für den Romantyp der "aszendierenden Boheme-Existenz" an.[6] Unter dem Aspekt der Boheme-Darstellung vergegenwärtigt dieser Typus ein Strukturmuster von drei Stadien, die nach Kreuzer auch in Reventlows Roman zu verfolgen sind: In einem ersten vorbohemischen Stadium findet man die Voraussetzungen für den Weg in die Boheme. Typisch für dieses Stadium sind der Generationskonflikt und die Auflehnung gegen autoritär erscheinende Persönlichkeiten oder Institutionen. Das zweite oder bohemische Stadium wird zuerst positiv erlebt, führt aber zu innerer Vereinsammung oder Selbstverlust und wird in einer dritten Entwicklungsphase durch freiwillige Bindung oder eine verpflichtende Aufgabe überwunden, die jedoch das

Bohemetum nicht gänzlich negieren, sondern seine weitere Bejahung auf einer höheren Stufe der Bohemeexistenz oder jenseits der Boheme möglich machen (99).[7]

Auf gebrochenem Deutsch charakterisiert Zarek das Bohemienleben seiner Freunde folgendermaßen: "Sind wir alle Menschen, sind wir alle Brüder—sind wir alle Künstler—haben wir alle Rausch—wollen wir Brüderschaft trinken in Kunst!" (161) Diese scherzhaft-ironische Darstellung der Zarek-Boheme antizipiert die veränderte thematische Orientierung von Reventlows Roman *Herrn Dames Aufzeichnungen oder Begebenheiten aus einem merkwürdigen Stadtteil* (1913), in dem die Autorin die idealistisch verklärte Schilderung der Boheme in *Ellen Olestjerne* einer kritischen Analyse unterziehen wird. Während der ausgelassenen Stimmung des Münchner Faschings findet in *Ellen Olestjerne* eine ähnliche Szene wie diese im *Rangierbahnhof*, in der sich Olly Kovalski mit zwei Masken unterhält. Ein weißer Pierrot nähert sich der in einem Clownkostüm maskierten Ellen und fragt sie nach ihrem Geschlecht. So lernt Ellen Johnny kennen, der sich ganz nüchtern über das Bohemienleben äußert: "Die Boheme kriegt jeder einmal satt und Ihre Gesellschaft da gefällt mir nur halb" (176).

Die Zarekrunde ist ein Männerbund, in dem trotz "freier" Moral die traditionellen Geschlechterbeziehungen reproduziert werden. Man deutet, wenn auch nicht immer bewußt, Ellens Anwesenheit in dem Kreis als ausreichende Bedingung für ihre Verfügbarkeit als Frau. Sie fühlt sich manchmal "todunglücklich", weil die anderen sie für leichsinnig halten. "Konnte sie sich nicht verlieben, in wen sie wollte? Aber deshalb brauchten sie sich nicht einzubilden, daß sie nun jedem von ihnen gleich in die Arme sänke" (165).

Im Zarekkreis trifft Ellen den Maler Walkoff, der bald ihr Lehrer wird. Er kritisiert ihre Bilder oft bis zur Schonungslosigkeit und unternimmt es, ihr die Wahrheit über Kunst und Malen beizubringen. Walkoffs Lektüre über Kunst macht einen überwältigenden Eindruck auf Ellen, obwohl sie sich vor ihm nicht frei aussprechen kann: "Ja, wenn sie reden könnte, warum sie so war, so geworden—alles, was sie drückte—aber davon wollte er nichts wissen—drängte sie alles in sich zurück" (166). Eine tiefe Bewunderung für den Künstler prägt Ellens Beziehung zu Walkoff: "Auf den Knien hätte sie dem Himmel danken mögen, daß sie diesen Menschen gefunden hatte, wenn er ihr auch noch so weh tat. Erbarmungslos nahm er das Messer und legte ihre innersten Wunden bloß, schnitt alles hinweg, was darüber wucherte" (167). Sie arbeitet nun alle Nachmittage zusammen mit ihm und läßt sich von ihm belehren. Beide vereinigt die Arbeit und die Liebe zur Kunst.

Die starke sexuelle Zuneigung zu Walkoff, der ihr erster Liebhaber wird, steigert Ellens schöpferisches Selbstgefühl. "Jetzt konnte sie mit ganzer Seele bei ihrer Arbeit sein und vergaß alle Entbehrungen. Ihre Kraft erneuerte sich in jeder Liebesstunde und in den langen Gesprächen mit Henryk, im Verkehr mit all diesen Menschen, die nur ihrer Kunst lebten" (169). Die Beziehung zwischen beiden wirkt sich jedoch widersprüchlich auf Ellens Schaffen aus. Das Verhältnis mit dem "Meister" bringt nicht immer die künstlerische Entwicklung der Heldin vorwärts, sondern verwandelt sie oft vom Subjekt zum Objekt der künstlerischen Gestaltung. Wenn Walkoff die "Arbeitswut" ergreift, muß Ellen das Zeichnen vergessen und ihm als Modell dienen.

Das Liebeserlebnis mit Walkoff wird Ellen Anlaß zu Schuldgefühlen gegenüber Laurenz. Reinhards Liebe bedeutet ihr vor allem "Schutz und Heimat", die sie im Verhältnis zu Walkoff entbehren muß. Dieses ist kein stilles "Sommerglück", sondern "eine blinde, wütende Sturmflut, die alle Dämme niederbrach". Reinhard, der nun auf Heirat besteht, drängt sie zur endgültigen Entscheidung: "Ich begreife nicht, daß du selbst jetzt nichts anderes im Kopf hast wie deine Malerei—auf alles, was ich schreibe, nicht eingehst" (178). Das Schwanken der Heldin zwischen Reinhard und Walkoff erinnert an Ollys Oszillieren zwischen Gastelmeier und Köppert. Ellen würde es vorziehen, mit beiden zu leben, wenn es von ihr abhänge: "In ihrem eignen Gefühl war nichts, was dem widersprach, mit beiden das Leben zu teilen, weil jeder ihr etwas war, was der andere nicht sein konnte" (171).

Als sich die ersten Anzeichen ihrer Schwangerschaft zeigen, läßt sie sich von Walkoff überreden, daß ihr in dieser Situation nichts übrig bleibe, als Reinhard zu heiraten. Ellens unterwürfig-ergebene Haltung erlaubt ihr nicht, sich Walkoffs Wahl zu widersetzen. Ihr einziges Gefühl gegenüber dem Lehrer bleibt auch weiterhin das der Dankbarkeit: "Von dir hab' ich erst die Seele bekommen, vorher hatte ich keine. [. . .] wenn man nur die Kunst hat und darin—das hätte ich ohne dich vielleicht nie so gefunden. Das bleibt mir ja—ich werde niemals loslassen" (184).

Reventlow schildert die Boheme-Existenz als "taumelnde(n) Rausch, der alles übertäubte", und gerät auf diese Weise zu einer unberechtigten Harmonisierung der im Roman existierenden Konflikte. Die Gleichstellung von Bohemetum und sexueller Emanzipierung der Frau läuft der Erfahrung der Heldin entgegen, die ironischerweise ihrer eigenen Vorstellung von "freier Liebe" zum Opfer fällt. Auch später, als es zum endgültigen Bruch zwischen Ellen und Laurenz kommt, wird die Trennung zwischen beiden als berauschenden Hang zur Selbstzerstörung erklärt.[8] In dieser äußerst bedenklichen Darstellung der Boheme sucht man heute die eigentliche Schwäche des Romans. Kreuzer hebt in dieser Hinsicht die spontane Aneignung der konventionellen Literatursprache der Jahrhundertwende hervor, die der Autorin zum "unproblematischen Mittel des Selbstausdrucks" wird (*Die Boheme* 101). Auf die bedenkenlose Übernahme des Vokabulars um 1900 weist auch Brinker-Gabler hin, die folgendes über Reventlow schreibt:

> Indem das Ausdrucksrepertoire nicht durch kritische Überprüfung eigener Empfindungen und Erfahrungen aufgebrochen wird, gerät sie in Gefahr, vermittels der angeeigneten Erlebnisschemata Selbsttäuschungen zu erliegen. [. . .] Von hier aus ist auch die Darstellung der Boheme, des Ortes der Lebensberauschung und Lebensfülle, kritisch in den Blick zu nehmen. (*Deutsche Literatur von Frauen* 2, 189)

Als die Heldin München verläßt, hat sie das Gefühl, daß "sie einen Sarg mit sich führte, in dem ihre Jugend, all ihr Glücksverlangen und ihre Liebe lag, während sie dahinfuhr, einer fremden, gleichgültigen Zukunft entgegen" (184). Einige Wochen später wird Ellen Reinhards Frau. Dieser möchte seine Frau, die nun mit einem "fast verzweifelten Ernst" arbeitet, nicht am Malen hindern. Nach der Heirat leben beide in einem neuen Haus zusammen, wo Ellen ein leeres Zimmer als Atelier bekommt. Trotzdem fühlt sie sich wie ein "Schiffbrüchiger mitten im Meer an einem Balken, der jeden Moment hinweggespült werden kann". Eine heimliche Abtreibung befreit Ellen aus der ungewollten Schwangerschaft, zerrüttet aber für immer ihre Gesundheit. Nach der Besserung fährt die Heldin mit der Einwilligung ihres nichts ahnenden Mannes nach München zurück, um ihr Malstudium fortzusetzen.

In München erneuert sie ihr Bohemienleben, wird aber zugleich vom Gedanken gequält, daß sie Reinhards "Glück in Scherben zerschlagen hatte". Auch das Wiedersehen mit Walkoff bringt Ellen eine tiefe Enttäuschung mit: Walkoff lebt nun mit einer anderen Frau und hat ein Kind von ihr. Er kommt ihr "fremd und armselig", die Liebesgeschichte mit ihm lächerlich vor. Die schmerzliche Erinnerung an dieses Erlebnis sowie ihre wachsenden Schuldgefühle gegenüber ihrem Mann versucht Ellen in einer totalen Hingabe ans Erotisch-Sexuelle zu vergessen.

Als Reinhard nach München kommt, um zusammen mit seiner Frau einige Urlaubstage zu verbringen, deutet Ellen in einem Gespräch zwischen beiden die Unausweichlichkeit der Trennung an. Ihre Geschichte mit Walkoff, die Schwangerschaft und die heimliche Abtreibung erzählt sie Reinhard als die Geschichte einer fremden Frau und läßt ihn in einem fast masochistischen Drang die kleinsten Einzelheiten davon erfahren, was "jene Frau" erlebt hat. Obwohl ihre Erzählung als Selbstbestrafung funktionieren soll, hofft Ellen, "daß einer, der liebt, dem anderen folgen könnte bis in seine dunkelsten weggewendeten Tiefen, und daß er ihr bleiben könnte, welche Wege sie auch ging" (203). Sie weiß aber gleichzeitig, daß so eine Art von Liebe nicht möglich ist. Am letzten Tag ihres Zusammenseins mit Reinhard findet sie den Mut, ihrem Mann zu sagen, daß sie sich von ihm trennt: "es war meine eigene Geschichte, die ich dir gestern erzählte" (205).

Nach der Trennung von Reinhard muß sich Ellen wegen fortschreitender Lähmung der Glieder einer lebensgefährlichen Operation unterziehen. Quälende Vorstellungen, die Angst vor dem Tod und der Gefahr eines "jahrelange(n) Krankendaseins(s)" lassen Ellen keine Ruhe. Sie hat das Gefühl, "als ob sie immer über Leichen hinweggegangen sei—um schließlich vor ihrer eigenen anzukommen".

Nach der Operation, die ihr ganzes Wesen erschüttert, wird Ellen ausgeglichener und erkennt, daß "der letzte Mut zu sich selbst" uneingeschränktes Sichausleben, aber auch totale Entwurzelung bedeute. Indem die Heldin ihr Leben gründlich durchdenkt, sieht sie ein, daß ihre unbändige Fahrt zu sich selbst mit dem Preis totaler Vereinsamung erkauft worden ist. "Heimat, Geschwister, selbst den Bruder, den sie so liebte, denn der war schließlich auch von ihr gegangen zu den anderen—den Mann, dem ihre erste große Leidenschaft gehörte—sein Kind—Reinhard—alles, alles von sich geworfen. . ." (211) Ellen denkt auch über die unglücklichen Jahre ihrer Kindheit nach, in der die Eltern eine so verhängnisvolle Rolle gespielt haben. Sie stellt die Erziehung ihrer Jugend, aber auch die Sprache als Instrument dieser Erziehung an den Pranger. Die Moral, die gesellschaftlichen Konventionen beruhen auf falschen Worten. "Ich habe kein Wort so gehaßt wie das: Es geht nicht—es ist das unwahrste Wort, das es gibt" (219).

Ellen verkehrt auch jetzt mit Malern und Künstlern, es scheint aber, als ob inzwischen eine andere Generation gekommen wäre. Der Zarekkreis, der sich inzwischen fast völlig aufgelöst hat, stellt nicht mehr das ehemalig "abenteuerliche Land" für sie dar. Das elende Zimmer, in dem sie lebt, hat jedoch einen gewissen Zauber für sie—es ist das Zimmer ihrer Unabhängigkeit. "Endlich kann ich wieder etwas an die Arbeit, und der Stab Wehe ist verbannt" (215). Der Gedanke an den Tod begleitet sie stets bei der Arbeit: "Und doch denke ich immer wieder, daß ich nicht lange leben werde—daß es mich doch wieder hinwerfen könnte und ich mich eilen müßte" (218). Sie ist stärker geworden, ist aber noch nie so allein in ihrem Leben gewesen.

Die Nachricht, daß sie schwanger ist, befriedigt deshalb eine "namenlose Sehnsucht" in Ellen. Die schmerzlich-selige Erfahrung der Mutterschaft und des Kindes als des Anderen kommt ihr als etwas Geheimnisvolles und Heiliges vor: "Es ist ein seltsames Gefühl, wenn der Körper sich so verändert—wenn man fühlt, wie das kleine Leben sich von Tag zu Tag deutlicher regt—ich möchte nur darauf lauschen dürfen—nichts mehr tun, nichts mehr denken" (224). Die Heldin gibt das Malen auf und versucht, durch Übersetzungen der ständigen Mittellosigkeit zu entfliehen und die Zukunft des Kindes zu sichern. Sie verläßt München und fährt aufs Land, um das Kind zu gebären.

> Und am nächsten Morgen fort, ganz allein. [. . .] Ich sehnte mich so danach, ganz allein zu sein, aber nun weiß ich die Einsamkeit nicht zu ertragen—von einem Ort bin ich zum andern gefahren, überall kam es mir unerträglich vor, auch nur einen Tag zu bleiben—immer neue, fremde Gesichter, die mir von feindlicher Neugier erfüllt schienen, mich bis in die Träume hinein verfolgten. (227)

Dem gleichen doppelten Paradox der alleinstehenden Mutter und Künstlerin begegnet man auch in Gabriele Reuters Roman *Das Tränenhaus*: Cornelie Reimann, eine durch ihr Erstlingswerk berühmt gewordene Schriftstellerin, fährt ebenfalls aufs Land, um ihr uneheliches Kind zu gebären. In beiden Fällen sind die Protagonistinnen, aber auch die Autorinnen, ledige Mütter, die sich entscheiden, ihre Kinder zu behalten und selbst aufzuziehen.[9] Aus der Schilderung der Beziehung zwischen Cornelie Reimann und Rudi Imgart im *Tränenhaus*, wo Reuter in fiktiver Form ihre eigene uneheliche Mutterschaft schildert, läßt sich folgern, daß die Schwangerschaft der Autorin die Trennung vom Vater ihres Kindes veranlaßt haben muß. Um die Zeit dieser Eregnisse (1895 bis 1899) lebt auch Gabriele Reuter im Münchner Schwabing. Ebenso wie ihre Kollegin Reventlow bewahrt Reuter über Namen und Identität des Vaters Stillschweigen. Ihre Heldin Cornelie geht durch quälende Zustände totaler Hoffnungslosigkeit und Angst, bis sie sich im Namen des Kindes zusammennimmt, um ein schon begonnenes Werk zu beenden.

> Sie wollte ja nur auf irgend eine Weise so viel Kräfte sammeln, um ihre Arbeit, ihr neues Werk zu fördern und in den nächsten Monaten zu beenden. Hatte sie um das Leben des kleinen Geschöpfes, das unter ihrem Herzen wuchs, so hart kämpfen müssen, hatte sie alles dafür hingegeben, was ihr bisher wertvoll geschienen, [. . .] so durfte es nicht verhungern, wenn es auf die Welt kam. (*Das Tränenhaus* 14)

Genau wie Reuters Protagonistin kann Ellen ihre Verzweiflung und die Angst vor der Ungewißheit der Geburt kaum beherrschen. Der Gedanke an das kommende Kind rettet sie jedoch aus der inneren Zerrissenheit und hilft ihr, zu einer neuen Lehre zu gelangen, der Kunst, "mit dem Leben eins zu werden". Durch diese Lehre setzt sich Ellen über die traditionelle Bedeutung einer von gesellschaftlichen Regulativen kontrollierten Mutterrolle hinweg. "Mein Kind hat keinen Vater, es soll nur mein sein. Ich habe es selbst so gewollt—er ist schon lange fort, und ich würde ihn nicht zurückrufen, selbst wenn ich wüßte, wohin er gegengen ist. Dieser Mann gehört nicht zu meinem Schicksal" (225–26). In einer Mutterschaft, die keine ideologische oder gesellschaftliche Vormundschaft kennt und nur die intimsten Seiten der Person betrifft, gelingt es der Heldin, sich der weiblichen Bestimmungsrolle zu entziehen.

Dieses Konzept Franziska von Reventlows weist interessante Berührungspunkte mit einigen gegenwärtigen Theorien über die Rolle und die Bedeutung von Mutterschaft auf. Julia Kristeva betrachtet z. B. die mütterliche Liebe zum Kind, das sowohl ein Teil der Mutter, als auch *ein Anderes* sei, als eine neue Art von Ethik, die die Liebe zum Ich mit der rückhaltlosen Selbsthingabe im Namen des Anderen zu vereinigen vermag. Diese Ethik, die sich auf die Liebe und Identifikation der Tochter mit ihrer Mutter gründe, bestehe in der einzigartigen Beziehung zwischen Mutter und Kind während Schwangerschaft und Geburt ("Stabat Mater" 160–85).

Ellen weiß, daß "wir beide ganz allein auf der Welt sind—ich und mein Kind. Wenn es wüßte, wie viel Liebe seiner wartet, mir war beinah, als ob ich laut zu ihm sprechen müßte" (226). Sie kann nun auch die Tatsache ruhig akzeptieren, daß die "Tore der Gesellschaft" hinter ihr zugefallen sind. In den Augen der anderen für immer "bankerott", hat sie sich ein neues Heim aus Mutterschaft und Kunst geschaffen: "Die Heimat ist bereit, in der mein Kind erwachen soll" (232). Nun arbeitet sie voller Zuversicht an einer letzten Übersetzung, die noch vollendet werden soll. Es ist dieses neue Selbstgefühl, das ihr die Kraft gibt, zum Leben ja zu sagen: "ich sehe ihm ins Auge, und wir lächeln beide" (233).

In ihrem Roman *Ellen Olestjerne* hat Franziska von Reventlow die Geschichte und Bedingungen ihres Jugendlebens beschrieben. Die von ihrer Schwiegertochter Else Reventlow respektiv 1971 und 1975 neuherausgegebenen *Tagebücher* und *Briefe* der Autorin bestätigen den unverkennbar autobiographischen Charakter des Romans.[10]

Am 22. Mai 1895, genau ein Jahr nach der Schließung ihrer Ehe mit dem Gerichtsassessor Walter Lübke und im Vorgefühl ihrer bevorstehenden Trennung von ihm, schreibt Franziska folgendes über ihren Hochzeitstag:

> Damals, an dem Tage, o da war ich sehr stark. Da brach alles Glück hinter mir und vor mir in eine öde, endlose Verzweiflung zusammen. Konnte je ein Mensch einsamer sein? Meine Eltern und Geschwister verloren, von mir gestoßen, den verlassen, den ich geliebt hatte mit der Leidenschaft, die es unwiderruflich nur einmal im Leben geben kann, und nun mit dem Kind von ihm unter dem Herzen zu dem fremden Mann, den ich nicht geliebt hatte, mit dem mich nur ein flüchtiger Sommerrausch zusammengeworfen, von dem bei mir nichts, bei ihm eine Illusion von weiterem Glück zurückgeblieben war. [...] Es muß alles heraus, herunter. Ich muß mein Leben wieder da herausreißen. Wenn ich auch sein Glück zerbreche, ich werde ihm dafür die Wahrheit geben, etwas weit besseres. (*Tagebücher* 33)

In einer Eintragung vom 6. Juli 1895, nachdem das verhängnisvolle Gespräch zwischen Reventlow und ihrem Mann bereits stattgefunden hatte und die endgültige Trennung zwischen beiden Realität geworden war, liest man:

> Wir waren jetzt 14 Tage zusammen hier und das Sonderbarste und das Schwerste ist, ich kann mich selbst nicht mehr verstehen. Einmal ist doch alles gebrochen gewesen, nichts wie Verzweiflung und harte einsame Kraft, alles Glück, alle Freude so erbarmungslos aus und vorbei, ich war doch ungebrochen, es war Jubel in mir, Triumphzug in das Leid hinein. Und jetzt: ja, es ist einfach zu furchtbar: Ich bin verzweifelt. Es ist so unsagbar fürchterlich, was ich an ihm getan habe. (*Tagebücher* 37)

Franziska Gräfin zu Reventlow wird am 18. Mai 1871 in Husum geboren, wo sich ihr Vater von 1864 bis 1889 als erster Landrat des Kreises betätigt. Franziska wächst mit ihren Geschwistern im Schloß ihrer strikt die aristokratischen Vorschriften beachtenden Eltern auf.

1889 siedelt die Familie nach Lübeck über und bewohnt dort ein Haus in der Moislinger Allee. Wie sehr die junge Franziska durch die rigorosen Forderungen ihrer Erziehung bedrückt wurde, zeigen ihre Liebesbriefe an den Jugendfreund Emanuel Fehling, Oberprimaner am Catharineum in Lübeck, den sie im Ibsenklub der Stadt kennenlernt. In einem Brief an Fehling aus dem Jahre 1890 schreibt die neunzehnjährige Franziska:

> Es ist Ihnen wohl nicht verborgen geblieben, daß ich mich zu Hause sehr schlecht stehe, besonders mit meiner Mutter. Sie kann mich nicht leiden, seit frühester Kindheit bin ich immer ein Stiefkind gewesen. Besonders ist sie in steter Angst, daß ich etwas tue, was sie nicht mögen. [...] Sie können sich denken, wie grausam schwer diese Verhältnisse sind, wenn man sich

nach Liebe sehnt und immer zurückgestoßen wird; ich habe früher meine Mutter leidenschaftlich geliebt und förmlich danach gelechzt, von ihr geliebt oder wenigstens freundlich wie die anderen behandelt zu werden, aber allmählich hat sich das abgestumpft und erkaltet und es ist beinahe Krieg zwischen uns. (*Briefe* 15)

Die Briefe an Fehling illustrieren nicht nur den Mangel an Liebe, unter dem die junge Reventlow zu leiden hat, sondern auch ihre Unfähigkeit, ungehindert mit der Umgebung zu kommunizieren:

Vielleicht finden Sie, daß ich im persönlichen Verkehr auch steif bin, es scheint mir oft selbst, als wenn ich gegen Sie schriftlich viel ungezwungener bin wie mündlich, das liegt eben daran, daß es mir so ungewohnt ist, meine innersten Gedanken auszusprechen, ich habe das Zeug mein Leben lang immer in mich selbst drängen müssen, weil ich niemandem genug traute; und ich kann nie das herausbringen, was ich meinen und sagen möchte [...], aber es ist ein seliges Gefühl von Befreiung, sich endlich einmal frei und ganz gegen jemanden aussprechen zu können. (*Briefe* 12)

1892 flieht Franziska aus dem Elternhaus und geht nach München zum Studium der Malerei. Im Mai 1894 heiratet sie Walter Lübke, um sich bereits im nächsten Jahr von ihm zu trennen. Das Bedürfnis zu malen treibt Franziska in das Künstler-Bohemeleben. 1895 fährt sie wieder nach München und wirft sich leidenschaftlich auf die Malerei. In der Atmosphäre der Schwabinger Boheme gibt sie sich den Ausschweifungen einer exzessiven Lebenslust hin, der erst eine schwere Krankheit ein Ende setzt. "Die erzwungene Zurückgezogenheit läßt Zeit zum Grübeln und Nachdenken, und so verläßt im Sommer 1896 eine verzweifelte junge Frau das Krankenzimmer, unbefriedigt vom Leben, unerfüllt in ihren Wünschen, mit dem Bewußtsein, niemals ganz erlöst werden zu können" (Else Reventlow, "Biographische Skizze" 16).

Die vielen Freundschaften und Abenteuer können Franziskas innere Einsamkeit und das "Gefühl von heimatloser Umhergetriebenheit" (*Briefe* 307) nicht aufheben. 1897 wird auch ihre Ehe mit Lübke geschieden. Im gleichen Jahr wird ihr unehelicher Sohn Rolf geboren, dessen Vater für immer ein Geheimnis bleibt. Die ledige Mutterschaft bringt ihr die Erfüllung, die keine der unzähligen Liebesverbindungen ihr gewähren konnte, und ermöglicht es ihr, sich als "Geliebte und Mutter" (*Tagebücher* 183) gleichzeitig auszuleben. Mit der ganzen Leidenschaft ihrer Mutterliebe widmet sie sich ihrem Sohn, dem "Gottertier". In ihrem radikalen Freiheitsdrang vermeidet sie stets, sich an einen Menschen oder eine Bewegung auf die Dauer zu binden. Trotz ihrer kurzen Haare und der Freundschaft mit Anita

Augspurg und Lida Gustava Heymann ist Franziska von Reventlow kein "Bewegungsweib" und bleibt auch der Frauenbewegung fremd. Franziskas Leben ist von ständiger finanzieller Misere begleitet, die ihre zerrüttete Gesundheit zusätzlich vertieft. Durch Übersetzungen und Gelegenheitsarbeiten versucht sie, das Existenzminimum zu sichern.

In München stellt Reventlow zahlreiche literarische Verbindungen her. Zu ihrem Bekanntenkreis gehören der Herausgeber der naturalistischen "Gesellschaft" Michael Georg Conrad und Korfiz Holm, Chefredakteur der 1896 von Albert Langen gegründeten politisch-satirischen Wochenschrift "Simplizissimus", für die Reventlow humoristische Erzählungen und Skizzen schreibt.[11] Sie steht in freundschaftlichen Beziehungen mit R. M. Rilke, Oskar Panizza, Friedrich Huch und den Vertretern der "kosmischen Runde" Ludwig Klages, Hans Hinrich Busse, Karl Wolfskehl und Alfred Schuler. Wolfskehl macht sie mit Stefan George und Ludwig Derleth bekannt.[12]

Gegen das Schreiben und Übersetzen, die sie einzig als Mittel zum Geldverdienen betrachtet, verspürt Franziska starke Abneigung. Sie muß immer wieder übersetzen und durch "Schreibereien" versuchen, sich über Wasser zu halten. Die Geldnot empfindet sie als ständigen Druck, der sie vom Malen trennt. In einer Tagebucheintragung vom 21. Januar 1901 liest man: "Noch ein paar Jahre Fronarbeit wie die letzten, und meine Porträts werden nie gemalt" (*Tagebücher* 173). Sie ist von ihren Fähigkeiten als Malerin fest überzeugt und sieht in der Malerei ihre eigentliche Berufung.

> Es ist das einzige Gebiet, auf dem sie in den Jahren 1900 bis 1907 zeitweise konsequent und konzentriert mit großer Befriedigung gearbeitet hat, trotzdem ihr es momentweise immer wieder klar wird, daß hier ihre Begabung nicht im entferntesten zu etwas Außergewöhnlichem ausreicht. [...] Immer fallen die Malperioden mit den stärksten Vitalitätsäußerungen zusammen. Mit zunehmenden Jahren der äußeren Lebensruhe verschwindet das Bedürfnis zum Malen fast gänzlich, und an seine Stelle tritt die literarische Tätigkeit. (Else Reventlow, "Biographische Skizze" 20).

Ihre Arbeit am Roman *Ellen Olestjerne*, der lange Zeit ihr einziges Werk bleibt, wird weitgehend durch die Beziehung zu Ludwig Klages, den sie 1899 kennenlernt, unterstützt und gefördert. Wie auch Else Reventlow in ihrer "Biographischen Skizze" bemerkt, verbindet beide "die seelische Vertrautheit ihrer Naturen". Reventlow berichtet Klages immer wieder vom Fortschreiten des Romans und liest ihm Teile davon vor. "Auf Ludwig Klages' suggestive Beinflußung ist das Entstehen der 'Ellen Olestjerne' zurückzuführen, die sicher niemals beendet worden wäre, wenn nicht immer wieder der Einfluß seiner formenden Geistigkeit die Gräfin zu jener künstlerischen Disziplin geführt hätte, die das Werk gestaltete" ("Biographische Skizze" 20). 1900 nimmt der Archäologe Albert Häntschel sie und ihren Sohn auf seine Reise nach Konstantinopel und Samos mit, wo sie mit dem Roman beginnt (*Tagebücher* 303). Sie richtet ihre ersten Briefe von der Reise an Klages und setzt nach der Rückkehr auf sein Drängen das Schreiben fort.

Im Mai 1901 fährt sie nach Lenggries und Schäftlarn, um sich der Arbeit am Roman zu widmen. Ihre Tagebücher und die Briefe an Klages aus dieser Zeit dokumentieren die Stimmung der Autorin während der Arbeit an ihrem Erstling. Die ungeduldige Nachsicht, mit der sie ihr eigenes Schreiben behandelt, ist aufschlußreich für ihre Einstellung zur eigenen literarischen Produktion. Im Mai 1901 schreibt sie aus Lenggries in einem Brief an Klages: "Ich fühle mich mit jedem Tag gesünder, nur die Schreiberei wünschte ich mir erst am Ende. Ich möchte wochenlang absolut gar nichts tun. Und dann malen. Aber ich glaube, in zwei Monaten bin ich fertig. Denken Sie einmal, dann keine Feder mehr anrühren müssen" (*Briefe* 313). Obwohl Reventlow den Roman und den Prozeß des Schreibens als "eine große innere Befreiung" verstanden hat, fällt es ihr schwer, sich zu konsequenter Arbeit zu zwingen. Die ganze Zeit begleiten sie eine fast "wahnsinnige Ungeduld", mit dem Roman fertig zu werden, und starke Zweifel an ihren literarischen Fähigkeiten. Es peinigt sie auch die Angst, "daß es doch nichts Gescheites wird". In einem Brief an Klages vom 12. Juni heißt es: "Ich denke eigentlich Tag und Nacht ans Malen, im Traum auch" (320). Mitte November schreibt sie an ihn aus Schäftlarn: "Die Schreiberei stürmt vorwärts, ich zittere davor, nicht bis Weihnachten zum Abschluß zu kommen" (359).

Wie bedeutsam und ausschlaggebend die Beziehung zu Klages auch sonst in Reventlows Leben gewesen ist, läßt sich ebenfalls aus den Briefen und Tagebüchern der Autorin erschließen. 1900 schreibt sie ihm aus Griechenland: "Sie gehören für mich zu den Menschen, die fliegen können, zu den sehr seltenen" (305). In einem Brief an ihn aus dem Jahr 1901 heißt es: "Ich habe von Ihnen unendlich viel genommen. Es ist mir so, als ob Sie einem die Augen anders machten, Schleier davon wegnähmen" (312). Im Tagebuch liest man in einer Eintragung vom 31. Juli 1901: "Klages gehört zu mir, lebt mit uns, die andern erinnern sich von Zeit zu Zeit, daß ich lebe und irgendwo bin" (*Tagebücher* 199).

Im Frühling 1901 verbringen Klages und Reventlow eine Woche zusammen im Schloß Höhenroth bei Wildenroth. Diese Tage bleiben für beide unvergeßlich. In einem Brief an Friedrich Huch vom 18. April beschreibt Klages den gemeinsamen Aufenthalt in Höhenroth als "märchenhaft schön und unbegreiflich" (Zit. in Schröder, *Ludwig Klages* 283).[13] Die Leidenschaft der beiden nimmt jedoch mit der Zeit verhängnisvolle Züge an und verwandelt sich in eine kaum zu ertragende Spannung zwischen ihnen.[14]

Im philosophischen System von Klages, das stark von Nietzsche beeinlußt war, werden Geist und Leben miteinander konfrontiert. Klages definiert das Christliche als das Lebensfeindliche, das sich in Opposition zur ursprünglichen Einheit des Lebens entwickelt habe und das genaue Gegenteil einer von der Herrschaft des Geistes erlösenden "erotisch-kosmogonischen" Extase darstelle. Innerhalb der kosmischen Runde steht man außerdem unter dem starken Einfluß von Johann Jakob Bachofen (1815–1887). Der schweizerische Gelehrte unterscheidet drei Hauptepochen, die die Menschheit durchlaufen habe: den chthonischen Hetärismus, der keine Familie und keinen Vater kennt, das demetrische Muttertum und das apollinische Vaterrecht. Sein Werk *Das Mutterrecht. Eine Untersuchung über die Gynaikokratie der alten Welt nach ihrer religiösen und rechtlichen Natur* (1861), in dem Bachofen seine Auffassungen über eine gynaikokratische Urkultur darlegt und das Mutterprinzip als das Prinzip der Liebe, der Einigung und des Friedens lobt, übt einen beträchtlichen Einfluß auf die Kosmiker aus und bekräftigt ihren Glauben an die Existenz eines matriarchalischen Heidentums.

In Anlehnung an Bachofens "aphroditischen Hetärismus", der in der vollen Spontaneität des Naturlebens sein Vorbild erkennt und auf "fleischlicher Emanzipation" beruht, stellt sich Klages ein neues Weiblichkeitsideal vor, in dem die Frau "irdische Mutter" und *grande amoureuse* zugleich darstellt.[15] Klages erblickt in Franziska die Priesterin von Bachofens "chthonisch-weiblichen" Mysterienkulten und betrachtet sie als seine "heidnische Heilige".[16] Er vergöttert ihre Vitalität und Sinnlichkeit, will aber zugleich gegenüber der Geliebten die Rolle des Erziehers spielen. Theodor Lessing, den eine langjährige Freundschaft mit Klages verbindet, ehe sich die Freunde 1900 nach wachsender Entfremdung trennen, berichtet, daß sich Klages durch einen krankhaften Hochmut und einen allzu verwundbaren, nie zu befriedigenden Geltungswillen auszeichnete.[17] Nach Lessing gehörte Klages zu den Gelehrtennaturen, "für welche alles und jedes, auch das Persönlichste, sich sofort umsetzt in generelle und sehr weite Begriffe" (421). Klages sieht in Franziska das verkörpert, was er in seiner Philosophie feiert, persönlich aber nicht besitzt: die Fähigkeit zur "ichzerschmelzenden und ichzersprengenden Extase" (427).[18]

> Er kannte von früh auf die Tragik des Gottes, der immer nach der herrlichen Daphne die Hand ausstreckt, aber statt ihrer einen *Lorbeer* im Arme behält.

140   ÜBERGANGSGESCHÖPFE

> Er war ein Weinlaubbekränzter, der Rausch und Rauschbringendes lobpries, um nur nicht bitter gestehen zu müssen, daß er das formlose, nur unbekümmert naive Leben—beneidet. Diese Tragik seiner stolzen Seele wäre für alle Welt klar sichtbar geworden und hätte das hier Niedergelegte vollends geklärt, wenn die Briefe veröffentlicht worden wären, welche Franziska von Reventlow [...] von Klages durch viele Jahre empfing. (428)

Nach einem zweiten Aufenthalt in Höhenroth im August des gleichen Jahres berichtet Klages folgendes in einem Brief:

> Am 14. August war ich mit Fanny wieder einige Tage in Wildenroth. Es kam unter anderm zu dithyrambischen Gesprächen, und ich fühlte: *die* Welt, die ich in Franziska verkörpert sehe, liegt in ihr wie eine versunkene Vineta; [...] Ich fühlte: alles ist vorhanden, aber wie hinter eisernen Gittern verborgen, die ich sprengen muß. Die Geliebte lauschte hingerissen; und doch kam sie mir vor wie eine in jenen Käfig gesperrte Seele; ich rüttelte an den Stäben, ich konnte sie nicht zerbrechen. [...] Das wiederholte sich in der Folge viele Male. Sie durfte lieben, welchen Mann und wieviele sie wollte. Eifersuchtsregungen haben nur selten und flüchtig mich angerührt; aber die *Elementarseele* in ihr, *die* sollte mit mir sein im selben Feuerkreis. Ich spürte, daß sie draußen blieb. (Zit. in Schröder, *Ludwig Klages* 286)

Franziska will es sich zuerst nicht eingestehen, daß sie "draußen" blieb. Sie ist in Klages verliebt und versucht um seinetwillen, sich ins Gewand der "heidnischen Heiligen" zu kleiden. Daß sie sich tatsächlich bemüht hat, die Rolle der Hetäre zu spielen, um dem Klagesschen Bild von hetärischer Weiblichkeit zu genügen, wird aus einem Brief an Klages vom 23. November 1901 sichtbar, der auch ihre wachsenden Minderwertigkeitsgefühle gegenüber dem Meister verrät:

> Ich habe die letzte Zeit, wenn ich Ihnen schreiben will, immer ein so mutloses Gefühl und heute erst recht. Es kommt mir vor, als ob jedes Wort dumm und ungeschickt ist und Sie nur noch mehr verstimmt; [...] Das macht mich dann vollends flügellahm und entmutigt mich. Ich kann nicht mit in alle Höhen und Tiefen hinein, die ich bei Ihnen fühle, und das zerrt und reißt an mir. Ich fürchte mich förmlich davor, weil es mir die Kraft nimmt. (*Briefe* 363)

Mit der Zeit muß die Spannung zwischen dem erzieherischen Rigorismus des Meisters, der nichts weniger als die Seele seiner Schülerin besitzen will, und Reventlows eigenen Vorstellungen unerträglich geworden sein. Klages muß erkennen, daß er den Kern von Franziskas Wesen nicht erreichen kann (Schröder, *Ludwig Klages* 287). In einem Brief an Reventlow schreibt er: "Sie sind auf einer anderen Stufe des Lebens als ich" (292). Diese vermag ihrerseits nicht, sich Klages' Forderungen anzupassen, die ihre ganze Persönlichkeit in Anspruch nehmen wollen, und gibt es schließlich auf, am Mysterienspiel des Meisters teilzunehmen. Nach dem Bruch mit ihm schreibt Reventlow November 1903 im Tagebuch auf: "Mein Gott, was ist Klages eigentlich? Am Ende doch nur ein Mensch mit Größenwahnsinn und Ichsucht und einem wundervollen Verstand, der uns alle hingerissen hat. Aber wohin reißt er die Menschen?" (*Tagebücher* 275)

Franziska macht Karl Wolfskehls Bekanntschaft, der eine wichtige Rolle in ihrem Leben spielen wird, und löst sich mehr und mehr von Klages. Obwohl es ihr schließlich gelingt, die enge Beziehung zum Meister aufzugeben, wird der Umgang mit ihm nicht gänzlich unterbrochen und kehrt leitmotivisch in den Tagebüchern der Autorin wieder.

Die am Anfang des sechsten Kapitels festgestellten Gemeinsamkeiten zwischen Helene Böhlau und Franziska von Reventlow lassen sich durch zahlreiche Parallelen ergänzen, die auf unverkennbare Ähnlichkeiten zwischen den Protagonistinnen der beiden Romane hinweisen.

Für Olly und Ellen bedeutet Kunst Lebenserfüllung. Sie versuchen durch die Kunst sich von einem sie erdrückenden Familienmilieu zu befreien und verteidigen leidenschaftlich die Unabhängigkeit ihrer Künstlerinnenexistenz, die sie als Lebenssteigerung empfinden. Für beide gilt die Formel "sich ganz in die Kunst hineinstürzen" (*Ellen Olestjerne* 68). Beide teilen das Streben nach einem zigeunerhaft-romantischen, vagabundenhaften Künstler-Dasein, das Ellen als Bohemienne in München tatsächlich verwirklicht. Sowohl Ellen als auch Olly müssen Kranksein und Todesangst bekämpfen. Den Heldinnen ist auch ihr "Heißhunger" auf die Arbeit gemeinsam. Der hektische Arbeitsenthusiasmus der beiden läßt nicht nur ihre Begeisterung für die Künstlerkarriere, sondern auch ihre Befürchtung zur Geltung kommen, als Frauen abseits von Kunst und Leben bleiben zu müssen.

Die Parallele zwischen Böhlaus Protagonistin und Marie Bashkirtseff, auf die im Rahmen des sechsten Kapitels hingewiesen wurde, ist im Falle von Reventlow und ihrer Heldin nicht weniger berechtigt. Reventlows Tagebücher lassen keinen Zweifel, daß sie das Journal der russischen Malerin gekannt hat. Sie registrieren Reventlows tiefe Bewunderung für die junge Künstlerin:"Ich lese Marie Bashkirtseff, das möchte die einzige Frau gewesen sein, mit der ich mich ganz verstanden hätte, vor allem auch in der Angst, etwas vom Leben zu verlieren und vor dem unerhörten Prügelbekommen vom Schicksal" (*Tagebücher* 217).

Sowohl Olly als auch Ellen wollen in ihrem Wunsch nach Arbeit und Lebenserfüllung nicht gestört werden, gehen aber Kompromisse ein und schwanken zwischen dem Verlangen, geliebt zu werden und der Notwendigkeit, unabhängig zu sein. Das Suchen nach Geliebtsein und Anerkennung durch die anderen läßt die Heldinnen zwischen Entsagung in der Kunst und Geborgensein in der Liebe oszillieren. Da Freiheit und Kunst ihnen alles bedeuten, leiden sie, wenn sie diese aufgeben müssen, um ihrer Weiblichkeit oder ihrem Liebesbedürfnis zu genügen. Es gelingt ihnen nicht, Künstlerinnenexistenz und weibliche Bestimmung miteinander zu versöhnen außer in der Transgression von Tod (Olly Kovalski) und lediger Mutterschaft (Ellen Olestjerne).

Als Künstlerinnen leiden sowohl die Heldinnen als auch die Autorinnen an Minderwertigkeitskomplexen, die in ihrer Angst vor Bedeutungslosigkeit und dem Verhältnis zu der jeweiligen Meisterfigur deutlich in Erscheinung treten. Ihre Unterwürfigkeit gegenüber dem Meister und die Lust an weiblicher Selbstaufopferung läßt sie mitunter ihr Schaffen vernachlässigen und unterminiert die Integrität ihres künstlerischen Selbstbewußtseins. Ihre künstlerischen Ambitionen sind "krank" im doppelten Sinne—als Bedrohung durch die reale Krankheit, aber auch als krankhafte Nichtübereinstimmung mit dem von der Gesellschaft bestimmten Weiblichkeitsideal.

8

Das Männerphantom der Frau

Im Oktober 1903 lernt Thomas Mann während eines Aufenthalts in Berlin Gabriele Reuter kennen und schreibt einige Monate später einen begeisterten Aufsatz über die Autorin. Der Aufsatz, in dem er Reuter als Künstlerin preist, erscheint in zwei Nummern der Berliner Zeitung "Der Tag" vom 14. und 17. Februar 1904. Im Essay bringt Mann nicht nur seine Auffassung vom besonderen Status des Künstlers zum Ausdruck, sondern äußert sich auch über solche wichtigen Probleme der Jahrhundertwende wie Weiblichkeit, Emanzipation und Modernität:

> Gabriele Reuter ist vielleicht die souveränste Frau, die heute in Deutschland lebt: nicht weil sie die 'emanzipierteste' wäre, sondern weil sie auch über die Emanzipation schon hinaus ist [...] und zwar vermöge ihrer künstlerischen Weiblichkeit. In ihrer Weiblichkeit liegt ihre Stärke und Tiefe, und mit ihr ist sie, wie mir scheint, sogar 'moderner' als alle streitbaren Frauen der Neuzeit, die den Gipfel der Modernität erklommen zu haben meinen... Modernität ist Bewußtheit. Man muß wissen, was man ist. [...] Man hat das Prinzip zur Geltung zu bringen, das man darstellt. Ist man eine Frau, so sollte man sich heute kein männliches Pseudonym mehr beilegen und aus Büchern mit einer Baßstimme reden. (*Gesammelte Werke* XIII, 394)

Wie Thomas Mann appelliert auch Georg Simmel in seinem Essay "Zur Philosophie der Kultur" an das künstlerische Selbstgefühl der zeitgenössischen Frauen. Diese sollten sich von der unmündigen Nachahmung befreien, die ihre Werke auszeichne, und ihren eigenen Stil finden. Nach seiner Ansicht

> gibt es in der Literatur schon eine Reihe von Frauen, die nicht den sklavenhaften Ehrgeiz haben, zu schreiben 'wie ein Mann' und die nicht durch männliche Pseudonyme zu erkennen geben, daß sie von dem eigentlich Originellen und spezifisch Bedeutsamen, das sie als Frauen leisten können, keine Ahnung haben. (*Philosophische Kultur* 274)

Die Forderung, mit der sich Mann und Simmel an die Frauen wenden, kann als Beitrag zur zeitgenössischen Diskussion über Weiblichkeit und weibliche Kreativität betrachtet werden. Die verschiedenen Flügel innerhalb der Frauenbewegung vertraten unterschiedliche Meinungen über Weiblichkeit und weibliches Schreiben. Während die meisten Frauen für Gleichheit eintraten, nahmen andere für weibliche Spezifität und Eigenart Partei. Die Gemäßigten um Gertrud Bäumer setzten die Betonung auf Bildung und Berufstätigkeit. Frauen wie Laura Marholm, Ellen Key und Lou Andreas-Salomé hoben dagegen die Empfindungs-und Liebesfähigkeit der Frau hervor und legten besonderen Akzent auf ihre "authentische" weibliche Sexualität.

Um die Jahrhundertwende finden zahlreiche Diskussionen über weibliche Kunst und Kreativität statt. 1899 veröffentlicht die Schriftstellerin Frieda von Büllow in der "Zukunft" ihren Aufsatz "Männerurtheil über Frauendichtung". Im Aufsatz kritisiert sie die Praxis der männlichen Rezensenten, die ihrer Meinung nach "den Werth eines Frauenbuches" danach bewerten, "wie nah es einer tüchtigen Männerarbeit kommt". Solche Rezensenten gebrauchten bei der Beurteilung von Frauenwerken Attribute wie "echt frauenhaft" und "weiblich" immer als Tadel und lobten dagegen Frauen, die "von einem angenommenen männlichen Standpunkt aus ihre(n) Lebensabschnitt(e)" vorführten. Das sei die Ursache, warum viele schriftstellernde Frauen als "schüchterne Schüler" nichts Anderes versucht hätten als die Nachahmung der Meister. Nun sei aber der Punkt gekommen, wo der Schüler "sich von dem Meister entfernen muß, um er selbst zu werden". Die Emanzipation der Frau "ist das gerade Gegentheil einer Vermännlichung. Sie ist das Besinnen der Frau auf ihre vollwerthige und vollkommene Weib-Eigenthümlichkeit; und daraus folgt, daß die weibliche Besonderheit in der Literatur bewußt hevorzutreten wagt" (Zit. in Ruprecht & Bänsch 563).

Interessanterweise hatte Büllow ihren Aufsatz als Antwort auf eine Kritik in den "Internationalen Literaturarbeiten" verfaßt, in der man Reuters Roman *Aus guter Familie* ungünstig bewertete, und die von Büllow in ihrem Essay als Beispiel nicht unvoreingenommener Kritik zitiert:

> Wenn es der Titel nicht sagte, würde man nicht glauben, daß ein Weib die Dichtungen geschrieben habe. [. . .] Man lese einmal das stilistisch echt frauenhafte, auch sonst viel zu sehr überschätzte Buch der Gabriele Reuter 'Aus guter Familie' und danach den erwähnten Novellenband der Janitschek, dann wird einem dessen Werth recht offenbar werden. Es steht thurmhoch über dem Buch der Reuter. (563–64)

Von Büllow wendet sich gegen Rezensionen wie diese, die den Eindruck erwecken, "als befinde sich die Kritik im Irrthum über das, worauf es bei der von Frauen hervorgebrachten Literatur am meisten ankommt". Weibliche Arbeiten sollen nach ihrer Ansicht umso höher eingeschätzt werden, je mehr sie sich der "weiblichen Art" nähern. Als Antwort auf Büllows Essay veröffentlicht Lou Andreas-Salomé ihren Aufsatz "Ketzereien gegen die moderne Frau", in dem sie sich kritisch mit Büllows Auffassung auseinandersetzt. Echte Künstlerschaft bedeute nicht nur das Besinnen auf die eigene Art und Spezifität, sondern fordere vielmehr das "selbstlose, zum eigenen Selbst Distanz gewinnende Sich-Verbrauchen-Lassen vom künstlerischen Gebilde". Sie unterzieht die weibliche Bekenntnisliteratur einer Kritik und bezichtigt ihre Zeitgenössinnen der Unfähigkeit zur künstlerischen Objektivation: "Das ist der Grund, warum einem so guten Buch wie dem von Frieda von Büllow erwähnten Gabriele Reuters, gerade um seiner Frauenhaftigkeit, seines werthvollen Dokument-Charakters willen, nicht überall ein höher Kunstwert zugestanden wird" (Zit. in Ruprecht & Bänsch 566).

Was Reuters eigene Einschätzung ihres Romans betrifft, muß "die souveränste Frau" in Deutschland trotz Ruhm und Anerkennung Minderwertigkeitsgefühle empfunden haben. In ihrer Autobiographie schreibt die Autorin folgendes über die Arbeit an ihrem Erstling: "Mich fesselte an dem Stoff rein das Menschliche. Wäre ich ein Genie gewesen statt eines beschränkten weiblichen Talents, so hätte ich wohl dies allgemein Menschliche noch stärker zum Ausdruck gebracht" (*Vom Kinde zum Menschen* 434).

Der Mangel an künstlerischem Selbstgefühl, den Reuters Worte zum Ausdruck bringen, kann als typisches Symptom aller im Rahmen dieser Untersuchung behandelten Romane bezeichnet werden. Die innere Unausgeglichenheit der Künstlerin manifestiert sich im Oszillieren der Autorinnen zwischen Weiblichkeitsrolle und kreativem Schaffen und kann an zwei Aufsätzen Franziska von Reventlows besonders deutlich illustriert werden. Die Autorin schreibt beide Essays Ende der 90er Jahre des vorigen Jahrhunderts für Oskar Panizzas "Zürcher Diskussionen".

Im ersten Aufsatz, der den symptomatischen Titel "Das Männerphantom der Frau" (1898) trägt, distanziert sich Reventlow von der Gruppe der "Bewegungsweiber", die "sich emanzipieren, um zu beweisen, daß das Weib nicht inferior ist und bei jeder Gelegenheit betonen, daß sie im Gegenteil den Mann für minderwertig halten" (*Autobiographisches* 455–56). Solche Frauen betrachteten den Mann als etwas, "das überwunden werden muß". Sie seien nur darum bestrebt, die gesellschaftliche Stellung der Männer zu erlangen und wollten nichts als die Frau vermännlichen. Diese finde aber ihre eigentliche Erfüllung einzig in der Mutterschaft, durch die sie nur die Höhe ihres Wesens erreichen könne.

Wie Freud in seinem psychoanalytischen System betrachtet Reventlow weibliche Intellektualität und Kreativität als ausgleichende Strategien der (kinderlosen) Frau: "Irgend jemand hat da sehr richtig bemerkt, eine Frau fängt erst dann an geistreich zu werden, wenn sie keine Kinder bekommt" (458). Der "intensive Schrei nach dem Manne", den jede echte Frau in sich trage, sei nichts als der Ausdruck ihres tiefen Verlangens nach Mutterschaft. Der Mann sei deshalb der mächtigste Faktor im Leben der Frau. Die Verfasserin sieht das "absolute Weib" in den Gestalten verkörpert, die das typische Repertoire imaginierter Weiblichkeitsbilder der Jahrhundertwende ausmachen: In der "Kokotte, dem 'Mädel' und der Lebedame aus fin de siècle-Kreisen, da vielleicht noch am ehesten ist 'das Weib' zu finden" (463). Reventlow zufolge überschneiden sich die *femme fatale* und die Mutter im Typus der Hetäre, die einzig imstande sei, unverkümmerten Geschlechtsinstinkt und Mutterliebe zu vereinigen.

In ihrem Aufsatz "Viragines oder Hetären" (1899) hebt von Reventlow hervor, daß die Frauen nicht darum bestrebt sein sollen, selber Männer zu werden, oder es den Männern gleich zu tun. Trotz dieses richtigen Ausgangspunktes identifiziert sie sich im gleichen Essay mit allen gängigen Weiblichkeitsvorurteilen der Zeit. Unabhängig von der Intention der Autorin sind ihre Ausführungen als antifeministisch zu betrachten, weil sie unwillkürlich misogyne Vorurteile wiedergeben. Ihre Analyse setzt sich zwar für die Differenz der Geschlechter ein, beruft sich aber zugleich auf die vermeintliche Inferiorität der Frau. Diese könne nur sehr schwierig Mutterschaft, die ihr ganzes Wesen determiniere, mit Beruf oder intellektueller Tätigkeit vereinigen. "Das Weibgenie" auf geistigem Gebiet sei etwas bisher Unbekanntes: Frauen wie Sonja Kowalewska hätten "unter ihrer Begabung und Wissenschaft gelitten und sich nach ganz anderem Lebensinhalt gesehnt" (*Autobiographisches* 475).

In Kunst und Literatur sei es mit den weiblichen Leistungen etwas besser gestellt. Aber auch auf künstlerischem Gebiet habe die Frau nichts Hervorragendes geleistet. Echte Künstlerschaft fordere, daß man alle "Höhen und Tiefen" des Lebens kennengelernt habe. Eben das gelinge den Frauen nie, weil "jede Frau, die sich ausleben will, den Kampf gegen die erdrückende Übermacht, gegen die Gesellschaft aufnehmen muß" (476). Diese Situation als etwas Unveränderliches akzeptierend, kommt Reventlow zum Schluß, die Bühne sei das einzige künstlerische Gebiet, "wo die Frau wirklich Gleichwertiges mit dem Mann leistet".

Liest man Reventlows Essay, kann man sich kaum vorstellen, daß die Verfasserin es vorgezogen hat, am Rand des Existenzminimums zu leben und durch Hungerhonorare ihren Lebensunterhalt zu verdienen, statt ihre Selbständigkeit als Person und Künstlerin aufzugeben. Ihr Aufsatz läuft ihrer eigenen radikalen Lebensweise entgegen, weil er fremde Bilder reproduziert: Die Frau

> ist nicht zur Arbeit, nicht für die schweren Dinge der Welt geschaffen, sondern zur Leichtigkeit, zur Freude, zur Schönheit. Ein Luxusobjekt in des Wortes schönster Bedeutung, ein beseeltes, lebendes, selbstempfindendes Luxusobjekt, das Schutz, Pflege und günstige Lebensbedingungen braucht, um ganz das sein zu können, das es eben sein kann. (478)

Trotz aller Bemühungen um Emanzipation bestehe die eigentliche Bestimmung der Frauen darin, "Männer zu lieben, Kinder zu bauen und in allen erfreulichen Dingen der Welt teilzunehmen". Die Frau könne nur in ihrer Funktion als Luxusobjekt des Mannes ihre Erfüllung finden: "dafür, daß wir unsere Kraft und unseren Körper den Männern und Kindern geben, verdienen wir, daß man uns das Leben äußerlich so leicht gestaltet wie nur möglich. Wir sind dazu da, es gut zu haben und uns nicht beklagen zu müssen" (478).

Auch in diesem Essay distanziert sich Reventlow von den Frauenrechtlerinnen, um auf das Hetärische der Frau zu setzen. Das Bild der Hetäre biete der Frau die Möglichkeit, gleichzeitig Geliebte und Künstlerin zu sein. Dieser Auffassung gemäß verbindet Reventlow ihr Ideal einer "neuen erotischen Kultur" mit der "mutigen Frohheit des Heidentums", das auch ein modernes Hetärentum bringen würde. Die Frauenrechtlerinnen seien dagegen nichts als "Viragines". Eine echte Frauenbewegung solle aber bemüht sein, die Frau als Geschlechtswesen zu befreien und "volle geschlechtliche Freiheit" zu fordern.

Reventlows Gedanken sind getreue Wiedergabe der innerhalb der kosmischen Runde existierenden Theorien. In Übereinstimmung mit den Kosmikern, die ihr Ideal eines "emanzipierten" Hetärentums dem bürgerlichen Weiblichkeitsbild gegenüberstellen wollen, legt Reventlow besonderen Wert auf die subversive Rolle der Frauensexualität.

Wie bereits im Rahmen des ersten Kapitels und im Zusammenhang mit der Analyse von *Ellen Olestjerne* betont wurde, erweist sich die Berufung auf sexuelle Freiheit als zu heikel. Im ersten Band von *Sexualität und Wahrheit* vertritt Foucault die Meinung, daß es unberechtigt wäre, Sexualität und Freiheit miteinander zu identifizieren. Für ihn geht Sexualität mit den Machtmechanismen einher, die sie bedingen, und ist ihrerseits an Machtdispositive gebunden. Er verwirft die Idee eines unterdrückten Begehrens, denn seines Erachtens ist das "Gesetz" als konstitutiv für die Enstehung von sexuellem Begehren überhaupt zu betrachten. "Das Machtverhältnis ist immer schon da, wo das Begehren ist: es in einer nachträglich wirkenden Repression zu suchen ist daher ebenso illusionär wie die Suche nach einem Begehren außerhalb der Macht" (101). Die Wechselbeziehungen zwischen Macht und Begehren sind nach Foucaults Ansicht viel komplexer als das Spiel einer rebellischen Energie und einer ihr entgegengesetzten Ordnung.

> Man kann nicht davon ausgehen, daß es einen bestimmten Bereich der Sexualität gibt, der eigentlich einer wissenschaftlichen, interesselosen und freien Erkenntnis zugehört, gegen den jedoch die [. . .] Anforderungen der Macht Sperrmechanismen eingerichtet haben. Wenn sich die Sexualität als Erkenntnisbereich konstituiert hat, so geschah das auf dem Boden von Machtbeziehungen, die sie als mögliches Objekt installiert haben. (119)

Foucault weist ausdrücklich darauf hin, daß besonders die Frauensexualität immer wieder von den Machtmechanismen konstruiert und im Rahmen diskursiver Strategien repräsentiert worden ist. Er betont, daß im 19. Jahrhundert der Frauenkörper einem Prozeß verstärkter Sexualisierung und Diskursivierung unterworfen und so vom kontrollierenden Eingriff der Machtverhältnisse erfaßt wurde. Solche Ausführungen machen die Vorstellung von (weiblicher) Sexualität oder Körperlichkeit als Mittel des Widerstandes oder der Befreiung, wie sie von Reventlow in ihrem Essay verteidigt wird, besonders problematisch.[1]

Die Distanzierung von der eigenen schöpferischen Tätigkeit, die Reventlows Essays illustrieren, hat bis zu einem großen Grade damit zu tun, daß die Künstlerinnen der behandelten Epoche selbst die gängigen Weiblichkeitsvorstellungen zu verinnerlichen haben, die der Frau kreative Fähigkeiten absprechen. Im Zusammenhang mit den regressiven Tendenzen in Reventlows Essays hebt Bovenschen die Tatsache hervor, daß die masochistische Entfernung vom eigenen Metier keine Charakteristik einzelner Schriftstellerinnen, sondern vielmehr ein objektives Moment der damaligen Frauenkunst darstellte: die

> Künstlerinnen wurden vor die brutale Entscheidung gestellt, entweder für ihre Kunst (eine unsichere, lust-leidvolle Perspektive) oder reduziert auf ihr Geschlecht (eine sichere, leidvolle Perspektive) zu leben, und nur die wenigsten besaßen die Souveränität, sich ihr ganz zu entziehen und den damit verbundenen Erwartungen an sie. (in Dietze 85)

Bovenschen betont in dieser Hinsicht die Sprachmächtigkeit der traditionellen Bilderproduktion und weist auf die Ambivalenz hin, die die Werke von Frauen aufweisen können. Ihrer Meinung nach stellen Frauentexte nicht immer das zuverlässigste Material authentischer Weiblichkeit dar, weil im Zuge ihres Anpassungswunsches gerade die

Frauen die besten Plagiate männlicher Formen und Inhalte besorgen können.

> Nachweislich haben viele der schreibenden Frauen sich weniger an der Besonderheit ihrer eigenen kulturellen Situation orientiert als vielmehr an den normativen poetischen und poetologischen Vorgaben ihres jeweiligen männlich geprägten kulturellen Umfeldes. Wenn der Begriff des Weiblichen im wesentlichen strukturiert ist durch jene projizierten Ergänzungsbestimmungen, dann ist es durchaus möglich, daß die Imaginationen der Autorinnen, die sich an ihr eigenes Geschlecht heften, selber eine Spiegelung dieser Projektionen sind. (*Die imaginierte Weiblichkeit* 42)

Gegen Ende des 19. Jahrhunderts ist das Image der schreibenden Frau nicht mehr so negativ, die "Schriftstellerei" betrachtet man aber immer noch als etwas, das den tradierten Weiblichkeitsidealen widerspricht. Obwohl Frauen, die das Schreiben als Beruf ausüben, keine Ausnahme mehr sind, werden sie oft für sonderbare Abweichungen vom weiblichen Geschlecht gehalten. Auf diese Tatsache macht Theodor Klaiber in seinem Buch über *Dichtende Frauen der Gegenwart* aufmerksam: "Eine dichtende Frau—das war lange Zeit ein böses Wort. Man dachte dabei an die Emanzipierte mit der goldenen Brille auf der Nase, das unangenehme Mannweib, das immer von sich spricht, damit renommiert, daß sie Latein treibe und mit barschen Mannsbewegungen die Gegenstände auf dem Tisch herumwirft" (10–11).

Die schreibenden Frauen der Jahrhundertwende sollen nicht nur gesellschaftliche Vorurteile, sondern auch die Autozensur bekämpfen. Dieser Umstand wirkt sich zweifelsohne auf das künstlerische Selbstbewußtsein der Autorinnen aus und beeinflußt auch ihre Beziehung zum Schreiben. Die Spannung zwischen ihrer "unweiblichen" Beschäftigung und den Forderungen, die man an ihre Weiblichkeit stellt, erweist sich oft als unüberwindlich. Trotz des ausgeprägten Künstlerbewußtseins verursacht die Internalisierung fremder Normen Schuld-und Minderwertigkeitsgefühle: Oft geraten solche Autorinnen in die seltsame Position, ihre weiblichen Eigenschaften verteidigen zu müssen.

Gabriele Reuter, die sich um die Jahrhundertwende im Zenit ihres Ruhms befindet, betrachtet ihr literarisches Schaffen als etwas Zweitrangiges. Wie bei Reventlow macht sich auch bei Reuter eine zwiespältige Einstellung zur eigenen Kreativität bemerkbar. Die folgenden Worte Reuters machen ihr weibliches Schuldbewußtsein ersichtlich: "Für eins nur von diesen entzückenden Babys hätte ich alle Romane der Welt hingegeben und meine gegenwärtigen und zukünftigen Werke nun schon ganz gewiß" (*Vom Kinde zum Menschen* 365). Solche Aussagen zeugen davon, daß die Vorurteile gegen die schreibende Frau den Schriftstellerinnen selbst nicht fremd gewesen sind. Ihre schriftstellerische Karriere ist deshalb vom Männerphantom einer ambivalenten Abhängigkeit geprägt. Sowohl Dohm, als auch Reuter und Böhlau führen als bekannte Schriftstellerinnen ein ziemlich zurückgezogenes Leben. Hedwig Dohm beginnt erst nach dem Tod ihres Mannes zu schreiben; Helene Böhlau steht das Werk von Omar al Raschid höher als ihre eigene künstlerische Produktion; Franziska von Reventlow betrachtet die "Schriftstellerei" als Broterwerb; Reuters Auseinandersetzung mit der schriftstellerischen Tätigkeit wird durch die materielle Misere der Familie herbeigeführt.[2]

Solche Frauen betreten den Bereich der Öffentlichkeit mit Minderwertigkeitskomplexen und Mißtrauen gegenüber ihrer schriftstellerischen Tätigkeit. Sie müssen als Autorinnen Werke produzieren, die dem in Literatur und Kunst herrschenden Diskurs entsprechen, und sich in einer Sprache ausdrücken, die nicht geschaffen ist, ihrer spezifisch weiblichen Erfahrung Ausdruck zu geben. Um als Schriftstellerinnen überhaupt "funktionieren" zu können, müssen sie sich den im Bereich der Sprache und Kultur herrschenden Normen anpassen, was sie oft ihrer weiblichen Individualität beraubt.

Darauf hat bereits Georg Simmel aufmerksam gemacht. Nach ihm hat sich die auf das männliche Wesen eingestellte Sprache nicht auf die Individualisierungen des weiblichen Geschlechts eingelassen: Ihre "feinen Nuancen [. . .] versagen ebenso oft für die psychologische Schilderung der einzelnen Frauen, wie sie diesen selbst fehlen, um sich den Männern ganz verständlich zu machen" (*Philosophische Kultur* 86). Das Herausbringen der weiblichen Nuance in der Kunst sowie die Schaffung spezifisch weiblicher Werke sei besonders schwierig, weil "die allgemeinen Formen der Dichtung männliche Produkte sind und daraufhin wahrscheinlich einen leisen inneren Widerspruch gegen die Erfüllung mit einem spezifisch weiblichen Inhalt zeigen" (274). Auf diese Diskrepanz zwischen dem weiblichen Naturell und dem tradierten Stil künstlerischer Äußerungen ist nach Simmel auch die ungenügende Expressivität mancher Frauenwerke zurückzuführen.

> Das innere Leben, das zu seiner Objektivierung in ästhetischer Gestalt drängt, füllt einerseits die gegebenen Umrisse dieser nicht ganz aus, so daß, da ihren Forderungenm doch einmal genügt werden muß, dies nur mit Hilfe einer gewissen Banalität und Konventionalität geschehen kann; während andererseits auf der Seite der Innerlichkeit ein Rest von Gefühl und Lebendigkeit ungestaltet und unerlöst bleibt. [. . .] Denn es scheint, daß die beiden Bedürfnisse des Menschen: sich zu enthüllen und sich zu verhüllen—in der weiblichen Psyche anders gemischt wären als in der männlichen. (275)

Auch die neueren theoretischen Texte dokumentieren heute die Schwierigkeiten von Frauen, als Subjekte ihren Ort in der sprachlichen Ordnung zu finden. Luce Irigaray zufolge kompliziert sich die gesellschaftliche Unterlegenheit der Frauen eben aufgrund der Tatsache, daß sie keinen Zugang zur Sprache haben außer durch Rekurs auf männliche Repräsentationssysteme, die sie aber ihrer Beziehung zu sich selbst enteignen (*Waren* 40). Diese eigentümliche Position trifft besonders für Autorinnen zu, weil sie als Künstlerinnen Teil der herrschenden Kultur, als Frauen aber von ihr ausgeschlossen sind. Durch ihr Schaffen versetzen sie sich in die Position des Subjekts und verstoßen damit gegen die Regeln einer Ordnung und Sprache, in der Frauen nur als Objekte fungieren.

Nach Sigrid Weigel läßt sich diese "nahezu unmögliche Konstellation" weiblicher Intellektuellen überall dort beobachten, wo Autorinnen sich auf bestehende Diskurse beziehen und sich mit deren Gesetzen auseinandersetzen (*Die Stimme der Medusa* 9). Die spezifische Position von gleichzeitiger Abwesenheit und Anwesenheit der Frauen in der Kultur und der Öffentlichkeit erklärt warum sie nicht nur als Stumme und Opfer der Kulturgeschichte, sondern als ihre Stützen zugleich agieren:

> Wenn diese versuchen, das, was aus den herrschenden Redeweisen und Überlieferungen ausgeschlossen ist, zu beschreiben, dann müssen sie den Ort, von dem aus gesprochen wird, einnehmen; und dort sind sie immer schon die *Be*schriebenen. [...] die Sprache der Frauen ist daher nichts einfach Gegebenes oder zu Konstruierendes, sondern eine Bewegung, der ein ständiger Perspektivwechsel einhergeht, oder aber ein Zugleich... (8)

Der "doppelte Ort" der Frauen innerhalb und außerhalb des Symbolischen erhält heute allerdings auch eine positive Wertung. Man sieht in der eigentümlichen Positionsbestimmung der Frau eine Möglichkeit zur Herausbildung einer Sprachposition für die weibliche Subjektivität. Die kulturelle Marginalität der Frauen, d. h. ihre Existenz an den Rändern des Herrschaftsdiskurses wird als Chance begriffen, dessen Kohärenz zu zersetzen und die Konstruktion neuer Zusammenhänge zu provozieren, die soziale und ästhetische Traditionen unterminieren können (Fischer/Kilian/Schönberg 24).

Der Begriff weibliche Ästhetik ist heutzutage zum Objekt zahlreicher Diskussionen innerhalb der feministischen Literaturkritik geworden. Im Rahmen der Neuen Frauenbewegung und der rapiden Entwicklung der Frauenliteratur, hat seit Mitte der 70er Jahre unseres Jahrhunderts das Interesse an dieser Literatur rasch zugenommen. Unter diesem Aspekt kommt heute solchen Begriffen wie weibliche Ästhetik und weibliches Schreiben eine besondere Bedeutung zu.[3] In der Suche nach neuen Wahrnehmungen und Ausdrucksmöglichkeiten für die weibliche Identität nimmt man an, daß in Texten von Frauen ein unterschiedlicher Zusammenhang zwischen Körper und Sprache bestehe, der andere,"authentisch-weibliche" Strukturen hervorbringe. Eine solche Betrachtungsweise würde jedoch die Gefahr einer ahistorisch-essentialistischen Interpretation von Weiblichkeit implizieren, weil sie in ihrer Bemühung, das Spezifische der Frau zu betonen, diese auf ihren traditionellen Zuständigkeitsbereich festlegen könnte, nämlich auf ihre Körperlichkeit und Geschlechtlichkeit.[4] Nach Sigrid Weigel ist die Sehnsucht nach einem Ursprungsmythos "authentisch-weiblicher" Wesenhaftigkeit als problematisch anzusehen, weil Frauen keine Erinnerung daran haben, was "Frau" war oder sein könnte vor oder außerhalb der (männlichen) Geschichte. Ihre Ansicht stimmt hierin mit der von Judith Butler (sowie mit Foucaults antiessentialistischer Auffassung vom Körper) überein, nach der keine prädiskursive Realität oder Körperlichkeit unabhängig von den Diskursen oder dem Wissen über sie existieren. Daß die Maske, das "doppelte Gesicht" der Frau, zu ihrem eigenen Antlitz geworden ist, stellt nach Weigel ein Bild dar für die Unmöglichkeit, Ideologie und Realität zu unterscheiden.

> Wir können nicht sagen: das ist der Bestand an 'falschen' Frauenbildern, der uns aufoktroyiert worden ist in der Geschichte, und wenn wir das abtragen, dann haben wir [. . .] uns selbst. Das ist nicht möglich; dazu sind die Geschlechterverhältnisse, ist die ganze Wahrnehmung von Körperlichkeit und sexueller Differenz, von Geschlechtsrollen zu stark in unsere Gesellschaft eingebunden, kulturell und historisch produziert. (Zit. in Fischer/Kilian/Schönberg 56)

Heute ist sich die Forschung darüber im klaren, daß das Weibliche nicht in Abhängigkeit zum Männlichen, aber auch nicht gänzlich jenseits des Männlichen beschrieben werden kann. Man besteht auf die Betonung der weiblichen Differenz, die sich jedoch nicht in emanzipatorischer Rivalität mit dem Mann entwickelt, sondern bestrebt ist, den Freiraum eines weiblichen Imaginären ausfindig zu machen, der es den Frauen erlauben würde, ihre eigenständige weibliche Identität aufzubauen. Es geht darum, so sprechen zu lernen, daß "das Männliche nicht länger das Ganze wäre" (Irigaray, *Waren* 34). Weiblichkeit wird nicht als Negativ, sondern als Differenz, als asymmetrische Negation verstanden. Dabei geht es nun

> nicht um einen von zwei Polen, nicht um die Kehrseite des Spiegels, sondern um seine Ränder: die Suche nach der Bestimmung des Weiblichen ist die Suche nach den Leerstellen, den Rändern, den Ausfällen der herrschenden

DAS MÄNNERPHANTOM DER FRAU 153

männlichen Kultur, ihrer Ordnung, ihrer Zweckrationalität, dem Funktionieren der Maschinerie. (Hassauer, "Der ver-rückte Diskurs der Sprachlosen" 56)

Irigaray weist nachdrücklich darauf hin, daß die Betonung der Differenz den Geschlechtsunterschied nicht aufhebt, sondern versucht, diesen zu unterminieren und zu durchbrechen, ohne dabei auf den gleichen Prozeß der Hierarchisierung, der Unterwerfung des Anderen unter das Gleiche zurückzugreifen, die die Logik des Einen und des Anderen kennzeichnet.

Mit anderen Worten, es gilt nicht, eine neue Theorie auszuarbeiten, deren Subjekt oder Objekt die Frau wäre, sondern, der theoretischen Maschinerie selbst Einhalt zu gebieten, ihren Anspruch auf Produktion einer viel zu eindeutigen Wahrheit und eines viel zu eindeutigen Sinns zu suspendieren. Was voraussetzt, daß die Frauen es den Männern im Wissen nicht einfach gleichtun wollen. Daß sie nicht beanspruchen, mit ihnen durch die Konstruktion einer Logik des Weiblichen zu rivalisieren, die zum Modell wieder das Onto-Theo-Logische nähme, sondern daß sie viel eher versuchen, diese Frage der Ökonomie des Logos zu entwinden. (*Waren* 33–34)

Die einfache Umkehrung des Machtverhältnisses würde dessen Struktur unangetastet lassen und könnte Irigaray zufolge eine viel subtiler maskierte Ausbeutung der Frau konstituieren, denn sie spiele mit der Naivität: "Es genügte, Frau zu sein, um sich außerhalb der phallischen Macht zu befinden" (36).

9

Schlußbetrachtungen

Die Frauenentwürfe in den im Rahmen dieser Arbeit untersuchten vier Romanen sind nicht frei von inneren Widersprüchlichkeiten und Inkonsequenzen. Dabei kann sich die widersprüchliche Haltung auf Heldin, Autorin oder auf beide zugleich beziehen. Alle Texte weisen eine symptomatische Instabilität auf. Zum einen illustrieren die in den Romanen existierenden Ambivalenzen die Schwierigkeit der Autorinnen, sich von der Einwirkung des tradierten Weiblichkeitsrepertoires zu befreien. Zum anderen erschließen ihre Frauentexte Lebensentwürfe, die die Normenzuschreibungen in Frage stellen und aprioristische Wahrheiten der damaligen Gesellschaft unterminieren. Indem die Romane Konventionen und eindeutige Denkassoziationen zu demontieren suchen, zeugen sie von einer unterschiedlichen Verhaltensorientierung, die gängigen Wertvorstellungen der Zeit entgegenläuft und deutliche Berührungspunkte mit den neuesten feministischen Auffassungen darüber beobachten läßt.

Die Kritik, die die Romane an der weiblichen Erziehung und der Sprache als Instrument dieser Erziehung ausüben, geht einher mit einem Widerstand gegen die Sprache. Die Protagonistinnen in den Romanen Reuters und Dohms erschaffen sich eine unterschiedliche Lustökonomie, die sie als Lust am monologisch-phantasierten Sprechen erleben. Agathe Heidlings "zentrifugale" Sprache, ihr hysterisches Reden und Lachen, verweigern sich der Verständlichkeit und werden so zum Merkmal für die Existenz des stimmlosen Anderen, das von der zentripetalen Sprache des Herrschaftsdiskurses ausgeschlossen worden ist. Das Vergnügen des Aussprechens von irren Worten, mit denen sich Agathe von jeder Autorität (der Sprache) zu befreien sucht, mündet für sie in der Gefahr des linguistischen Wahnsinns. Auch Marlene Bucher sucht nach einer oder mehreren Stimmen, um sich gegen die Dominanz der herrschenden Sprache aufzulehnen. Dabei muß sie mit der Versuchung kämpfen, Sprache überhaupt aufzugeben und sich wie Agathe in den Abgrund des linguistischen Chaos zu stürzen.

Parallel mit dem Widerstand zur Sprache versuchen beide Protagonistinnen in ihrem Streben nach innerer Kontinuität, das "In-

Bildern-Reden" und das Schreiben als Identitätsfindungsprozeß zu benutzen.

> Ich wollte etwas ganz Besonderes schreiben, Tiefes, Sehnsüchtiges, Mondscheintrunkenes. Ich fand meinen Stil nicht. Die Worte kamen mir so armselig, so beschämend nackt vor. [. . .] ich möchte schreiben können, wie man flüstert, pianissimo, verklingende Orgeltöne, oder stark, gewaltig—Posaunenklänge, vor denen verschlossene Himmel aufspringen. (*Schicksale* 151)

Das Bewußtsein von der Unmöglichkeit, die Vielfalt der weiblichen Erfahrung in Sprachausdrücken zu fixieren, kennzeichnet auch Dohms Roman *Christa Ruland*. Die Protagonistin schreibt da in einem Brief an ihre Schwester:

> Wundere Dich nur nicht, wenn mein Stil sich ändern sollte und ich nächstens reden werde, wie mir der pathetische Schnabel gewachsen ist. Darum bin ich oft schweigsam. Ich will geistreich sein dürfen, in Bildern sprechen, dabei ein bißchen gestikulieren (ich muß immer auf meine Hände achten, damit sie nicht in die Höhe fahren) und das alles gilt doch für affektiert, lächerlich. (155)

Christa weigert sich, als Sprachmaschine zu handeln, "die von sich gibt, was man in sie hineingefüttert hat" und definiert die ewigen Wahrheiten der Zeit als die fixen Ideen derselben. Zu dieser unterschiedlichen Verhaltensweise gehört auch die neue Art des Sehens, durch die die Heldin eine Identität aufzubauen und sich von allen anerzogenen Vorurteilen zu befreien sucht:

> Ich glaube eine Methode gefunden zu haben, um die Binde von meinen Augen—wenigstens zu lockern. Nämlich: ich versuche Menschen, Dinge, Zustände so zu sehen, als sähe ich sie zum ersten Mal, so einigermaßen wie ein Wilder (aber ein Wilder mit Gymnasialbildung), ohne erworbene Ideen. Ich schaffe das 'man' ab. Statt 'man sagt—man ist der Meinung' sage ich nun: 'Ich'. [. . .] ich fange an, die Dinge—nicht alle zwar—zu sehen, als sehe ich sie zum ersten Mal. (196)

Christas "neues Sehen" schließt den Anderen nicht aus, sondern sucht, wie Marlene Bucher in Dohms *Schicksale einer Seele*, Anderssein mitzuartikulieren, ohne es zu unterwerfen. Sie wendet sich an einen Freund mit den folgenden Worten: "Irrsinnig erscheint oft nur, wer anderssinnig ist" (268). Diese neue Perspektivik des Sehens schließt das Bemühen um die Dekonstruktion der Reproduktion des Selben ein, die nach Luce Irigaray die dominierende Signatur der patriarchalen Gesellschaft darstellt. In ihrem Buch *Spekulum. Spiegel des anderen Geschlechts* umschreibt Irigaray den glatten Spiegel der Reproduktion des Selben als eine neue Art des Blickwinkels, die sie das Spekulum nennt. Im Unterschied zum ersten passe sich dieses an die Form des Objekts an, das es reflektiere, und gestatte es der Frau, sich selbst als Subjekt zu repräsentieren. So könne sie sich der Flachheit erstarrter Weiblichkeitsbilder entziehen und der spiegelnden Eindeutigkeit zu widersetzen versuchen, denn das Spekulum durchdringe den Hohlraum des konkaven Spiegels und die Selbstsicherheit seiner geschlossenen Homogenität. "Es kann [. . .] ein Instrument sein, das die (Scham-)Lippen, Spalten, Wandungen auseinanderspreizt, damit der Blick ins Innere dringen, dort sehen kann, vor allem in spekulativer Absicht" (184).

Das Suchen nach einer neuen Ökonomie der Geschlechterverhältnisse kennzeichnet alle untersuchten Romane. Es überrascht die Radikalität mancher Entwürfe weiblicher Selbstbestimmung wie der der Protagonistinnen in *Ellen Olestjerne* und *Das Tränenhaus*, deren Existenz als Schriftstellerinnen und ledige Mütter ein doppeltes Paradox möglich macht. Zu den Transgressionsversuchen gehört auch das Bemühen, "Frausein" als positive Alternative zu schildern. In *Christa Ruland* findet sich eine ausdrückliche Allusion darauf:". . . sind nicht auch in der heutigen Gesellschaft Spuren der Überreste? und könnten nicht gerade die Frauen das neue Element sein, das die Zeit braucht? Siehst du, das glaube ich, wir sind da, weil man uns braucht" (270).

Zwischen den Geschlechtern besteht in allen Romanen keine (sprachliche) Kommunikation. In der Beziehung zwischen Olly Kovalski und Köppert, die eine Ausnahme bildet, besteht die sprachliche Kommunikation auf Kosten der fehlenden sexuellen Beziehung zwischen den beiden. Die meisten Männerfiguren sind als Träger des Konventionellen geschildert und repräsentieren die sprachliche und gesellschaftliche Norm. Die Frauengestalten sind hingegen bemüht, sich von der Norm und der Regel loszureißen. Sie setzen sich über bestehende Konventionen hinweg und treten mehr oder weniger als Rebellinnen auf: Hysterikerinnen, Anorektikerinnen, Spiritualistinnen, Phantastinnen, Bohemiennen, die sich dem Normal-Vernünftigen verweigern.

Diese neuen Selbst-Entwürfe verflechten sich andererseits mit stereotypen Vorstellungen. Dazu gehört die Darstellung der Künstlerin als Kind, was eine unwillkürliche Implikation der Unmöglichkeit der Koexistenz von Frau und Kunst mit sich bringt. Als Folge wird ein Bild weiblicher Kreativität entworfen, das sich mit Frausein kaum verträgt. Dabei ist die stark im Sexuell-Erotischen wurzelnde Heldin Reventlows das genaue Gegenteil zu den Künstlerinnen Böhlaus, die "nichts als die verdammte Kunst im Kopf" haben und ihre Künstlerschaft auf Kosten ihrer femininen Eigenschaften entwickeln. Die Bildhauerin Isolde Frey in Böhlaus *Halbtier* heiratet nicht; Olly Kovalski sowie Cornelie Reimann und Marlene Bucher erweisen sich als Künstlerinnen "zur Ehe unbrauchbar".

Als problematisch läßt sich auch die Allusion auf das subversive Vermögen von Frauensexualität bestimmen sowie die Nebeneinanderstellung von weiblicher Kunst und weiblicher Natur, was auf die traditionelle Darstellung der Frau als naturhaftes Geschlechtswesen zurückgreift.[1] Zu den negativen Tendenzen gehört auch das eskapistisch-verträumte Ignorieren der Wirklichkeit in den Romanen von Reuter und Dohm oder das Idealisieren des Bohemelebens in Reventlows *Ellen Olestjerne*. In diesem Kontext läßt sich die "Sprachlosigkeit" der Heldinnen nicht als Widerstand, sondern als Identifikation mit der traditionellen Weiblichkeitsrolle verstehen, denn die Sprachlosigkeit der Frau ist ebenfalls Teil ihrer Mythologisierung innerhalb des Weiblichkeitsideals gewesen, worauf Silvia Bovenschen hingewiesen hat (*Die imaginierte Weiblichkeit* 41).

Die Untersuchung der Darstellungen weiblichen Künstlertums hat gezeigt, daß die Künstlerinnen zwischen dem Bewußtsein ihres Talents und einem merkwürdigen Mangel an Selbstwertgefühl leiden. Sie brauchen fast immer die väterliche Meisterfigur, von der sie stark beeinflußt oder abhängig sind. Dabei spielt "das Männerphantom der Frau" nicht nur im Falle der Heldinnen, sondern auch im Falle der Autorinnen selbst eine entscheidende Rolle.

Resümiert man die von diesen Schriftstellerinnen der Jahrhundertwende geschaffenen Frauenentwürfe, so kann man feststellen, daß sie kein kohärentes Frauenbild präsentieren. Das Bild der "neuen Frau" bleibt im Rahmen des gleichen Diskurses befangen, dem es sich zu entziehen versucht und entpuppt sich als etwas noch nicht Vollendetes. In ihrem Roman *Christa Ruland* hat Hedwig Dohm diese eigentümliche Spannung, an der die zeitgenössische Frau leidet, deutlich zum Ausdruck gebracht. Eine der mehreren Frauengestalten im Roman, die Wissenschaftlerin Maria Hill, stellt in einem Vortrag fest, den sie ihren Freundinnen vorliest, daß die neue Frau, dieses "Stich- und Schlagwort der Zeit", noch nicht geworden ist:

> Es ist ein Zwiespalt in uns Werdenden zwischen dem Altererbten und dem Neuerrungenen. Was seit so vielen Generationen Recht und Brauch war, hat sich unserer Gesinnung einverleibt, es ist beinah Instinkt bei uns geworden. Wir haben noch die Nerven der alten Generation und die Intelligenz und den Willen der neuen. All die alten Anschauungen und Vorurteile, sie heften sich an unsere Sohlen, eine Art sanfter Furien oder Medusen, die unser Wollen zwar nicht versteinern, aber doch lähmen. Mit einem Wort: wir sind Übergangsgeschöpfe. (162)

SCHLUSSBETRACHTUNGEN

Indem jeder der Romane einen weiblichen Selbstfindungsprozeß schildert, illustriert er auf spezifische Weise die inkonsistente Grundstruktur des weiblichen Emanzipationsbewußtseins der Jahrhundertwende. Heldinnen und Autorinnen sind nicht imstande, sich gänzlich von der verinnerlichten Bindung durch überlieferte Normen zu befreien, und nehmen so eine merkwürdige Position ein zwischen Weiblichkeitsrolle und Selbstbestimmung, zwischen Versöhnung und Transgression. Dabei läßt sich fast immer ein kompensatorisches Balancieren zwischen Leben und Werk beobachten. Manchmal überschreiten die Autorinnen mit ihren Frauendarstellungen die konventionalisierten Weiblichkeitsbilder und verwirklichen so durch die Protagonistin das, wozu sie im realen Leben nicht immer fähig sind, nämlich das Begehren nach Transgression (Dohm, Böhlau, Reuter); manchmal ist ihre eigene Existenz unvergleichbar radikaler als die Ideen, die sie als Künstlerinnen verteidigen (Reventlow).

Trotz ihrer Ambiguität stellen diese Frauentexte eine außerordentlich ergiebige Quelle für die Bedingungen weiblicher Existenz gegen Ausgang des vorigen Jahrhunderts dar. Sie sind Zeugnisse des eigentümlichen Zwiespaltes weiblicher Identität und der daraus folgenden doppeldeutigen Haltung von Autorinnen gegenüber ihrem eigenen Geschlecht und schriftstellerischen Beruf. Indem die Romane die Aufmerksamkeit auf gesellschaftliche Zustände lenken, denen die Diskrepanz zwischen Frau, Sprache und Macht abzulesen ist, bieten sie wichtige Ansätze zur Überwindung etablierter Verhaltensmodelle, was ihre zeitgemäße Bedeutung aber auch ihre subversive Relevanz für das Gegenwartsbewußtsein ausmacht.

Anmerkungen

Einleitung

[1] Vgl. hierzu Hassauer, "Kunst der Entgrenzung", Notizbuch 2, 16.
[2] 1899 gründen die Radikalen den *Verband fortschrittlicher Frauenvereine*, der als selbständige Sektion innerhalb des BDF funktioniert.
[3] Vgl. Evans, *The Feminist Movement in Germany* 156–57. Sieh dazu auch Frederiksen 38–39. Mit dem Erlaß des Reichsvereinsgesetzes im Jahre 1908 hebt man das Verbot politischer Vereine auf. Als Konsequenz wird die Frauenbewegung zur Massenbewegung, worin Evans den Hauptgrund für die Abschwächung der liberalen Ideen innerhalb der Bewegung sucht. Auch die Reform in der höheren Mädchenbildung ist von 1901 bis 1908 in gewissem Grade abgeschlossen.
[4] 1910 wird Marie Stritt, die 1899 zur Vorsitzenden des BDF gewählt worden war, und dem radikalen Flügel innerhalb der Frauenbewegung angehörte, durch die gemäßigte Gertrud Bäumer ersetzt.
[5] Krafft-Ebings berühmteste Schrift *Psychopathia Sexualis* (1886) erlebte vierzehn Auflagen und wurde auch in mehreren Fremdsprachen übersetzt.
[6] Foucault betrachtet die Hysterisierung der Frau, die Sexualisierung des Kindes, die Psychiatrisierung der perversen Lust und die Sozialisierung des Fortpflanzungsverhaltens als die vier großen strategischen Komplexe, die sich im 19. Jahrhundert durchsetzen und um Körper und Sexualität spezifische Wissens-und Machtdispositive entfalten. Bei diesen Strategien handelt es sich nach Foucault nicht um einen Kampf gegen die Sexualität, sondern vielmehr um die *Produktion* von Sexualität und das Bestreben, sie unter Kontrolle zu bringen.
[7] Auf diese Schwierigkeiten verweist Sigrid Weigel in *Topographien* 260.

1. Weiblichkeit als kulturelles Konstrukt

[1] Ich gebrauche hier "Sex" für "Sexus". Diese Bezeichnung wird auch in der deutschen Übersetzung des ersten Bandes von Foucaults *Sexualität und Wahrheit* benutzt.
[2] Sex (Körper, Anatomie) und Geschlecht (sozial-kulturelles Konstrukt).
[3] Die Benennung "Sexualwesen" wird in Ch. von Brauns Buch *Nicht Ich* benutzt. Die gleiche Bezeichnung findet sich bereits in Rosa Mayreders *Geschlecht und Kultur* (1923). Sieh *Geschlecht und Kultur* 75–76.

[4] Foucault stützt sich hier auf Nietzsches Kritik des philosophischen Denkens und des traditionellen Subjekt-Begriffs: In *Jenseits von Gut und Böse* hebt Nietzsche die Unmöglichkeit hervor, daß "vom Subjekt aus das Subjekt [. . .] bewiesen werden" könne (66). "Auch hinter aller Logik und ihrer anscheinenden Selbstherrlichkeit der Bewegung stehen Wertschätzungen, deutlicher gesprochen, physiologische Forderungen zur Erhaltung einer bestimmten Art von Leben. Zum Beispiel, daß das Bestimmte mehr wert sei als das Unbestimmte, der Schein weniger wert als die 'Wahrheit': dergleichen Schätzungen könnten, bei aller ihrer regulativen Wichtigkeit für uns, doch nur Vordergrunds-Schätzungen sein, eine bestimmte Art von niaiserie, wie sie gerade zur Erhaltung von Wesen, wie wir sind, not tun mag" (9-10).

[5] Im folgenden halte ich mich an diese Unterscheidung Brauns zwischen unvollständigem ich und künstlichem ICH.

[6] Von Brauns These stützt sich auf die Unterscheidung zwischen der "spiegelbildlichen" und der "projektiven" Vorstellungswelt (Denken in Idealmodellen, Metaphysik). Im Unterschied zur ersten, wo die Sprache ihre ursprüngliche Funktion der Unterscheidung (des Sexualwesens) erfüllt, dient die Sprache in der "projektiven" Vorstellungswelt vielmehr der Vernichtung der Sexualität und des Sexualwesens und bewirkt die Verleugnung von dessen Unvollständigkeit. Für Braun konstituiert sich das ICH nicht durch die Unterscheidung von und Vereinigung mit dem anderen, sondern durch dessen Vereinnahmung. Die Sprache "verwischt die Grenzen zwischen den Sexualwesen und löscht somit die Sexualität selber aus. An die Stelle der Unterscheidung zwischen den Geschlechtern tritt die Dichotomie von Geist und Materie, Signifikant und Signifikat, Symbol und Symbolisiertem. . ." (151–52).

2. Weiblichkeit um die Jahrhundertwende

[1] Aufschlußreiche Auskunft darüber geben Texte von Leopold von Sacher-Masoch, Felix Dörmann, Oskar Panizza, Frank Wedekind, Richard Beer-Hoffmann, Hugo von Hofmannsthal sowie Bilder von Franz von Stuck, Fernand Knopff, Gabriel von Max, Edvard Munch, Alfred Kubin u.a., in denen die Frau als Schreckbild verführerischer Unmoral oder als Sinnbild der "Innocentia" schlechthin fungiert. Sieh dazu auch Stein, Vorwort 11–22.

[2] Klages' Auffassung des Weiblichen, die sehr stark durch Bachofen beeinflußt wurde, hebt sich andererseits deutlich von der Weiningerschen Misogynie ab. Auf Klages und seine Philosophie kommen wir im Kapitel 7 dieser Arbeit noch zurück.

[3] Sieh hierzu Sara Kofman 50–65. Die gleiche Ambivalenz führt Kofman zu der Schlußfolgerung, daß es zu vereinfacht wäre, Freud des vulgären Biologismus zu beschuldigen, denn beim Lesen seiner Texte könne man entweder auf den metaphysischen oder aber den dekonstruktivistischen Charakter seiner Analyse beste-

hen (157). Das Freudsche psychoanalytische System ist auch in einigen Texten der feministischen Forschungsliteratur bis zu einem großen Grade rehabilitiert worden. Nach Juliet Mitchell läßt sich Freuds Psychoanalyse nicht als Definition, sondern als aufschlußreiche *Beschreibung* der patriarchalen Gesellschaft verstehen. Die Psychoanalyse solle nicht als Theorie über Biologie und Instinkte definiert werden, sondern als nützliche Beschreibung der sozialen Kanalisierung dieser Biologie und der Wege, wie die Instinkte unter gesellschaftlichen Zwängen in sozial-regulierte Triebe verwandelt werden.

[4] Eine ausführliche und umständliche Auseinandersetzung mit dem Freudschen System und dem ganzen philosophischen Diskurs findet sich in Irigarays Werk *Speculum. Spiegel des anderen Geschlechts*.

3. Erziehung zur Sprachlosigkeit

[1] Auch die Tatsache, daß die Zahl der weiblichen Angestellten steigt, ändert nicht viel an der Situation, da die Frauen auch weiter an den Privatbereich der Familie und die tradierte Lebensweise gebunden bleiben. Sieh Häntzschel 7.

[2] Vgl. hierzu Brinker-Gabler, "Selbständigkeit oder/und Liebe: Über die Entwicklung eines Frauenproblems in drei Romanen aus dem Anfang des 20. Jahrhunderts", in *Frauen sehen ihre Zeit* 42.

4. Gabriele Reuter: *Aus guter Familie*

[1] 1931 erscheint die 28. Auflage des Romans.

[2] In seiner Studie "Men's Power over Women in Gabriele Reuter's *Aus guter Familie*" benutzt Richard L. Johnson die Bezeichnung "Verbildungsroman" (Zit. in Burkhard, *Gestaltet und Gestaltend 246*).

[3] Nach Foucault hat man bereits zu Beginn des 18. Jahrhunderts mit der Konstruktion einer spezifischen "Sexualität der Kinder" begonnen. Dazu gehörten eine Umorganisierung der Beziehungen zwischen Kindern und Erwachsenen, Eltern, Erziehern, sowie die Intensivierung der innerfamiliären Beziehungen. Die Kindheit wird zum eigentlichen Einsatz, um den sich Eltern, Erziehungsanstalten und Instanzen der öffentlichen Hygiene streiten (*Dispositive der Macht* 181).

[4] Foucault betrachtet z.B. die Beichte und die Gewissensprüfung nicht nur als Mittel, die Sexualität bloß zu untersagen, sondern vielmehr als Mittel, diese in den Mittelpunkt der Existenz zu versetzen (*Dispositive der Macht* 176).

[5] "Daher wird es darauf ankommen zu wissen, in welchen Formen, durch welche Kanäle und entlang welcher Diskurse die Macht es schafft, bis in die winzigsten und individuellsten Verhaltensweisen vorzudringen, welche Wege es ihr erlauben, die seltenen und unscheinbaren Formen der Lust zu erreichen und auf welche Weise sie die alltägliche Lust durchdringt und kontrolliert—und das alles mit

Wirkungen, die als Verweigerung, Absperrung und Disqualifizierung auftreten können, aber auch als Anreizung und Intensivierung..." (21–22)

[6] Sieh hierzu Alimadad-Mensch 128.

[7] Ab dem Tag der Konfirmation galten die Mädchen als heiratsfähig.

[8] Sieh hierzu Fischer/Kilian/Schönberg 14.

[9] Sieh hierzu auch Rothe-Buddensieg 226.

[10] Nach dem Tod ihrer Mutter muß Agathe deren "mütterlichen" Funktionen übernehmen und für ihren Vater und den Haushalt sorgen.

[11] In ihrer Untersuchung über "Die häuslichen Pflichten der Beamtenfrauen im Kaiserreich" betont Sibylle Meyer, daß nicht nur die öffentliche, sondern auch die Privatsphäre der bürgerlichen Familien weitgehend durch Repräsentation und berufliche Zwänge bestimmt wurde. Diese beanspruchten nicht nur die Arbeitskraft, sondern die gesamte Persönlichkeit. "Die beruflichen Pflichten umfaßten das ganze Leben der in diesen Berufen beschäftigten Personen. Man verlangt von ihnen in jeder Beziehung ein dem Staate würdiges Verhalten. Jedes Auftreten in der Öffentlichkeit—allein oder in der Begleitung der Gattin—war ein Prüfstein für Wohlanständigkeit und Standesgemäßigkeit" (Zit. in Hausen, *Frauen suchen ihre Geschichte* 173).

[12] Dieses Motiv der geistigen Verkrüppelung taucht ebenfalls in den Texten anderer Autorinnen auf. In ihren "Kindheitserinnerungen einer alten Berlinerin" reflektiert Hedwig Dohm über die ungünstigen Lebensverhältnisse, die sie an einer harmonischen Entwicklung ihrer Persönlichkeit gehindert haben. "Alle Feder meines Geistes blieben unbeackert. So mußte ich wohl ein Dilettant bleiben, der auf dem Instrument seiner Seele nur zu klimpern verstand. Ein geistiger Backfisch" (*Als unsere großen Dichterinnen noch kleine Mädchen waren* 49).

[13] Auf den Widerspruch zwischen der enormen Diskursivierung der Sexualität im 19. Jahrhundert und der a-sexuellen Erziehung der Kinder weist Foucault in *Wahrheit und Sexualität* hin, wenn er über die Generierung von "gesuchten", d.h. gleichzeitig begehrten und verfolgten Lüsten spricht. Die Macht setzt der Sexualität keine Grenzen, sondern dehnt ihre verschiedene Formen aus; sie errichtet keine Blockade, sondern schafft vielmehr Orte maximaler sexueller Sättigung. Ein solcher Ort sexueller Sättigung ist nach Foucault auch die Familie (61–63).

[14] Für Ch. von Braun drücken die Symptome weiblicher Hysterie die Verweigerung aus, den Körper zerstückeln und sich die Sprache nehmen zu lassen. Indem die Hysterikerinnen mit ihrem Körper sprechen oder den Körper in Sprache verwandeln, beweisen sie, daß Geist und Körper, Sprache und Sexualität miteinander einhergehen und wehren sich auf diese Weise gegen die künstliche Aufhebung der Geschlechtsunterschiede (192–93).

[15] Vgl. hierzu auch Alimadad-Mensch 43–44.

5. Hedwig Dohm: *Schicksale einer Seele*

[1] In den "Kindheitserinnerungen" beschreibt Dohm ihre Mutter auch als musikalisch begabt.
[2] Auch diese persönlichen Data stimmen mit denen von Hedwig Dohm überein: Vgl. dazu Dohms "Kindheitserinnerungen" *(Als unsere großen Dichterinnen* 46).
[3] Solche "Themata" sind andererseits mit dem Zeitgeist überhaupt zu verbinden und dürfen sicher nicht ausschließlich auf die Mädchenausbildung bezogen werden.
[4] "Viel, viel später erst kam mir die Gewissenlosigkeit solcher Ungebühr zum Bewußtsein, und mit Staunen erinnerte ich mich, daß diese ältlichen Herren gute, respektable Familienväter von bestem Rufe waren" (*Schicksale* 50).
[5] Sieh dazu Hausen, "Die Polarisierung der Geschlechtscharaktere": Für die höheren Töchter endet die Schule im Alter von 14–16 Jahren; ein Unterricht nach Jahrgangsklassen war nicht konsequent durchgesetzt (in Conze 389).
[6] Jede Form der Arbeit galt für bürgerliche Frauen als unstandesgemäß und verstieß gegen die Gesetze des "guten Tons".
[7] Elise Polko bezeichnet in ihrer Schrift "Unsere Pilgerfahrt von der Kinderstube bis zum eignen Heerd" die Blumenmalerei als "das Genre" der Frau und empfiehlt die Initialen-Zeichnung und Ausschmückungskunst als besonders vorzüglich für Frauen. "Diese phantasievollen Verzierungen und Arabesken, dieses liebevolle Versenken in die Aufgabe der Ausschmückung und Illustration goldener Sprüche und Verse ist so recht unser eigentliches Feld [. . .]. Man kann ganz allerliebste Bildchen auf Tassen und Teller malen, und sehr graziöse Albumblätter für die nachsichtigen Augen der Eltern und Freunde, sehr anmutig und ziemlich richtig nach der Natur zeichnen, ohne deshalb auch nur mit einem Fingerspitzchen zu jenen Auserwählten zu gehören, die berufen werden, die dornige Rosenkrone der Künstlerschaft zu tragen" (Zit. in Häntzschel 187).
[8] Vgl. hierzu Reed 247.
[9] Vgl. hierzu auch S. 56 dieser Arbeit.
[10] Charlottes Maskerade ist (im Vergleich zu der Eugenies in Reuters Roman) mehr auf Widerstand als auf Adaptierung oder persönlichen Nutzen gerichtet, was auch ihr Tod unterstreicht.
[11] Sieh Kokula 22–28.
[12] Minna Wettstein-Adelts Roman *Sind es Frauen? Roman über das Dritte Geschlecht* (1901), Elisabeth Dauthendeys Roman *Vom neuen Weib und seiner Liebe* (1900).
[13] Sieh dazu Holthaus 27–29.
[14] Rudolf Steiner (1861–1925) war von 1902 bis 1913 Mitglied und Generalsekretär der deutschen Sektion der Theosophischen Gesellschaft.
[15] Sieh hierzu Max Osborns Artikel "Der Gelehrte des Kladderadatsch" (1919), zit. in Dohm, *Emanzipation* 205. Die erste Nummer des "Kladderadatsch" wurde

im Mai 1848 veröffentlicht. Ernst Dohms Arbeit in der Zeitschrift, zu deren Mitbegründern der Verleger Albert Hofmann, der Schriftsteller David Kalisch, der Zeichner Wilhelm Scholz, und Rudolf Löwenstein gehörten, dauerte etwa 35 Jahre und endete erst mit seinem Tod im Jahre 1883.

6. Helene Böhlau: *Rangierbahnhof*

[1] Der Kulturphilosoph Theodor Lessing, der zur Zeit der Veröffentlichung des *Rangierbahnhofs* eine begeisterte Rezension über den Roman schreibt, bezeichnet ihn in seinen Lebenserinnerungen als "ein Werk von wundersamer Schönheit" (363). Zur enthusiastischen Rezeption des Romans vgl. auch E. v. Wolzogen 188 und A. Soergel 304.
[2] Vgl. H. Dohm über Ellen Key in *Die Antifeministen* 104–19. Dohm beschreibt Key als eine "Hohenpriesterin der Phrase", die "ein goldenes Herz hat und eine begeisterte Feder führt, und gerade darum die gefährlichste unserer Gegnerinnen ist". Auch R. M. Rilke widmet Keys berühmtester Schrift *Das Jahrhundert des Kindes* (1900 in dt. Sprache) eine Besprechung.
[3] Begabung und Genialität bezeichnen bei Weininger das gleiche Phänomen— Genialität ist die höchste Steigerung der Begabung. Beide werden nicht vererbt, sondern entstehen spontan und stehen im Zusammenhang mit dem Geschlecht (der Männlichkeit oder Weiblichkeit) eines Menschen.
[4] Die Henide, die Weininger als ein "dumpfes Eines" definiert, unterscheide sich vom artikulierten Inhalt durch den niedrigen Grad der Bewußtheit, den Mangel an "Reliefierung" und die Verschmelzung von Empfindung und Gefühl (121–24).
[5] Im Kapitel "Begabung und Gedächtnis" zeigt Weininger den Zusammenhang zwischen Genie und Gedächtnis. Nach ihm ist das wichtigste Kennzeichen des Genies das "universelle Gedächtnis" an alles Erlebte. Gedächtnis bedeute ein Zustand vollen Bewußtseins, "in welchem in das Erlebnis der Gegenwart alle Erlebnisse der Vergangenheit in größter Intensität hineinspielen. . . " (145)
[6] "Du bist nicht wie eine verheiratete Frau, sondern wie ein leichtsinniges Mädchen, die im Arme des einen an den andern denkt. Dieser andre ist deine Kunst" (*Rangierbahnhof* 147).
[7] Nach Butler und Martin ist Rivieres Verständnis von Weiblichkeit nur anscheinend subversiv. Die Autorin betrachte die Maskerade als Mittel, das intellektuellen Frauen ermögliche, ihre "männliche" Wut und Aggression zu verhehlen und setze folglich Intellektualität mit Männlichkeit gleich. Sowohl Martin, als auch Butler unterziehen deshalb Rivieres Präsentation einer Kritik. Nach Butlers Ansicht lasse Riviere die Möglichkeit außer acht, die Maskerade als potentielle Verkleidung weiblicher Homosexualität zu zeigen. Sie reproduziere auf diese Weise Freuds System, in dem alle Beziehungen zwischen Frauen in Begriffen männlichen Begehrens analysiert werden: Rivieres Beschreibung "enacts the 'defence' against female homosexuality as sexuality that is nevertheless under-

stood as the reflexive structure of the homosexual man. [. . .] What is hidden is not sexuality, but rage" (52).

[8] Nach Kristeva bezieht sich das Mütterliche (oder das Semiotische), dessen Negation die erfolgreiche Sozialisation des Subjekts ankündigt, auf Triebe des Unbewußten, Rhythmen und Intonationen, die der Sprache vorausgehen.

[9] Kristeva betrachtet die künstlerische Produktion (Reaktivierung des Mütterlichen) als eine im Symbolischen institutionalisierte und "sozial-erlaubte" Verschiebung homosexuellen Begehrens bei der Frau, die immer eine negativ-melancholische Erfahrung für sie bedeutet. Ihres Erachtens kann die Schwierigkeit, die Mädchen in ihrer Loslösung vom Mütterlichen erfahren, die notwendige Identifikation mit symbolischen Werten (als Sicherungsreaktion gegen das zu mächtige Präödipale) intensivieren und so zu einer Über-Inverstierung in die väterliche Position führen.

[10] In der gleichen Selbstbiographie distanziert sie sich jedoch von ihrer damaligen Auffassung: "Heute würde ich dieser Erkenntnis, daß die Frau am geistigen Eigentum der Menschheit nicht mitgeschaffen hat, diesen leidenschaftlichen Ausdruck, den ich damals fand, nicht mehr geben. Tiefere Einsicht hat mich gelehrt, daß stille Taten der Seele, von denen die Welt nichts weiß, lebendiger und größer sein können als alles Wissen dieser Welt" (Zit. in Zils 8).

[11] Auch Weininger erwähnt die russische Malerin in dem Kapitel seines Buches, das den "emanzipierten" Frauen gewidmet ist. Da für ihn der Grad der Emanzipiertheit einer Frau mit dem Grad ihrer Männlichkeit identisch ist, ist er bemüht zu beweisen, daß geistig hervorragende Frauen stets männliche Züge aufweisen und sich durch "ein körperlich dem Manne angenähertes Aussehen" auszeichnen. Im Einklang mit dieser These schildert er auch Bashkirtseff folgenderweise: "Diese ist [. . .] allerdings von ausgesprochen weiblichem Körperbau gewesen, bis auf die Stirn, die mir einen etwas männlichen Eindruck gemacht hat" (82).

[12] Vgl. hierzu Marie Bashkirtseffs Tagebucheintragung vom 18. Oktober 1883: "Was ich fürchte, ist, ich könnte krank werden, ich kann nicht ordentlich atmen; ich fühle mich gar nicht kräftig und magere ab" (131).

[13] Bastien-Lepage stirbt ebenfalls 1884, nur einige Monate nach Marie Bashkirtseff.

[14] Vgl. hierzu Becker 9.

[15] Nach deutschem Recht konnte man jedoch gegen die Gültigkeit einer solchen Scheidung Einspruch erheben. Diese Tatsache wird von Arndts Frau Therese Hauth benutzt, die die Scheidung bestreitet und vierzehn Jahre später, im Jahre 1900, ein Gerichtsverfahren gegen ihren Ex-Gatten einleitet, das ein ganzes Jahrzehnt fortdauert. Das endgültige Urteil des Obersten Landesgerichts aus dem Jahre 1909 weist Thereses Klage ab. Vgl. hierzu auch Becker 78.

[16] Lessing, der nach eigener Aussage selbst von Arndts Philosophie beeinlußt war und zum Kreis seiner Anhänger gehörte, bezeichnet diese als "Erlösung zum Geist" (365).

7. Franziska von Reventlow: *Ellen Olestjerne*

[1] Vgl. hierzu auch J. Székely 13.

[2] Vgl. hierzu O. F. Bollnow, *Die Lebensphilosophie;* vgl. ferner Rudolf Walter, Nietzsche—Jugendstil—H. Mann. *Zur geistigen Situation der Jahrhundertwende* 43–45; Max Scheler, "Versuche einer Philosophie des Lebens", *Vom Umsturz der Werte* 2, 135–83.

[3] Auch im philosophischen System von Ludwig Klages werden Leben und Wirklichkeit nach Seele und Geist polarisiert, wobei dem Leben der höchste Wert zugesprochen wird. Sein Lebensbegriff bezieht das Organische und auch die Formen des elementaren, kosmischen Lebens, das der Gewässer, Pflanzen, Tiere usw. ein. Trotz des Titels seines Hauptwerkes *Der Geist als Widersacher der Seele* (1929) schließt die Klagessche Geistkritik nicht die Zusammenwirkung von Geist und Seele aus, die sich nach Klages' Ansicht gegenseitig ergänzen müßten. In Klages' Gegenüberstellung von Geist und Seele zerstört der lebensfeindliche Geist die Seele des Menschen, die die eigentliche Voraussetzung zum Erleben darstellt, und richtet somit auch die Natürlichkeit seiner ursprünglichen Lebenswelt zugrunde. Zur Philosophie von Klages s. Hans Kasdorff, *Ludwig Klages. Gesammelte Aufsätze und Vorträge zu seinem Werk*, und Hans Eggert Schröder, *Schiller Nietzsche Klages. Abhandlungen und Essays zur Geistesgeschichte der Gegenwart*.

[4] Vgl. hierzu auch Székely 7.

[5] Vgl. hierzu Székely 62. Er weist darauf hin, daß die Bekanntschaft Reventlows mit Autoren des Jugendstils wie Ludwig Derleth, Franz Blei, Max Dauthenday, Rainer Maria Rilke u.a. zweifelsohne zur stilistischen Einwirkung des Romans beigetragen haben muß. In diesen Kontext gehört auch der Umgang der Schriftstellerin mit dem Kreis der Münchner Kosmiker, insbesondere mit Ludwig Klages, Karl Wolfskehl, Alfred Schuler und Stefan George, deren Werke durch zahlreiche jugendstilhafte Elemente geprägt sind.

[6] Kreuzer weist darauf hin, daß der Roman der aszendierenden Boheme-Existenz mit Traditionen des Künstlerromans und des aktuellen Gesellschaftsromans in Verbindung zu bringen ist. (83, Anm.)

[7] Auch die von Kreuzer als bestimmend für die typischen Verhaltensweisen der Boheme beschriebenen allgemeinen Züge treffen auf die Protagonistin von Reventlows Roman zu: Ausbruch aus der Gesellschaft als bewußte Abkehr vom Milieu des Autoritarismus (Schule, Familie, Beruf), Individualismus, Negierung des Normativen, Spontanismus, Leben als Abenteuer, häufiger Wechsel von Wohnung und Wohnort, Fähigkeit zur Reduktion der Bedürfnisse, Leichtsinn,

Rauschbedürfnis, Hingabe an die Herrschaft des Augenblicks, sexueller Libertinismus, Affinität zum Anarchismus, Neigung zur (Selbst)Zerstörung, Schöpferkult, Erhebung des künstlerisch-romanhaften Lebens über das künstlerische Werk als bloßes Surrogat u.a. (48–53)

[8] "Sie hielten sich lange an der Hand zum Abschied—es war nicht mehr Ellens Schuld, die sie voneinandergerissen hatte—sie glaubten beide das Schicksal zu fühlen, das dunkel über ihrem Leben war..." (208)

[9] Reuters Autobiographie *Vom Kinde zum Menschen* ist ihrer unehelichen Tochter Lili gewidmet. Sieh dazu auch Alimadad-Mensch 182–89.

[10] Die *Briefe der Gräfin Franziska zu Reventlow* erscheinen zuerst 1928 im Verlag Albert Langen, ihr *Tagebuch* wird 1925 vom gleichen Verlag im Rahmen der Gesammelten Werke der Schriftstellerin veröffentlicht.

[11] Sie macht auch Übersetzungen für Alfred von Schrenck-Notzing, bekannt vor allem durch seine Studien auf dem Gebiet der Parapsychologie.

[12] Zu ihren Freunden gehören auch Helene Böhlau und Omar al Raschid. Sieh Reventlows *Tagebücher* 199.

[13] Sieh hierzu auch Reventlows *Briefe* 311.

[14] Schröder, der sich in seinem Buch ausführlich mit dem Leben und Werk des Philosophen auseinandersetzt, schreibt folgendes über Klages' Beziehung zu Reventlow: Dessen zuerst "unsinnliche Neigung zu der ungewöhnlichen Frau schlug um in ein Liebesbegehren von leidenschaftlichem Tiefgang, und die große Passion, die Klages ergriff, gewann eine tragische Tönung" (280).

[15] In seinem Buch *Vom kosmogonischen Eros* bekennt Klages, daß die Werke Bachofens eine entscheidende Wirkung auf ihn ausübten. "Bachofen erbrachte für den romantischen Polaritätsgedanken mit einem heute auch noch nicht entfernt ausgeschöpften Belegstoff den Beweis seiner Herkunft aus dem Urbewußtsein der Menschheit. Erde und Himmel, Nacht und Tag, Mond und Sonne, Wasser und Feuer, links und rechts usw. gehören gleichsinnig paarweise zueinander wie Leib und Seele und werden durch das nämliche Wechselverhältnis als unabläßig die Welt erneuernd gedacht wie das weiblich empfangende und das männlich zeugende Prinzip. Die solchermaßen polarisierte Einheit wird im Sinnbild sowohl der Mutter als auch des Kindes erfaßt, deren abermals polarer Zusammenhang den Mysterienglauben des ewigen Kreislaufes trägt" (226–27).

[16] Sieh hierzu Reventlows *Tagebücher* 180.

[17] Lessing führt als Ursache für die Trennung zwischen ihm und Klages vor allem die antisemitischen Tendenzen in der Philosophie der Kosmiker an.

[18] "Denn er steckte schmerzlich fest in dem Panzer eines nur selten frohen Ichs. Dem Lobsänger des kosmogonischen Eros versagte sich der irdische Eros".

8. Das Männerphantom der Frau

[1] "Die Hysterisierung des weiblichen Körpers ist ein dreifacher Prozeß: der Körper der Frau wurde als ein gänzlich von Sexualität durchdrungener Körper analysiert—qualifiziert und disqualifiziert; aufgrund einer ihm innewohnenden Pathologie wurde dieser Körper in das Feld der medizinischen Praktiken integriert; und schließlich brachte man ihn in organische Verbindung mit dem Gesellschaftskörper [. . .] und mit dem Leben der Kinder" (*Sexualität und Wahrheit* 126).

[2] Vgl. hierzu Alimadad-Mensch 25: "Wären materielle Mißstände nicht der Anlaß zu dieser Erwägung, hätte Frau Reuter, die Diplomatengattinnen und adlige Damen zu ihren Bekannten in Deutschland und Ägypten zählt, sich bestimmt nicht mit dem Gedanken beschäftigt, für die Zukunft ihrer einzigen Tochter die schriftstellerische Laufbahn als Tätigkeit und dazu noch zum Zwecke des Gelderwerbs in Betracht zu ziehen".

[3] Vgl. hierzu Bovenschen "Über die Frage: Gibt es eine weibliche Ästhetik"; vgl. weiter Hassauer, "Der ver-rückte Diskurs der Sprachlosen. Gibt es eine weibliche Ästhetik?" und Strauch, "Antwort über die Frage: Gibt es eine weibliche Ästhetik?"

[4] Das Modell der französischen Theoretikerinnen, insbesondere Cixous' und Irigarays, das aus der Morphologie der weiblichen Sexualität eine subversive Strategie des Schreibens zu entwickeln sucht, ist bis vor kurzem mißverstanden und des Essentialismus beschuldigt worden. Wie die neuesten Debatten darüber gezeigt haben, ist ihr Konzept nicht als biologistische Rückkehr zum "natürlichen" weiblichen Körper zu verstehen, sondern als bewußte Parodierung und Mimesis von traditionellen Strategien, die den weiblichen Körper immer wieder definiert haben. Dieses Konzept versucht, den Biologiediskurs zu seinen eigenen strategischen Zwecken zu kontrollieren. Über die neuesten Diskussionen dazu vgl. M. Gatens, *Feminism and Philosophy*, und R. Braidotti, *Patterns of Dissonance. A Study of Women in Contemporary Philosophy*.

9. Schlußbetrachtungen

[1] Sieh hierzu Brinker-Gabler, *Deutsche Literatur von Frauen* 2, 177.

Bibliographie

Literarische Texte

Andreas-Salomé, Lou. *Fenitschka. Eine Ausschweifung.* 1898. Frankfurt/M.: Ullstein, 1982.

Böhlau, Helene. *Rangierbahnhof.* Berlin W: F. Fontane & Co, 1896.

_____. *Halbtier.* Berlin W: F. Fontane & Co, 1899.

_____. *Ratsmädel-und Altweimarische Geschichten.* Stuttgart: Engelhorn, 1897.

Boy-Ed, Ida. *Werde zum Weib.* 2 Bde. 3. Aufl. Dresden: Carl Reißner, 1906.

_____. *Um ein Weib.* Berlin: Paul Franke, 1906.

Büllow, Frieda von. *Die Tochter.* Dresden: Carl Reißner, 1906.

Christ, Lena. *Erinnerungen einer Überflüssigen.* 1912. München: Süddeutscher Verlag, 1970.

Dohm, Hedwig. *Christa Ruland.* Berlin: S. Fischer, 1902.

_____. *Schicksale einer Seele.* 1899. München: Frauenoffensive, 1988.

_____. Kindheitserinnerungen einer alten Berlinerin. *Als unsere großen Dichterinnen noch kleine Mädchen waren. Selbsterzählte Erinnerungen von Ida Boy-Ed, Hedwig Dohm, Enrica von Handel-Mazzetti, Charlotte Niese, Clara Viebig, Hermine Villinger, L. Westkirch.* Leipzig: Franz Moeser Nachf., 1912. 17–57.

_____. *Werde, die du bist.* 1894. Neudr. Neukirch: Ala Verlag, 1988.

Frapan, Ilse. *Wir Frauen haben kein Vaterland. Monologe einer Fledermaus.* 2. Aufl. Berlin W: F. Fontane & Co, 1899.

_____. *Arbeit.* 2. Aufl. Berlin: Gebrüder Paetel, 1903.

Kahlenberg, Hans von. *Nixchen. Ein Beitrag zur Psychologie der höheren Tochter.* Berlin/Wien: B. Harz, 1899.

Mayreder, Rosa. *Idole.* Berlin: S. Fischer, 1899.

Reuter, Gabriele. *Aus guter Familie.* 1895. 28. Aufl. Berlin: S. Fischer, 1931.

———. *Das Tränenhaus.* Berlin: S. Fischer, 1909.

———. *Ellen von der Weiden.* 1900. 5. Aufl. Berlin: S. Fischer, 1904.

———. *Vom Kinde zum Menschen. Die Geschichte meiner Jugend.* Berlin: S. Fischer, 1921.

Reventlow, Franziska von. Ellen Olestjerne. 1906. *Autobiographisches.* Hg. Elsa Reventlow. München/Wien: Langen/Müller, 1980.

———. *Autobiographisches.* (Ellen Olestjerne, Novellen, Schriften, Selbstzeugnisse.) Hg. Elsa Reventlow. München/Wien: Langen/Müller, 1980.

———. *Herrn Dames Aufzeichnungen oder Begebenheiten aus einem merkwürdigen Stadtteil.* 1913. München: Deutscher Taschenbuch Verlag, 1969.

———. *Tagebücher 1895–1910.* Hg. Else Reventlow. München: Langen/Müller, 1971.

———. *Briefe 1890–1917.* Hg. Else Reventlow. München: Langen/Müller, 1975.

Viebig, Klara. *Es lebe die Kunst.* Berlin W: F. Fontane & Co, 1899.

Weitere Texte von Frauen der Jahrhundertwende

Andreas-Salomé, Lou. *Die Erotik.* Frankfurt/M.: Rütten & Loening, 1910.

———. *Lebensüberblick. Grundriß einiger Lebenserinnerungen.* A. d. N. Frankfurt/M.: Insel-Verlag, 1968.

———. Ketzereien gegen die moderne Frau. Die Zukunft 7, 1898/99. *Literarische Manifeste der Jahrhundertwende.* Hg. Erich Ruprecht, Dieter Bänsch. Stuttgart: Metzler, 1981. 566–69.

———. Der Mensch als Weib. Die neue Rundschau 1, 1893/94. *Zur Psychologie der Frau.* Hg. Gisela Brinker-Gabler. Frankfurt/M.: Fischer Taschenbuch, 1978. 285–311.

———. Nora—die Kindfrau. 1892. *Zur Psychologie der Frau.* Hg. Gisela Brinker-Gabler. Frankfurt/M.: 1978. 131–46.

———. *In der Schule bei Freud: Tagebuch eines Jahres, 1912/1913.* A. d. N. Hg. Ernst Pfeiffer. Zürich: M. Niehans, 1958.

Assenijeff, Elsa. *Aufruhr der Weiber und das dritte Geschlecht.* Leipzig: W. Friedrich, 1898.

Böhlau, Helene. Selbstbiographie. *Geistiges und Künstlerisches München in Selbstbiographien.* Hg. W. Zils. München: Max Kellerers Verlag, 1913. 6–8.

Bölte, Amely. Neues Frauen-Brevier. 1876. *Bildung und Kultur bürgerlicher Frauen 1850–1918.* Hg. Günter Häntzschel. Tübingen: Max Niemeyer, 1986. 107–11/118–20.

Büllow, Frieda von. Männerurtheil über Frauendichtung. Die Zukunft 7 1898/99. *Literarische Manifeste der Jahrhundertwende.* Hg. Erich Ruprecht, Dieter Bänsch. Stuttgart: Metzler, 1981. 562–65.

Burow, Julie. Über die Erziehung des weiblichen Geschlechts. 1854. *Bildung und Kultur bürgerlicher Frauen 1850–1918.* Hg. Günter Häntzschel. Tübingen: Max Niemeyer, 1986. 88–107.

Davidis, Henriette. Der Beruf der Jungfrau. Eine Mitgabe für Töchter bei ihrem Eintritt in's Leben. 1856. *Bildung und Kultur bürgerlicher Frauen 1850–1918.* Hg. Günter Häntzschel. Tübingen: Max Niemeyer, 1986. 74–76.

Dohm, Hedwig. *Emanzipation.* 2. Aufl. Zürich: Ala-Verlag, 1982.

———. *Die Antifeministen.* Berlin: F. Dümmler, 1902.

———. Der Muttertrieb. 1903. *Zur Psychologie der Frau.* Hg. Gisela Brinker-Gabler. Frankfurt/M.: Fischer Taschenbuch, 1978. 193–203.

———. *Der Frauen Natur und Recht. Zwei Abhandlungen über Eigenschaften und Stimmrecht der Frauen.* Berlin: Wedekind & Schweiger, 1876.

———. Selbstanzeige des Romans "Schicksale einer Seele". 1899. *Erinnerungen und weitere Schriften von und über Hedwig Dohm.* Hg. Berta Rahm. Zürich: Ala Verlag, 1980. 145–47.

———. Selbstanzeige des Romans "Christa Ruland". 1902. *Erinnerungen und weitere Schriften von und über Hedwig Dohm.* Hg. Berta Rahm. Zürich: Ala Verlag, 1980. 149–51.

Hecht, Marie. Friedrich Nietzsches Einfluß auf die Frauen. Die Frau 6, 1898/99. *Literarische Manifeste der Jahrhundertwende.* Hg. Erich Ruprecht, Dieter Bänsch. Stuttgart: Metzler, 1981. 543–48.

Lindemann, Marie von. Die rathende Freundin. Mitgabe für junge Mädchen beim Eintritt in's Leben. 1886. *Bildung und Kultur bürgerlicher Frauen 1850–1918.* Hg. Günter Häntzschel. Tübingen: Max Niemeyer, 1986. 77–78.

Lütt, Isa von der. Die elegante Hausfrau. Mitteilungen für junge Hauswesen. Mit besonderen Winken für Offiziersfrauen. 1892. *Bildung und Kultur bürgerlicher Frauen 1850–1918.* Hg. Günter Häntzschel. Tübingen: Max Niemeyer, 1986. 325–33.

Marholm, Laura. *Das Buch der Frauen. Zeitpsychologische Porträts.* Paris/Leipzig/München: A. Langen, 1896.

———. *Wir Frauen und unsere Dichter.* Wien/Leipzig: Wiener Mode, 1895.

Mayreder, Rosa. *Geschlecht und Kultur. Essays.* Jena: E. Diederich, 1923.

———. *Zur Kritik der Weiblichkeit. Essays.* 1905. München: Frauenoffensive, 1982.

———. *Krise der Väterlichkeit.* 1928. Graz/Wien: Stiasny, 1963.

———. Die Dame. 1905. *Zur Psychologie der Frau.* Hg. Gisela Brinker-Gabler. Frankfurt/M.: Fischer Taschenbuch, 1978. 147–56.

Meisel-Hess, Gretel. Das sexuelle Elend der Frau. 1909. *Zur Psychologie der Frau.* Hg. Gisela Brinker-Gabler. Frankfurt/M.: Fischer Taschenbuch, 1978. 229–35.

Polko, Elise. Unsere Pilgerfahrt von der Kinderstube bis zum eignen Heerd. Lose Blätter. 1863. *Bildung und Kultur bürgerlicher Frauen 1850–1918.* Hg. Günter Häntzschel. Tübingen: Max Niemeyer, 1986. 169–206.

R., Thessa von. Die Frau in der Dichtung. Die Frau 1, 1893/94. *Literarische Manifeste der Jahrhundertwende.* Hg. Erich Ruprecht, Dieter Bänsch. Stuttgart: Metzler, 1981. 549–54.

Schirmacher, Käthe. Das Mißverständnis zwischen Mann und Frau. 1901. *Zur Psychologie der Frau.* Hg. Gisela Brinker-Gabler. Frankfurt/M.: Fischer Taschenbuch, 1978. 157–64.

———. *Das Rätsel Weib. Eine Abrechnung.* Weimar: Alexander Duncker, 1911.

Stöcker, Helene. *Die Liebe und die Frauen.* Minden in Westf.: J. C. C. Bruns, 1905.

Suttner, Bertha von. Die Frauen. *Zur Psychologie der Frau.* Hg. Gisela Brinker-Gabler. Frankfurt/M.: Fischer Taschenbuch, 1978. 45–60.

Troll-Borostyani, Irma von. *Die Gleichstellung der Geschlechter und die Reform der Jugenderziehung.* 3. Aufl. München: E. Reinhardt, 1913.

Wothe, Anne. Hg. Der Hausschatz. Ein Freund und Ratgeber für die Frauenwelt. Unter Mitwirkung hervorragender Männer und Frauen. 1886. *Bildung und Kultur bürgerlicher Frauen 1850–1918.* Hg. Günter Häntzschel. Tübingen: Max Niemeyer, 1986. 111–17.

ALLGEMEINE LITERATUR

Abel, Elisabeth. Ed. *Writing and Sexual Difference.* London: The University of Chicago Press, 1982.

Albisetti, James. *Schooling German Girls and Women: Secondary and Higher Education in the Nineteentn Century.* Princeton: University Press, 1988.

Alimadad-Mensch, Faranak. *Gabriele Reuter. Porträt einer Schriftstellerin.* Bern & New York: Peter Lang, 1984.

Bachofen, Johann Jakob. *Das Mutterrecht. Eine Untersuchung über die Gynaikokratie der alten Welt nach ihrer religiösen und rechtlichen Natur.* 1861. 3. Aufl. 2. Bd. Basel: Benno Schwabe & Co, 1948.

Bashkirtseff, Marie. *The Journal of a Young Artist, 1864/1884.* New York: E. P. Dutton, 1919.

Beauvoir, Simone de. *The Second Sex.* New York: Vintage Books, 1974.

Becker, Josef. *Helene Böhlau. Leben und Werk.* Zürich: ADAG Administration & Druck AG, 1988.

Belsey, Catherine. Constructing the subject: deconstructing the text. *Feminist Criticism and Social Change*. Eds. Judith Newton and Deborah Rosenfelt. New York & London: Methuen, 1985. 45–64.

Berna-Simons, Lilian. *Weibliche Identität und Sexualität. Das Bild der Weiblichkeit im 19. Jahrhundert und in Sigmund Freud.* Frankfurt/M.: Materialis-Verlag, 1984.

Binion, Rudolph. *Frau Lou. Nietzsche's wayward disciple.* Princeton: Princeton University Press, 1968.

Boetcher, Ruth-Ellen. Frauen und Belletristik: Zu Positionen deutscher sozialkritischer Schriftstellerinnen im 19. Jahrhundert. *Frauen sehen ihre Zeit. Katalog zur Literaturausstellung des Landesfrauenbeirates Rheinland-Pfalz.* Mainz, 1984. 21–41.

――――. The Ambiguous World of Hedwig Dohm. *Gestaltet und Gestaltend. Frauen in der deutschen Literatur.* Hg. Marianne Burkhard. Amsterdam: Rodopi, 1980. 255–277.

――――. Ed. *German Women in the Eighteenth and Nineteenth Centuries.* Bloomington: Indiana University Press, 1986.

Bollnow, Otto Friedrich. *Die Lebensphilosophie.* Berlin: Springer, 1958.

Bovenschen, Silvia. *Die imaginierte Weiblichkeit. Exemplarische Untersuchungen zu kulturgeschichtlichen und literarischen Präsentationsformen des Weiblichen.* 2. Aufl. Frankfurt/M.: Suhrkamp, 1980.

――――. Über die Frage: Gibt es eine weibliche Ästhetik? *Die Überwindung der Sprachlosigkeit. Texte aus der neuen Frauenbewegung.* Hg. Gabriele Dietze. Darmstadt & Neuwied: Luchterhand, 1979. 82–116.

Braidotti, Rosi. *Patterns of Dissonance. A Study of Women in Contemporary Philosophy.* Cambridge: Polity Press, 1991.

Braun, Christina von. *Nicht ich. Logik, Lüge, Libido.* Frankfurt/M.: Neue Kritik, 1990.

Brinker-Gabler, Gisela. Hg. *Deutsche Literatur von Frauen.* 2 Bde. München: C. H. Beck, 1988.

――――. Perspektiven des Übergangs. *Deutsche Literatur von Frauen.* Bd. 2. Hg. Gisela Brinker-Gabler. München: C. H. Beck, 1988. 169–204.

——. Hg. *Zur Psychologie der Frau.* Frankfurt/M.: Fischer Taschenbuch, 1978.

——. *Lexikon deutschsprachiger Schriftstellerinnen. 1800–1945.* München: Deutscher Taschenbuch, 1986.

——. Selbständigkeit oder/und Liebe: Über die Entwicklung eines Frauenproblems in drei Romanen aus dem Anfang des 20. Jahrhunderts. *Frauen sehen ihre Zeit. Katalog zur Literaturausstellung des Landesfrauenbeirates Rheinland-Pfalz.* Mainz, 1984. 41–54.

Burgin, Victor/Donald, James/Kaplan, Cora. Eds. *Formations of Fantasy.* London: Methuen, 1986.

Burkhard, Marianne/Boetcher, Ruth-Ellen. Eds. *Out of Line/Ausgefallen: The Paradox of Marginality in the Writings of Nineteenth-Century German Women.* Amsterdam/Atlanta: Rodopi, 1989.

Burkhard, Marianne. Hg. *Gestaltet und Gestaltend. Frauen in der deutschen Literatur.* Amsterdam: Rodopi, 1980.

Butler, Judith. *Gender Trouble.* New York: Routledge, 1990.

Chodorow, Nancy. *The Reproduction of Mothering.* Berkeley/Los Angeles/London: University of California Press, 1978.

Cixous, Hélène/Clement, Catherine. *The Newly Born Woman.* Minneapolis/Oxford: University of Minnesota Press, 1991.

Cixous, Hélène. *Die unendliche Zirkulation des Begehrens. Weiblichkeit in der Schrift.* Berlin: Merve, 1977.

Cocalis, Susan/Goodman, Kay. Eds. *Beyond the Eternal Feminine. Critical Essays on Women and German Literature.* Stuttgart: Hans-Dieter Heinz, 1982.

Culler, Jonathan. *On Deconstruction.* Ithaca/New York: Cornell University Press, 1992.

Conze, Werner. Hg. *Sozialgeschichte der Familie in der Neuzeit Europas.* Stuttgart: Klett, 1976.

Dietze, Gabriele. Hg. *Die Überwindung der Sprachlosigkeit. Texte aus der neuen Frauenbewegung.* Darmstadt & Neuwied: Luchterhand, 1979.

Drewitz, Ingeborg. *Die deutsche Frauenbewegung. Die soziale Rolle der Frau im 19. Jahrhundert und die Emanzipationsbewegung in Deutschland.* Bonn: Hohwacht, 1983.

Eagleton, Terry. *Literary Theory.* Minneapoils: University of Minnesota Press, 1983.

Evans, Richard. *The Feminist Movement in Germany 1894–1933.* London/Beverly Hills: Sage Publications, 1976.

──────. Ed. *Society and Politics in Wilhelmine Germany.* New York: Barnes & Noble Books, 1978.

Faber, Richard. *Franziska zu Reventlow und die Schwabinger Gegenkultur.* Köln/Weimar/Wien: Böhlau, 1993.

Fischer, Karin/Kilian, Eveline/Schönberg, Jutta. Hg. *Bildersturm im Elfenbeinturm. Ansätze feministischer Literaturwissenschaft.* Tübingen: Attempto, 1992.

Foucault, Michel. *Sexualität und Wahrheit.* Bd. 1. Frankfurt/M.: Suhrkamp, 1977.

──────. *Die Ordnung des Diskurses.* Frankfurt/M.: Fischer Taschenbuch Verlag, 1991.

──────. *Dispositive der Macht.* Berlin: Merve Verlag, 1978.

──────. *Die Ordnung der Dinge. Eine Archäologie der Humanwissenschaften.* Frankfurt/M.: Suhrkamp, 1994.

Fout, John. Ed. *German Women in the Nineteenth Century. A Social History.* New York/London: Holmes & Meier, 1988.

Frederiksen, Elke. *Die Frauenfrage in Deutschland 1865–1915. Texte und Dokumente.* Stuttgart: Philipp Reclam Jun., 1981.

Freud, Sigmund. Die Weiblichkeit. Neue Folge der Vorlesungen zur Einführung in die Psychoanalyse. *Gesammelte Werke XV.*

──────. Drei Abhandlungen zur Sexualtheorie. *Gesammelte Werke V.*

──────. Die kulturelle Sexualmoral und die moderne Nervosität. *Gesammelte Werke VII.*

_____. Zur Einführung des Narzißmus. *Gesammelte Werke X.*

_____. Einige psychische Folgen des anatomischen Geschlechtsunterschieds. *Gesammelte Werke XIV.*

_____. Über die weibliche Sexualität. *Gesammelte Werke XIV.*

Friedrichs, Elisabeth. *Die deutschsprachigen Schriftstellerinnen des 18. und des 19. Jahrhunderts: Ein Lexikon.* Stuttgart: Metzler, 1981.

Fritz, Helmut. *Die erotische Rebellion. Das Leben der Franziska Gräfin zu Reventlow.* Frankfurt/M.: Fischer Taschenbuch Verlag, 1980.

Hassauer, Friederike. Der ver-rückte Diskurs der Sprachlosen. Gibt es eine weibliche Ästhetik? Notizbuch 2. 48–65.

_____. Die Kunst der Entgrenzung. Notizbuch 2. 11–18.

Hausen, Karin. Hg. *Frauen suchen ihre Geschichte. Historische Studien zum 19. und 20. Jahrhundert*. München: C. H. Beck, 1983.

_____. Die Polarisierung der Geschlechtscharaktere. *Sozialgeschichte der Familie in der Neuzeit Europas.* Hg. Werner Conze. Stuttgart: Klett, 1976. 363–93.

Häntzschel, Günter. Hg. *Bildung und Kultur bürgerlicher Frauen 1850–1918.* Tübingen: Max Niemeyer, 1986.

Hermann, Anne. *The Dialogic and Difference. An/other Woman in Virginia Woolf and Christa Wolf.* New Jork: Columbia University Press, 1989.

Hohne, Karen/Wussow, Hela. Eds. *A Dialogue of Voices.* Minneapolis/London: University of Minnesota Press, 1994.

Holthaus, Stephan. *Madame Blavatsky—Die Sphinx des Okkultismus.* Berneck: Schwengeler, 1990.

Homans, Margaret. *Bearing the Word. Language and Female Experience in Nineteenth-Century Women's Writing.* Chicago/London: The University of Chicago Press, 1986.

Gatens, Moira. *Feminism and Philosophy* . Cambridge: Polity Press, 1991.

Gallop, Jane. *The Daughter's Seduction: Feminism and Psychoanalysis.* Ithaca/New York: Cornell University Press, 1982.

Gerhard, Marlis. *Kein bürgerlicher Stern, nichts, nichts konnte mich je beschwichtigen. Essay zur Kränkung der Frau.* Neuwied & Darmstadt: Luchterhand, 1982.

Gerhard, Ute. *Unerhört. Die Geschichte der deutschen Frauenbewegung.* Reinbeck bei Hamburg: Rowohlt, 1990.

Gilbert, Sandra M./Gubar, Susan. *The Madwoman in the Attic.* New Haven/London: Yale University Press, 1984.

Gnüg, Hiltrud/Möhrmann, Renate. *Frauen Literatur Geschichte. Schreibende Frauen vom Mittelalter bis zur Gegenwart.* Stuttgart: Metzler, 1985.

Grocz, Elisabeth. *Jacques Lacan. A Feminist Introduction.* London/New York: Routledge, 1990.

Gürtler, Christa. *Schreiben Frauen anders? Untersuchungen zu Ingeborg Bachmann und Barbara Frischmuth.* Stuttgart: Hans-Dieter Heinz, 1983.

Irigaray, Luce. *The Irigaray Reader.* Ed. Margaret Whitford. Cambridge/Massachusetts: Blackwell, 1991.

Irigaray, Luce. *Das Geschlecht, das nicht eins ist.* Berlin: Merve, 1979.

_____. *Waren, Körper, Sprache. Der verrückte Diskurs der Frauen.* Berlin: Merve, 1976.

_____. *Spekulum. Spiegel des anderen Geschlechts.* Frankfurt/M.: Suhrkamp, 1980.

James, Lewis R. *Theosophy I. The Inner Life of Theosophy.* New York & London: Garland, 1990.

Jacobi-Dittrich, Juliane. Growing Up Female in the Nineteenth Century. *German Women in the Nineteenth Century.* Ed. John Fout. New York/London: Holmes & Meier, 1988. 197–217.

Jacobus, Mary. *Reading Woman. Essays in Feminist Criticism.* New York: Columbia University, 1986.

Jardine, Alice. *Gynesis. Configurations of Woman and Modernity.* Ithaca/Lindon: Cornell University Press, 1985.

Johnson, Richard L. Men's Power over Women in Gabriele Reuter's "Aus guter Familie". *Gestaltet und Gestaltend. Frauen in der deutschen Literatur.* Hg. Marianne Burkhard. Amsterdam: Rodopi, 1989. 235–55.

Kasdorff, Hans. *Ludwig Klages. Gesammelte Aufsätze und Vorträge zu seinem Werk.* Bonn: Bouvier, 1984.

Key, Ellen. *Über Liebe und Ehe.* 10 Aufl. Berlin: S. Fischer, 1905.

Klages, Ludwig. *Vom kosmogonischen Eros.* 1921. 8. Aufl. Bonn: Bouvier Verlag H. Grundmann, 1981.

Klaiber, Theodor. *Dichtende Frauen der Gegenwart.* Stuttgart: Strecker & Schröder, 1907.

Koepke, Cordula. *Lou Andreas-Salomé.* Frankfurt/M.: Insel Verlag, 1986.

Kofman, Sara. *The Enigma of Woman. Woman in Freud's Writings.* Ithaca/London: Cornell University Press, 1985.

Kokula, Ilse. *Weibliche Homosexualität um 1900 in zeitgenössischen Dokumenten.* München: Frauenoffensive, 1981.

Kreuzer, Helmut. Hg. *Jahrhundertwende, Jahrhundertwende. Neues Handbuch der Literaturwissenschaft.* Bd. 18. Wiesbaden: Akademische Verlagsgesellschaft Athenaion, 1976.

_____. *Die Boheme. Beiträge zu ihrer Beschreibung.* Stuttgart: Metzler, 1968.

_____. Thomas Mann und Gabriele Reuter. Zu einer Entlehnung für den "Doktor Faustus". Neue Deutsche Hefte 10, 1963. 109–19.

Kristeva, Julia. *Die Chinesin.* München: Frauenoffensive, 1976.

_____. Stabat Mater. *The Kristeva Reader.* Ed. Toril Moi. New York: Columbia University Press, 1986. 160–186.

_____. Women's Time. *The Kristeva Reader.* Ed. Toril Moi. New York: Columbia University Press, 1986. 187–213.

Le Rider, Jacques. *Der Fall Otto Weininger. Wurzeln des Antifeminismus und Antisemitismus.* Wien: Löcker, 1985.

Lessing, Theodor. *Einmal und nie wieder. Lebenserinnerungen.* 2. Aufl. Gütersloh: Bertelsmann, 1969.

Lublinski, Samuel. *Die Bilanz der Moderne*. 1904. Tübingen: Max Niemeyer, 1974.

Mann, Thomas. Gabriele Reuter. *Gesammelte Werke in dreizehn Bänden*. Bd. XIII. Frankfurt/M.: S. Fischer, 1960. 388–98.

_____. Reden und Aufsätze. *Gesammelte Werke in dreizehn Bänden*. Bd. XI. Frankfurt/M.: S. Fischer, 1960.

Martin, Biddy. *Woman and Modernity. The (LIfe)styles of Lou Andreas-Salomé*. Ithaca/London: Cornell University Press, 1991.

Mazohl-Wallnig, Brigitte. Hg. *Frauenbilder—Frauenrollen—Frauenforschung*. Wien/Salzburg: Geyer-Edition, 1987.

Mendelssohn, Peter de. *Der Zauberer. Das Leben des deutschen Schriftstellers Thomas Mann. Erster Teil 1875–1918*. Frankfurt/M.: S. Fischer, 1975.

Meyer, Sibylle. Die mühsame Arbeit des demonstrativen Müßiggangs. Über die häuslichen Pflichten der Beamtenfrauen im Kaiserreich. *Frauen suchen ihre Geschichte. Historische Studien zum 19. und 20. Jahrhundert*. Ed. Karin Hausen. München: C. H. Beck, 1983. 172–96.

Mitchell, Juliet. *Psychoanalysis and Feminism*. New York: Pantheon Books, 1974.

Möhrmann, Renate. *Die andere Frau. Emanzipationsansätze deutscher Schriftstellerinnen im Vorfeld der Achtundvierziger-Revolution*. Stuttgart: Reclam, 1977.

_____. Feministische Trends in der deutschen Gegenwartsliteratur. *Deutsche Gegenwartsliteratur. Ausgangspositionen und aktuelle Entwicklungen*. Ed. Manfred Durzak. Stuttgart: Reclam, 1981. 336–58.

Morris, Pam. *Literature and Feminism*. Oxford: Blackwell, 1993.

Newton, Judith/Rosenfelt, Deborah. Eds. *Feminist Criticism and Social Change*. New York & London: Methuen, 1985.

Nietzsche, Friedrich. *Jenseits von Gut und Böse*. Sämtl. Werke in zwölf Bänden. Bd. VII. Stuttgart: Alfred Kröner, 1964.

Plothow, Anna. *Die Begründerinnen der deutschen Frauenbewegung*. 2. Aufl. Leipzig: F. Rothbarth, 1907.

Paulsen, Wolfgang. Hg. *Die Frau als Heldin und Autorin. Neue kritische Ansätze zur deutschen Literatur.* Bern & München: A. Francke, 1979.

Rahm, Berta. Hg. *Erinnerungen und weitere Schriften von und über Hedwig Dohm.* Zürich: Ala-Verlag, 1980.

Reed, Philippa. *Alles, was ich schreibe, steht im Dienst der Frauen. Zum essayistischen und fiktionalen Werk Hedwig Dohms.* Frankfurt/M.: Peter Lang, 1987.

Reventlow, Else. Biographische Skizze. Franziska Gräfin zu Reventlow. *Tagebücher 1895–1910.* Ed. Else Reventlow. München: Langen/Müller, 1971. 9–23.

Richter-Schroder, Karin. *Frauenliteratur und weibliche Identität: Theoretische Ansätze zu einer weiblichen Ästhetik und zur Entwicklung der neuen deutschen Frauenliteratur.* Frankfurt/M.: A. Hain, 1986.

Riviere, Joan. Womanliness as a Masquerade. *Formations of Fantasy.* Eds. Victor Burgin, James Donald, Cora Kaplan. London: Methuen, 1986. 35–44.

Roebling, Irmgard. Hg. *Lulu, Lilith, Mona Lisa. . . Frauenbilder der Jahrhundertwende.* Pfaffenweiler: Centarius-Verlagsgesellschaft, 1989.

Roman, Camille/Juhasz, Suzanne. Eds. *The Women and Language Debate.* New Brunswick: Rutgers University Press, 1994.

Rothe-Buddensieg, Margret. *Spuk im Bürgerhaus. Der Dachboden in der deutschen Prosaliteratur als Negation der gesellschaftlichen Realität.* Kronberg Ts: Scriptor Verlag, 1974.

Rowe, Marianne Langenbucher. *A Typology of Women Characters in the German Naturalist Novel.* (Diss.) Houston: Rice University, 1981.

Ruprecht, Erich/Bänsch, Dieter. Hg. *Literarische Manifeste der Jahrhundertwende.* Stuttgart: Metzler, 1981.

Scheffler, Karl. *Die Frau und die Kunst.* Berlin: Julius Bard, 1908.

Scheler, Max. *Vom Umsturz der Werte. Abhandlungen und Aufsätze.* 1915. 2 Bde. 2. Aufl. Leipzig: Der neue Geist-Verlag, 1923.

Schmidt-Bortenschlager, Sigrid. Vera—ein Literaturskandal aus dem Wien der Jahrhundertwende. *Lulu, Lilith, Mona Lisa. . . Frauenbilder der Jahrhundertwende.* Hg. Irmgard Roebling. Pfaffenweiler: Centarius-Verlagsgesellschaft, 1989. 199–215.

Schönau, Walter. *Einführung in die psychoanalytische Wissenschaft.* Stuttgart: Metzler, 1991.

Schopenhauer, Arthur. Über die Frauen. *Parerga und Paralipomena: Kleine philosophische Schriften. Zweiter Teil.* Sämtl. Werke in fünf Bänden, Bd. 5. Leipzig: Inselverlag, 1905. 668–82.

Schreiber, Adele. *Hedwig Dohm als Vorkämpferin und Vordenkerin neuer Frauenideale.* Berlin W: Märkische Verlagsanstalt, 1914.

Schröder, Hans Eggert. *Schiller Nietzsche Klages. Abhandlungen und Essays zur Geistesgeschichte der Gegenwart.* Bonn: Bouvier, 1974.

———. *Ludwig Klages. Die Geschichte seines Lebens. Erster Teil.* Bonn: Bouvier, 1966

Schuller, Marianne. Die Nachtseite der Humanwissenschaften. Einige Aspekte zum Verhältnis von Frauen und Literaturwissenschaft. *Die Überwindung der Sprachlosigkeit. Texte aus der neuen Frauenbewegung.* Hg. Gabriele Dietze. Darmstadt & Neuwied: Luchterhand, 1979. 31–49.

Schultz, Hans Jürgen. *Frauen. Porträts aus zwei Jahrhunderten.* Stuttgart: Kreuz, 1982.

Showalter, Elaine. Ed. *Speaking of Gender.* New York/London: Routledge, 1989.

Simmel, Georg. Zur Philosophie der Geschlechter. *Philosophische* Kultur. 1909. 2. Aufl. Leipzig: A. Kröner, 1919. 58–115.

———. Zur Philosophie der Kultur. *Philosophische Kultur.* 1909. 2. Aufl. Leipzig: A. Kröner, 1919. 254–95.

Singer, Sandra L. *Free Soul, Free Woman? A Study of Selected Fictional Works by Hedwig Dohm, Isolde Kurz and Helene Böhlau.* New York/Paris: Peter Lang, 1995.

Smidjell, Annegret. *Quartier auf Probe. Tendenzen feministischer Literaturpraxis aus der neuen Frauenbewegung.* Stuttgart: Hans-Dieter Heinz, 1986.

Soergel, Albert. *Dichung und Dichter der Zeit. Vom Naturalismus bis zur Gegenwart.* Bd. 1. Düsseldorf: August Bagel, 1961.

Soltau, Heide. *Trennungsspuren. Frauenliteratur der zwanziger Jahre.* Frankfurt/M.: extrabuch, 1984.

Spieker, Christian W. Emiliens Stunden der Andacht und des Nachdenkens. Für die erwachsenen Töchter der gebildeten Stände. Leipzig: Voß, 1808. *Bildung und Kultur bürgerlicher Frauen 1850–1918.* Hg. Günter Häntzschel. Tübingen: Max Niemeyer, 1986. 53–63.

Stein, Gerd. Hg. *Femme Fatale-Vamp-Blaustrumpf. Sexualität und Herrschaft.* Frankfurt/M.: Fischer Taschenbuch Verlag, 1985.

Strauch, Ulrike. Antwort über die Frage: Gibt es eine weibliche Ästhetik? *Frauen sehen ihre Zeit. Katalog zur Literaturausstellung des Landesfrauenbeirates Rheinland-Pfalz.* Mainz, 1984. 76–97.

Székely, Johannes. *Franziska Gräfin zu Reventlow. Leben und Werk.* Bonn: Bouvier, 1979.

Taeger, Annemarie. *Die Kunst, Medusa zu töten.* Bielefeld: Aisthesis, 1987.

Todd, Janet. *Feminist Literary History.* New York: Routledge, 1991.

Twellmann, Margit. *Die Deutsche Frauenbewegung. Quellen 1843–1889.* 2. Bde. Meisenheim/Glan: Anton Hain, 1972.

Venske, Regula. *Mannsbilder—Männerbilder. Konstruktion und Kritik des Männlichen in zeitgenössischer deutschsprachiger Literatur von Frauen.* Hildesheim/Zürich/New York: Georg Olms, 1988.

Voß, Richard. *Aus einem phantastischen Leben.* Stuttgart: I. Engelhorns Nachf., 1920.

Walter, Rudolf. *Nietzsche—Jugendstil—H. Mann. Zur geistigen Situation der Jahrhundertwende.* München: W. Fink, 1976.

Weininger, Otto. *Geschlecht und Charakter. Eine prinzipielle Untersuchung.* 1903. 18. Aufl. Wien/Leipzig: Braumüller, 1919.

Weigel, Sigrid. *Die Stimme der Medusa. Schreibweisen in der Gegenwartsliteratur von Frauen.* Dülmen-Hiddingsel: tende, 1987.

―――. *Topographien der Geschlechter. Kulturgeschichtliche Studien zur Literatur.* Reinbeck bei Hamburg: Rowohlt, 1990.

―――. Konstellationen, kleine Momentaufnahmen, aber niemals eine Kontinuität. Ein Gespräch über Literaturwissenschaft und Literaturgeschichtsschreibung von Frauen. *Bildersturm im Elfenbeinturm. Ansätze feministischer Literaturwissenschaft.* Hg. Karin Fischer, Eveline Kilian, Jutta Schönberg. Tübingen: Attempto, 1992. 116–34.

Welsch, Ursula/Wiesner, Michaela. *Lou Andreas-Salomé. Vom Lebensurgrund zur Psychoanalyse.* München: Internationale Psychoanalyse, 1988.

Wertheimer, Paul. *Kritische Miniaturen.* Wien: Verlagsbuchhandlung Carl Conegen, 1912.

Wright, Elisabeth. *Psychoanalytic Criticism. Theory in Practice.* London/New York: Methuen, 1984.

Wolzogen, Ernst von. *Wie ich mich ums Leben brachte. Erinnerungen und Erfahrungen.* Braunschweig & Hamburg: G. Westermann, 1922.

Zils, W. Hg. *Geistiges und Künstlerisches München in Selbstbiographien.* München: Max Kellerers Verlag, 1913.

Zmegac, Victor. Hg. *Deutsche Literatur der Jahrhundertwende.* Königstein/Ts.: Anton Hain, 1981.

Register

Andreas-Salomé, Lou, 144, 145
Arndt, Friedrich, 112–114
Arnim, Bettina von, 69
Augspurg, Anita, 2, 137

Bachofen, Johann Jakob, 139
Bashkirtseff, Marie, 110–111, 141
Bastien-Lepage, Jules, 110, 111
Bäumer, Gertrud, 40, 144, 162
Becker, Josef, 112
Belsey, Catherine, 11
Blavatsky, Helena P., 82
Böhlau, Helene, 91, 99, 102–103, 108, 111–114, 150, 158, 159
Böhlau, Hermann, 112
Bölte, Amely, 39, 42
Bovenschen, Silvia, 5, 31, 148, 158
Braun, Christina von, 56, 162; und Anorexie, 99–100; und weibliche Sprachlosigkeit, 14
Braun, Lily, 2, 40, 76, 87
Brinker-Gabler, Gisela, 18, 117, 131
Büllow, Frieda von, 144
Burow, Julie, 41
Busse, Hans Hinrich, 137
Butler, Judith, 11–12, 103; und die Gegenüberstellung von Sex und Geschlecht, 9–10

Cauer, Minna, 2
Conrad, Michael Georg, 137
Cixous, Hélène, 170

Davidis, Henriette, 41

Dohm, Ernst, 84
Dohm, Hedwig, 16, 40, 63, 68, 76, 77, 82, 84, 85–88, 150, 156, 158, 159

Evans, Richard, 2, 162

Forel, August, 2
Foucault, Michel, 10, 12, 32, 46, 162; und die Repressionstheorie, 3–4; und der Zusammenhang zwischen Sexualität und Macht, 147–148
Freud, Sigmund, 3, 21, 32–35

Gagliardi, Maria, 86
Gatens, Moira, 9

Häntzschel, Günter, 41, 70, 77
Hausen, Karin, 40, 42
Heymann, Lida Gustava, 2, 137
Hirschfeld, Magnus, 2, 75
Holm, Korfiz, 137

Irigaray, Luce, 13, 35–36, 47, 49, 54, 157; und Hysterie, 58; und die Beziehung zwischen Frau und Herrschaftsdiskurs, 151–153

Jacobi-Dittrich, Juliane, 40
jouissance, 83

Key, Ellen, 87, 99, 144
Klages, Ludwig, 4, 24, 121, 137, 138, 140–141
Klaiber, Theodor, 149

Korsch, Hedda, 86
Krafft-Ebing, Richard von, 2
Kreuzer, Helmut, 128, 131
Kristeva, Julia, 134; und der Jungfrau-Kultus, 83–84; und das Verhältnis zwischen Frau und Sprache (Macht), 88; und das Semiotische, 104, 167; und weibliche Homosexualität, 105, 167

Lacan, Jacques, 11, 104
Lange, Helene, 87
Le Rider, Jacques, 23
Lessing, Theodor, 110, 113, 139
Lewald, Fanny, 40
Lewis, James, 82
Lindemann, Marie von, 43
Lischnewska, Maria, 76

Mann, Thomas, 143
Marholm, Laura, 144
Martin, Biddy, 103
Mayreder, Rosa, 15, 16, 162
Meyer, Sibylle, 69, 70
Möbius, Paul, 3

Nietzsche, Friedrich, 21, 24, 121, 122, 139

Olcott, Henry Steel, 82
Osborn, Max, 85

Plothow, Anna, 85, 86, 87

Reuter, Gabriele, 45, 53, 58, 59–61, 88, 91, 108, 133, 143, 144, 145, 149, 158, 159

Reventlow, Else, 136, 137
Reventlow, Franziska von, 117, 129, 130, 133, 134, 135–141, 145–147, 150, 157, 159
Riviere, Joan, 103

Salomon, Alice, 87
Scheffler, Karl, 4, 29, 30
Scheler, Max, 4, 27, 28, 121
Schirmacher, Käthe, 42
Schmidt-Bortenschlager, Sigrid, 55
Schopenhauer, Arthur, 25, 82
Schreiber, Adele, 76, 84, 87
Schuler, Alfred, 137
Schuller, Marianne, 13
Simmel, Georg, 4, 25–27, 121, 143, 150
Singer, Sandra, 76
Spieker, Christian, 31
Stöcker, Helene, 2, 75, 76
Strindberg, August, 22
Stritt, Marie, 76, 162
Suttner, Bertha von, 17, 18

Thon, Therese, 112
Troll-Borostyani, Irma von, 19

Voß, Richard, 112

Weigel, Sigrid, 6, 9, 17, 151, 152, 162
Weininger, Otto, 3, 22, 23, 101–102
Wolfskehl, Karl, 137, 141
Wothe, Anny, 41